Entre socios

Entre socios

Español para el mundo profesional

Carmen Carney
Thunderbird School of Global Management

Carlos Coria-Sánchez
University of North Carolina, Charlotte

Published by McGraw-Hill, an imprint of The McGraw-Hill Companies, Inc., 1221 Avenue of the Americas, New York, NY 10020. Copyright © 2011. All rights reserved. No part of this publication may be reproduced or distributed in any form or by any means, or stored in a database or retrieval system, without the prior written consent of The McGraw-Hill Companies, Inc., including, but not limited to, in any network or other electronic storage or transmission, or broadcast for distance learning.

This book is printed on acid-free paper.

 10% post-consumer fiber

1 2 3 4 5 6 7 8 9 0 WDQ/WDQ 1 0

ISBN: 978-0-07-338527-3
MHID: 0-07-338527-1

Vice President, Editorial: *Michael Ryan*
Director, Editorial: *William R. Glass*
Executive Marketing Manager: *Stacy Ruel*
Marketing Manager: *Jorge Arbujas*
Director of Development: *Scott Tinetti*
Development Editor: *Jennifer Kirk*
Editorial Coordinator: *Laura Chiriboga*
Production Editor: *Rachel J. Castillo*
Design Manager: *Ashley Bedell*
Cover Designer: *Ash Scheiding*
Text Designer: *Linda Robertson*
Photo Researcher: *Sonia Brown*
Production Supervisor: *Louis Swaim*
Media Project Manager: *Jennifer Barrick*
Composition: *10/12 Palatino by MPS Limited, A Macmillan Company*
Printing: *45# New Era Matte Plus Recycled, World Color Press Inc.*

Cover: © Getty Images

Credits: The photo credits section for this book begins on page C-1 and is considered an extension of the copyright page.

Library of Congress Cataloging-in-Publication Data

Carney, Carmen.
  Entre socios : español para el mundo profesional / Carmen Carney ; Carlos Coria-Sánchez. — 1st ed.
    p. cm.
  Includes index.
  ISBN-13: 978-0-07-338527-3 (alk. paper)
  ISBN-10: 0-07-338527-1 (alk. paper)
  1. Spanish language—Conversation and phrase books (for businesspeople) 2. Spanish language—Textbooks for foreign speakers. 3. Spanish language—Business Spanish. I. Coria-Sánchez, Carlos Mateo, 1959- II. Title.
  PC4120.C6C27 2010
  468.6'402465—dc22

                                                                                        2009047284

The Internet addresses listed in the text were accurate at the time of publication. The inclusion of a Web site does not indicate an endorsement by the authors or McGraw-Hill, and McGraw-Hill does not guarantee the accuracy of the information presented at these sites.

www.mhhe.com

Contents

CAPÍTULO 3 La empresa   39

CAPÍTULO 4   La bolsa de valores   59

CAPÍTULO 5   Las importaciones y las exportaciones   80

CAPÍTULO 6   La mercadotecnia y la publicidad 101

Preface

To the Student

Entre socios "tells the story of business." The chapters follow a sequence representing the emergence of the functional areas of business, ranging from the concept of money and its related activities, such as banking, to the most recent developments in Human Resources. With this approach you will be able to understand the fundamental components of what we generally call the world of business and commerce. As you learn the story of how business practices evolved, we encourage you to participate in discussions and projects, for it explains so much of what each of us is today and the evolution and circumstances of our environment. Your lively engagement in the discussions will help you further your communication skills, retain new language, and learn fundamental business concepts and practices.

We kept several goals in mind for you, the student, and hope that over a course of study with *Entre socios* you will:

1. Hone your developing language skills while furthering your knowledge of business.
2. Learn language relevant to business environments through authentic reading materials directly related to the Hispanic business world.
3. Gain insight on contemporary business-related culture and social attitudes that reflect the commercial relations between the Spanish-speaking countries and the United States.

We hope that you will enjoy the book for its style, its contents, the activities and exercises, and for the valuable knowledge that will remain with you for a lifetime. Welcome to *Entre socios*!

To the Instructor

Entre socios is intended for students at the intermediate level in a Spanish language curriculum designed for global communication and commerce. The main goal of this program is to help students further develop communicative skills for life as well as for professional business settings. The content of *Entre socios* serves as a foundation for lessons on language, business concepts, and related cultural issues that exist alongside the business activities of a particular society, in this case, the Spanish-speaking world. The contents also include literary segments that support language acquisition and deepen learning on issues related to each chapter's theme.

The chapters follow a sequence that conventionally represents the emergence of the functional areas of business, ranging from the concept of money and its related activities, such as banking, to the most recent developments in the area of Human Resources. Some of these areas and their interrelated branches emerged simultaneously rather than in stages; others began to appear as society grew in complexity, as illustrated in the last two chapters of the book. Although it does not represent a functional area, Capítulo 7, **La sociedad de consumo,** explores a fundamental part of contemporary business that keeps the world of commerce running and growing worldwide.

The chapter themes include the following:

- **El dinero y la banca**
- **El mercado**
- **La empresa**
- **La bolsa de valores**
- **Las importaciones y exportaciones**
- **La mercadotecnia y publicidad**
- **La sociedad de consumo**
- **Los recursos humanos**

This order allows the student to create a sequential "story" of business, an institution in society that constantly transforms itself as the world also changes. Using this approach, we envision that instructors will be able to better create a classroom environment in which students are motivated and engaged in learning.

Keeping students engaged in the story of how business has evolved will assist intermediate language learners to further develop communicative skills, retain new language, solve special problems in grammar, and learn business concepts and practices. The information and situations presented in the readings are relevant to the students' career goals. The business information is not so complex as to overwhelm the student with details that could disrupt language acquisition, yet students are challenged to think critically and apply new concepts. Each chapter includes vocabulary, readings on the functional areas of business, readings on contemporary business-related culture in the Hispanic world, discussion questions, topics for oral presentations, and exercises contextualized in meaningful and practical situations.

INTRODUCCIÓN The chapter opener provides a brief introduction to the chapter theme and a list of the chapter objectives that students should master by the end of the chapter. A set of **Antes de leer** questions are presented for students to keep in mind as they read the **Lectura preliminar,** a history of the business functional area covered in each chapter. At the end of the reading, the **Después de leer** section asks students to return to the pre-reading questions to express what they learned from the reading.

LECTURA DE COMERCIO The **Lectura de comercio** section begins with a presentation of **Vocabulario básico** related to the chapter theme. Students practice the new vocabulary and learn new **Expresiones de la lengua** that will help them better understand the chapter readings. The **Lectura de**

comercio, itself, is an in-depth reading about the chapter theme followed by vocabulary, comprehension, and critical thinking activities.

ACTIVIDADES INTERACTIVAS In this section, students are presented with several exercises to facilitate usage of the language and concepts they have learned. These activities encourage students to engage in active communication as they work with partners to analyze real-life situations in the business world (**Situaciones** and **Una visita a…**) and to investigate the topic at hand through the Internet (**En la red**).

HACIENDO HINCAPIÉ In this section, students are introduced to authentic materials from the Internet, novels, newspapers or magazine articles, or a journalistic essay related to the chapter theme. Each selection is followed by a set of talking points for class discussion.

CONTEXTO CULTURAL The business culture of Latin America is displayed in this section by means of interviews with industry leaders, professors, and business professionals. Students are asked to answer **Antes de leer** questions comparing cultural differences in business situations in the United States and in Latin America. Students are then presented with the **Protocolo cultural,** an interview with a business person in the field represented in the chapter. After reading the interview, **Después de leer** comprehension and critical thinking questions allow students to explore and discuss the previous interview.

EN EL MUNDO DE LOS NEGOCIOS This capstone exercise requires students to integrate and demonstrate their learning through **Presentaciones profesionales,** which are suggestions for completing presentations for a business setting. **Escritura de negocios** provides practice in writing formal documents for business purposes.

VOCABULARIO Each end-of-chapter vocabulary list provides key terms and definitions for student review.

APÉNDICE GRAMATICAL The grammar appendix, a review of fundamental and intermediate language materials, reinforces prior learning while presenting materials that address special language intricacies that students may need or want to review. You may choose to use these grammar explanations and activities in class, assign them for homework, or simply allow students to use them as needed.

Acknowledgments

We are indebted to our families and friends for their patience and support during the writing of this book. We are very grateful to the entire McGraw-Hill staff for all their hard work, guidance, encouragement, and support. We specifically would like to acknowledge the work of our Development Editor Jennifer Kirk and reader Riki García-Rebel. We also recognize the contributions of other members of the McGraw-Hill family, such as our original Sponsoring Editor Christa Neumann, and Editorial Director William Glass.

We are also grateful to our reviewers, whose feedback helped shape this project:

Esther Aguilar, *San Diego State University*
Ellen Haynes, *University of Colorado*
Francisco Javier Sánchez, *Monmouth University*
Lourdes Sánchez-López, *University of Alabama, Birmingham*
Robert Simon, *Kennesaw State University*
Ted Wendelin, *University of Colorado, Denver*

We would like to express our thanks to our colleagues Dr. Matilde Franciulli and Research Assistant Carlos Tirado Angel, J.D., M.B.A., at Thunderbird School of Global Management; Dr. Roberta Lavine at University of Maryland; Dr. John Ross at University of Georgia; and Dr. Michael J. Horswell at Florida Atlantic University for their insight and feedback about the contents of the book. Thank you to all of our interviewees for their time and generosity to provide us with insightful cultural business information.

Dr. Carney dearly thanks Deborah Kimball and Floeese Tofteller at Thunderbird School of Global Management for their assistance with part of the project. She also remains most appreciate of Dr. Bert Valencia and Dr. Roy Nelson, both at Thunderbird. Furthermore, she thanks here students, who used the first complete version of the book, for their feedback and enthusiastic reception of the text.

Dr. Coria-Sánchez would like to thank his University of North Carolina students at Charlotte in his Spanish for Business courses for their comments and feedback on the early manuscript. He also thanks Dr. Michael Doyle at UNC-Charlotte for his help. Finally, Dr. Coria-Sánchez is grateful to his family, his wife Karyn and his three sons, Alberto, Pablo, and Oliver, for all their support and love throughout this long journey.

Carmen Carney
Carlos Coria-Sánchez

Entre socios

Un banco de Puerto Rico

Una empresa[1] no puede surgir, desarrollarse o mantenerse a flote[2] sin dinero. El objetivo de la actividad comercial a cualquier nivel es ganar dinero. Esto es tan cierto para el vendedor ambulante[3] como para las empresas más grandes y complejas. Por necesidad práctica y por razones de organización social, el dinero circula, se administra y se protege mediante la intervención de la banca y otras organizaciones financieras. De este modo, la empresa, el dinero y la banca están estrechamente[4] relacionados. En nuestro mundo moderno no se pueden desligar[5] estas tres instituciones. La función de la banca, como administradora y generadora del dinero, es de vital importancia en el mundo actual.[6] Las transacciones financieras a larga distancia[7] y entre múltiples países son primordiales[8] para el buen funcionamiento de la economía global.

En este capítulo Ud. va a:

- Aprender sobre el origen del dinero, del papel moneda y su relación con el desarrollo de la banca moderna
- Aprender vocabulario y conceptos relacionados con la banca, el dinero y sus funciones económicas
- Emplear expresiones de uso diario en la banca y en el mundo financiero

---

[1]company   [2]mantenerse... *stay afloat*   [3]vendedor... *street vendor*   [4]closely   [5]separate
[6]modern   [7]a... *long distance*   [8]fundamental

- Adquirir conocimientos sobre la corrupción, el narcotráfico (*drug trafficking*), el lavado de dinero (*money laundering*) y la actividad bancaria en los Estados Unidos e Hispanoamérica
- Comparar las diferentes actitudes hacia la banca y el dinero en las culturas estadounidense e hispana
- Asimilar aspectos sobre la mentalidad del usuario hispano al hacer transacciones bancarias en los Estados Unidos

INTRODUCCIÓN

Antes de leer

Tenga en mente las siguientes preguntas al leer la **Lectura preliminar.**

1. ¿Qué es el dinero?
2. ¿Puede Ud. explicar qué es la banca?
3. ¿Cuándo se inventó la banca? ¿Cómo surgió?
4. ¿Puede Ud. explicar la relación entre el ahorro y los préstamos bancarios?
5. ¿Cuál es la importancia de la banca en la sociedad moderna?

Lectura preliminar

El dinero: creación y circulación

Cuando uno piensa en la palabra «banco», le viene a la mente un edificio donde **se llevan a cabo** transacciones monetarias y financieras. Según la historia de la banca como aparece en el *Manual básico de economía,* de Juan Carlos Martínez Coll, la palabra «banco» viene de los bancos o tableras[1] que utilizaban los **cambistas,** los cuales trabajaban en las plazas públicas de las ciudades-estados italianas de la Edad Media. Este **oficio** requería amplios conocimientos porque las ciudades-estados «mantenían en circulación centenares[2] de diferentes **monedas**». Los cambistas pesaban las monedas para determinar «el peso y ley[3] del metal en que se **acuñaban**». Sólo los expertos podían medir[4] el peso del metal precioso contenido en las monedas y distinguir las aleaciones[5] de varios metales.

Al principio la protección del capital de un mercader cayó en manos de los orfebres,[6] por eso es posible que las actividades de crédito tuvieran su origen en ellos. Estos artesanos[7] trabajaban con materiales preciosos que requerían una custodia segura. Para ello los orfebres mantenían en sus talleres[8] **cajas**

---

[1]*benches*   [2]*hundreds*   [3]*peso... weight and assay value*   [4]*measure*   [5]*alloys*   [6]*goldsmiths*   [7]*artisans*   [8]*workshops*

fuertes poco comunes en aquella época. «Algunos comerciantes les pedían que guardaran sus caudales[9]» cuando se iban de viaje, pagándoles por el servicio de custodia. Estos «primeros banqueros entregaban a cambio de los depósitos unos **recibos** o billetes que pronto empezaron a ser utilizados como medios de pago» de modo que los comerciantes evitaban **correr el riesgo** «de trasladar[10] físicamente los depósitos». Cuando el dinero se mantenía depositado por mucho tiempo se hacían **préstamos** con el permiso de su dueño. El dueño reducía sus costos y a la vez podía obtener un pequeño interés. «Finalmente, los orfebres descubrieron la posibilidad de **emitir** billetes [en serie] y realizar préstamos en [cantidad] superior al total de los fondos que mantenían en depósito». De esta manera tan sencilla —esencial para la evolución de la circulación del dinero y la consecución del intercambio comercial— aparecieron prácticas todavía vigentes[11] hoy día en las instituciones bancarias y financieras.

----

[9]*fortune*   [10]*transport*   [11]*current*

Después de leer

Ahora, regrese a la sección **Antes de leer** y conteste las preguntas. ¿Qué aprendió Ud. sobre la banca? Compare sus respuestas con las de un compañero / una compañera.

Una sucursal (*branch*) del banco BBVA Bancomer en México

LECTURA DE COMERCIO

Vocabulario básico

acuñar	*to mint/coin money*	**emitir**	*to issue*
la banca	*banking*	**el ingreso**	*income, deposit*
el cambista	*moneychanger*	**invertir**	*to invest*
la caja fuerte	*safe*	**la jubilación**	*retirement*
la cuenta	*account*	**el oficio**	*profession*
...corriente/		**el préstamo**	*loan*
de cheques	*checking account*	**el préstamo**	
...de ahorro	*savings account*	**hipotecario**	*mortgage*
el/la cuenta		**el presupuesto**	*budget*
habiente	*account holder*	**el recibo**	*receipt*
el desarrollo	*development*	**la sucursal**	*branch*
el egreso	*expenditure*	**vertiginoso/a**	*dizzying, fast*

A. Práctica del Vocabulario básico

Después de estudiar el *Vocabulario básico,* complete las siguientes oraciones con la palabra apropiada.

la banca	**invertir**	**el proteccionismo**
emitir	**jubilación**	**vertiginoso/a**
los ingresos	**préstamos hipotecarios**	

1. Los planes de _____ para la vejez son un servicio nuevo en muchos bancos de Hispanoamérica.
2. Algunos cambios dentro de la banca en Hispanoamérica se dieron de forma _____ debido a las políticas de libre mercado que transformaron muchos países.
3. En tiempos de crisis económica, _____ de las empresas bajan de forma alarmante.
4. Hay quienes piensan que _____, con sus leyes opuestas al libre mercado, favorece la economía de los países.
5. En periodos de depresión económica, algunos gobiernos deciden _____ más dinero para aliviar las dificultades económicas.
6. La función de _____ como administradora y generadora del dinero es de vital importancia para las economías de las naciones.
7. Algunas personas prefieren _____ su dinero en bienes raíces y otras prefieren hacerlo en el mercado de valores.
8. Comúnmente las casas se compran con la ayuda de _____.

B. Expresiones de la lengua

Expresiones de la lengua			
a partir de	*beginning with*	**llevarse a cabo**	*to carry out*
con respecto a	*with regard to*	**por concepto de**	*in respect of*
debido a	*due to*	**sin embargo**	*nevertheless*

Estudie las **Expresiones de la lengua** y complete las siguientes oraciones.

1. Es importante que _____ múltiples transacciones financieras para la compra de una empresa.

2. _____ la fuerte presencia de las inversiones españolas en las bancas hispanoamericanas, algunos críticos llaman a este fenómeno la reconquista de América.

3. _____ servicio de cuenta de ahorros, cada banco o institución financiera decide los intereses que ofrece a sus clientes.

4. Todos los bancos les cobran un interés a sus clientes _____ depósitos bancarios.

5. _____ 2008, el mundo se ha visto envuelto en una crisis financiera.

6. Hay que añadir, _____, que la presencia de la banca española en Hispanoamérica ha contribuido al incremento de los servicios al cliente.

¿Qué tipo de cuenta le conviene a Ud.?

Lectura

El dinero y la banca

En la actualidad, la banca funciona como un conjunto de bancos comerciales en los que se llevan a cabo todo tipo de transacciones monetarias y financieras. Es decir, los **clientes** (o **cuenta habientes**) pueden depositar o **retirar** dinero de sus **cuentas de ahorros**, sus **cuentas corrientes** o de sus fondos de inversiones a **corto y largo plazo**. Además, pueden comprar y cambiar cheques de viajero y comprar o vender **divisas**. Normalmente los bancos imponen cargos adicionales al cuenta habiente **por concepto de** manejo de las cuentas, las cuales pueden ser de tipo individual, **mancomunado** o empresarial. Con respecto a los cheques, tradicionalmente existen tres tipos en Hispanoamérica: el nominativo, al portador y el bancario. El **cheque nominativo** debe llevar escrito el nombre de la persona a quien se le va a pagar la cantidad mencionada; el **cheque al portador** lo puede **cobrar** cualquier individuo que tenga en su poder el cheque al momento de presentarlo al banco; y el **cheque bancario** es el que **se elabora** para pagar alguna cuenta comercial entre dos o más bancos. Si el valor de un cheque excede la cantidad de dinero en la cuenta, se considera sin fondos.

Los cuenta habientes de un banco pueden solicitar préstamos para comprar automóviles, **bienes raíces** o para **invertir** o expander negocios. A su vez los bancos cobran intereses que los clientes deben pagar periódicamente. Para recibir un préstamo los cuenta habientes deben presentar una prueba de sus **ingresos** y una lista de sus **egresos.** Ya que los banqueros crean dinero a partir del depósito de una cantidad, el mecanismo del crédito provoca la multiplicación y el **crecimiento** del dinero en circulación.

En Hispanoamérica el sistema bancario se ha visto influenciado[1] por la **vertiginosa** transformación económica de muchos países de la región que, hasta hace pocos años, tenían leyes proteccionistas y opuestas al **libre**

---

[1]se... *has been influenced*

(continúa)

mercado. En esta región la banca se ha dividido tradicionalmente en dos grupos: de **desarrollo** y comercial. Los bancos de desarrollo son aquellos que el gobierno establece para necesidades especiales tales como financiamiento a **agricultores** y **campesinos,** promoción de las exportaciones, **fomento** de las industrias y construcción de **viviendas** de tipo social o a bajo costo. Los bancos comerciales proveen préstamos personales y empresariales a corto y largo plazo, **préstamos hipotecarios** y financiamiento para las importaciones. En años recientes Hispanoamérica ha sido blanco[2] de lo que algunos críticos llaman «la reconquista» de América por España. Es decir, varias empresas españolas, entre ellas la banca, han invertido fuertemente en Hispanoamérica. La banca española ha comprado o invertido en muchos bancos que antes pertenecían a inversionistas o gobiernos locales. Esto lo ha hecho con la ayuda del estado correspondiente que en muchos casos ha eliminado leyes y políticas internas sobre la compra y venta de los bancos privados o estatales para favorecer a los extranjeros. El grupo Santander y el grupo BBVA (Banco Bilbao Vizcaya Argentaria) Bancomer, por ejemplo, son dos bancos españoles que tienen una vigorosa presencia en Hispanoamérica. Por otro lado, con la reciente crisis económica en los Estados Unidos, observamos la injerencia[3] del gobierno norteamericano en la compra de **acciones** de varios bancos privados. Esto, sin embargo, no quiere decir que los Estados Unidos hayan creado un tipo de «**proteccionismo** gubernamental» de sus instituciones bancarias; esto fue, según el gobierno estadounidense, «solamente un medio para salvar a la banca y otras organizaciones financieras de la crisis».

Los bancos en los países hispanoamericanos más desarrollados se distinguen por el tipo de servicios que ofrecen a sus clientes. Estos servicios pueden incluir cuentas corrientes y de ahorros, todo tipo de préstamos, planes de **jubilación, fondos de inversión** y **seguros** de vida, de autos y médicos. Con la privatización de la banca en muchos países, la **apertura económica** y la rápida modernización de sus tecnologías, los bancos hispanoamericanos están en posición de ofrecer más variedad de servicios a sus clientes con más rapidez y eficacia. La creación de más oficinas **sucursales,** la instalación de cajeros automáticos y la implementación de tarjetas de débito y de crédito ha sido beneficiosa para los bancos y sus clientes.

Sin embargo, todavía existen ciertas diferencias entre algunos bancos de países hispanos y los estadounidenses en el horario de trabajo y en el trato al cliente. Normalmente algunos bancos en Hispanoamérica ofrecen servicios de las 9:00 de la mañana a las 3:00 o 4:00 de la tarde. Esto, por supuesto, no significa que el día laboral haya terminado, sino que el personal continúa trabajando dentro del banco pero sin dar servicio a los cuenta habientes. Muchos bancos también ofrecen servicios los sábados, normalmente de las 9:00 a las 2:00 de la tarde, para satisfacer las necesidades de los clientes que estén ocupados durante la semana. Es bueno informar que, por ejemplo, en México, los bancos pueden servir mejor a algunos usuarios privilegiados. Es decir, se les da una atención más personal y rápida a quienes son cuenta habientes «elite». El

La sede (*headquarters*) del Fondo Monetario Internacional en Washington, D.C.

---

[2]*target* [3]*interference*

cliente «elite» tiene cuentas de cheques, de ahorros, fondos de inversión, además de seguros de auto, de vida o médico con el mismo banco.

Por otra parte, también existen bancos de carácter internacional que ofrecen ayuda económica a los países **en vías de desarrollo** que la necesiten. Por ejemplo, **el Banco Mundial** (BM), **el Banco Interamericano de Desarrollo** (BID) y **el Fondo Monetario Internacional** (FMI) hacen préstamos con intereses bajos a los gobiernos para financiar grandes proyectos de infraestructura y desarrollo social. Además, auxilian a los países que de alguna manera hayan visto afectadas sus economías debido a crisis económicas.

Actividades

A. ¿Qué recuerda Ud.?

Conteste las siguientes preguntas sobre la **Lectura de comercio.** Luego, compare sus respuestas con las de sus compañeros de clase.

1. Enumere (*List*) los servicios que un banco presta al cuenta habiente.
2. En su opinión, ¿cuáles son los servicios más importantes? ¿Por qué?
3. ¿Qué tipo de información necesita un banco antes de otorgar (*granting*) un préstamo?
4. ¿Por qué es tan importante la información que un(a) cuenta habiente presente al solicitar un préstamo?
5. Según la lectura, ¿qué cambios ha habido recientemente en el sistema bancario de Hispanoamérica?
6. ¿Por qué es tan importante la disponibilidad de más sucursales y cajeros automáticos?
7. Con respecto a los horarios de trabajo, ¿qué diferencia hay entre los bancos en los Estados Unidos y los de países hispanos? A su modo de ver, ¿cuál es más conveniente? ¿Por qué?
8. Explique brevemente la importancia del sistema bancario en la economía moderna.

B. Vocabulario

Complete los espacios en blanco usando el vocabulario que se encuentra en las lecturas anteriores.

1. En un banco es posible abrir cuentas de _____, de _____ y fondos de _____.
2. Los bancos cobran altos _____ por concepto de los _____ para coches, casas, etcétera, que hacen a sus cuenta habientes.
3. Un banco decide hacer un préstamo de acuerdo a los _____ y los _____ de una persona.
4. En los bancos es posible depositar _____ de otro país.
5. Tradicionalmente hay tres tipos de cheques en Hispanoamérica: _____, _____ y _____.

6. Otros tipos de servicios que ofrecen los bancos en Hispanoamérica son los planes de _____, seguros de _____ y _____.

7. Los bancos de desarrollo satisfacen necesidades tales como _____ de las industrias, _____ a los agricultores, _____ de exportaciones y _____ de viviendas.

8. Los bancos comerciales ofrecen servicios como los préstamos _____, _____ y _____.

C. En sus propias palabras

Explique los siguientes conceptos en sus propias palabras.

1. tasa de interés
2. privatización
3. transacción
4. libre mercado
5. divisas
6. financiamiento
7. cuenta habiente
8. sucursal
9. cheque al portador
10. país en vías de desarrollo

ACTIVIDADES INTERACTIVAS

A. Situaciones

Paso 1 Para poner en práctica sus conocimientos sobre el dinero y la banca, haga un presupuesto en el que incluya sus ingresos, egresos y el dinero que puede ahorrar cada mes. Indique a qué áreas de su vida van destinados los ahorros.

CONCEPTOS	INGRESOS	EGRESOS	DIFERENCIA ENTRE INGRESOS Y EGRESOS

Paso 2 Con un compañero / una compañera, usen el presupuesto del **Paso 1** para presentar la siguiente situación.

ESTUDIANTE A: Ud. quiere pedir un préstamo (para una casa o un coche). Hable con el representante del banco, explíquele sus deseos y ofrezca toda la información que le pida el empleado para iniciar el proceso del préstamo.

ESTUDIANTE B: Como representante del banco, Ud. debe indicar los resultados del trámite y compartir su decisión con el cliente.

Paso 3 Ud. y sus compañeros de trabajo van a tener una reunión con un(a) agente de un banco que les va a presentar información sobre los servicios que ofrece la institución. A Uds. les interesa saber cómo invertir para tener un plan de jubilación seguro. Después de que el agente haga una corta presentación, Ud. y sus compañeros deben hacerle preguntas sobre los riesgos que se toman al invertir, los instrumentos disponibles, los servicios que se ofrecen por medio de la página Web del banco, cómo se puede invertir con costos bajos y otras preguntas relacionadas con el tema.

B. Una visita al Banco Estatal

Ud. quiere familiarizarse con la forma en que algunos bancos en el extranjero operan y los servicios que ofrecen. Mientras está en México, Ud. hace una visita al Banco Estatal y encuentra el siguiente folleto. Lea la información y luego conteste las preguntas.

Banco Estatal

Cuenta Sencilla para Ahorrar	Cuenta Completa para Ahorrar	Cuenta Total para Ahorrar
• La Cuenta Sencilla es una cuenta de ahorros con la que, gana intereses y tiene disponibilidad absoluta de su dinero por los canales más avanzados. • La Cuenta Sencilla es la mejor opción para recibir el abono electrónico de su sueldo. Además, puede realizar sus compras en comercios afiliados con su tarjeta de débito internacional.	• La Cuenta Completa es una cuenta para administrar sus recursos. A través de ella podrá ahorrar, invertir y manejar sus recursos con disponibilidad inmediata de los mismos. • Diseñada para aquellas personas que buscan obtener rendimientos y que normalmente giran pocos cheques.	• La Cuenta Total es la mejor opción para manejar su dinero eficientemente a través de una chequera y una tarjeta de débito. Esta cuenta es ideal para aquellas personas que realizan múltiples operaciones bancarias. • Esta cuenta esta diseñada para aquellas personas que reciben su sueldo a través de un abono electrónico y tienen la necesidad de girar cheques.

1. Para un ejecutivo, ¿qué tipo de cuenta sería más atractivo y por qué? Para una persona que trabaja todo el día con la computadora, ¿qué servicios serían más ventajosos? Para una persona que tiene interés en invertir dinero, ¿cuál sería el mejor servicio?

2. Compare los servicios de este banco con los servicios de su banco personal. ¿Qué diferencias existen? ¿Cuáles servicios le interesan más o le parecen más convenientes y por qué? Para una persona que trabaja mucho durante el día, ¿cuáles serían los servicios más provechosos?

3. Diferentes bancos y países manejan sus cuentas de la forma en que más les conviene. Por ejemplo, BBVA-Bancomer en México tiene varias

alternativas para cuentas de cheques y de ahorros. Visite la página Web de BBVA-Bancomer y busque información más completa sobre los servicios que ofrece el banco. Después, busque un banco en otro país hispanoamericano y note las diferencias y parecidos que existen entre los servicios que ofrecen en sus cuentas de ahorros y de cheques. Finalmente, compare su información sobre estos dos bancos en Hispanoamérica con uno de los Estados Unidos. Comparta los resultados con la clase.

C. En la red

En grupos de tres, busquen información en la red sobre el Banco Interamericano de Desarrollo (BID), el Banco Mundial (BM) y el Fondo Monetario Internacional (FMI).

Paso 1 Preparen un informe sobre cada organización para presentar y discutir en clase. El informe debe basarse en las respuestas a las siguientes preguntas.

1. ¿Qué tipo de información incluye cada página? Dé ejemplos.
2. Dé una descripción de la organización y su misión.
3. ¿Cuáles son los objetivos económicos de cada organización para Latinoamérica?
4. ¿Qué servicios ofrece cada organización?

Paso 2 Ahora, compare sus respuestas con las de sus compañeros de clase. En general, ¿cuáles son las semejanzas y las diferencias entre los servicios y enfoques de estas instituciones?

HACIENDO HINCAPIÉ

La siguiente selección es parte de un ensayo escrito por el periodista Andrés Oppenheimer que aparece en su libro *Ojos vendados: Estados Unidos y el negocio de la corrupción en América Latina*. En él, el autor describe las actividades del **narcotraficante** mexicano Amado Carrillo Fuentes, llamado «El Señor de los Cielos», y la forma en que su organización criminal buscaba una manera de «lavar» dinero con la participación de bancos estadounidenses e hispanoamericanos.

Lea con cuidado el ensayo para que después Ud. pueda **compartir** su opinión sobre los temas de discusión.

Panorama real

«Ojos vendados: Estados Unidos y el negocio de la corrupción en América Latina» (selección)
por Andrés Oppenheimer

¿Cómo podía ser que un **alto funcionario** de Citibank hubiera escrito una carta de recomendación al mayor **narcotraficante** del mundo? Quizás había sido un error estúpido, o el resultado de una averiguación[1] de antecedentes apresurada por parte del banco. De lo que no parecía haber dudas es que se trataba de un traspié[2] que ponía en evidencia las limitaciones de los esfuerzos de Estados Unidos para combatir el narcotráfico, las dificultades de los bancos internacionales para impedir ser utilizados por los narcotraficantes y la hipocresía de las afirmaciones que estaba haciendo el gobierno de Estados Unidos de que los bancos mexicanos eran los principales culpables del **lavado de dinero** de las drogas.

Por cierto, no se trataba del único resbalón[3] del Citibank en América Latina en los años noventa. El nombre del banco ya había salido a relucir[4] en varios escándalos de corrupción internacional y de tráfico de drogas, a tal punto que varios investigadores del Congreso norteamericano se estaban **planteando** si esto era una consecuencia natural del gigantesco tamaño del banco, o un síntoma de que sus reglamentos internos —similares a los de otros grandes bancos norteamericanos— no estaban siendo acatados.[5]

El nombre de Citibank había salido a relucir en ese contexto desde mediados de los noventa, tras divulgarse[6] la noticia de que el banco había aceptado jugosos[7] depósitos de Raúl Salinas de Gortari, el hermano del ex presidente mexicano Carlos Salinas, en Nueva York y Suiza. A juicio de los investigadores suizos,[8] dichos fondos provenían de la droga. De hecho, Raúl Salinas nunca había podido probar fehacientemente[9] el origen de su **cuantiosa** fortuna. Además, el escándalo provocado por los fondos de Raúl Salinas había puesto en evidencia otros depósitos millonarios de varias familias de políticos mexicanos [...]

Sin embargo, al margen de la probable inocencia del ejecutivo de Citibank, los investigadores norteamericanos y mexicanos me citaron la carta de referencia del banco como un ejemplo perfecto de la facilidad con la que los traficantes de drogas —o cualquier criminal **de cuello blanco**— podían aprovecharse de los servicios bancarios internacionales para abrirse camino en el mundo de los negocios legítimos. El sistema bancario internacional no les ponía trabas[10] demasiado difíciles de **vencer.**

---

[1]*inquiry* [2]*stumble* [3]*slip-up* [4]*habían... had come to the surface* [5]*no... weren't being obeyed*
[6]*making it known* [7]*lucrative* [8]*Swiss* [9]*with absolute certainty* [10]*obstacles*

A. Después de leer

Conteste las siguientes preguntas sobre el **Panorama real.**

1. ¿Qué le pareció a Ud. que Citibank tuviera contacto con narcotraficantes a través de una carta?

2. ¿Por qué esa acción es sorprendente dado los esfuerzos de los Estados Unidos para combatir el narcotráfico?

3. Según los Estados Unidos, ¿quiénes son los responsables principales del lavado de dinero?

4. ¿Qué relación había tenido Citibank con los hermanos Salinas de Gortari?

5. ¿Sabe Ud. quiénes son Raúl y Carlos Salinas de Gortari? Si Ud. no sabe, busque información sobre ellos en Internet.

6. ¿Por qué cree Ud. que el sistema bancario internacional permite depósitos millonarios de narcotraficantes? ¿Cree Ud. que esos bancos saben o sospechan la procedencia del dinero?

B. Temas de discusión

- La participación de la banca e instituciones financieras en el lavado de dinero y los depósitos de políticos en cuentas secretas
- Las metas corporativas de los banqueros frente a la satisfacción de los clientes
- Restricciones a los bancos con respecto a su participación en ciertos tipos de transacciones y servicios financieros
- El control de algunos aspectos bancarios por parte de los gobiernos locales

CONTEXTO CULTURAL

Antes de leer

Hay varias diferencias culturales en el mundo de la banca en Hispanoamérica y en los Estados Unidos. Conteste las siguientes preguntas antes de leer la entrevista que aparece a continuación. Después compare las respuestas con las que darán Ud. y sus compañeros al final.

1. ¿Puede Ud. definir *diversity management*?
2. ¿Es necesario tener *diversity management* en las empresas de los Estados Unidos?
3. ¿Existe una forma de comportamiento «general» en las oficinas de los Estados Unidos?
4. ¿Hay diferencias de comportamiento entre personas de distintas culturas en una misma oficina en los Estados Unidos?
5. ¿Cómo describiría Ud. su comportamiento personal, dentro de una empresa, hacia compañeros o clientes de otras culturas?

Protocolo cultural

Entrevista al Sr. Johnny Bravo

El Sr. Johnny Bravo, del Ecuador, es abogado. En su país natal trabajó para el Banco Centro Mundo en el departamento legal. Ahora, el Sr. Bravo trabaja para Wachovia en Charlotte, North Carolina, como Especialista en Servicios al Cliente.

1. **Como ciudadano de origen hispano, ¿cuáles son los choques[1] culturales más importantes a los que se enfrentó en los Estados Unidos al principio?**

---

[1]*clashes*

Más que un choque propiamente dicho, considero que el idioma es al principio un factor limitante al tratar de adaptarse a la vida en este país; el hecho de no poder expresarse con la fluidez acostumbrada es una fuerte barrera a vencer en la lucha de adaptación al medio.

2. **Como persona hispana en un banco estadounidense, ¿puede Ud. mencionar algunas diferencias culturales o de actitud hacia el trabajo entre hispanos y norteamericanos?**

Los hispanos, creo, somos más abiertos en el trabajo y constantemente lo mezclamos con la vida íntima o personal. En mi país de origen, Ecuador, fácilmente nuestros mejores amigos son los que conocemos en la empresa, con los cuales compartimos mucho más que las **metas** laborales. Se convierten en amigos, pero amigos de verdad; en cambio en los Estados Unidos, los compañeros de trabajo son eso, y nada más. Comparten una meta laboral y se preocupan de ser buenos compañeros de labores, pero a su vez marcados por un reloj; es decir, a la hora de entrada y de salida sin transportar sus asuntos personales al conocimiento de un colaborador. En lo que se refiere a la actitud de trabajo, los norteamericanos la toman como prioridad para el **logro** de sus metas. La mayoría se traza un fin[2] apenas han terminado[3] el High School; saben qué van a estudiar, en dónde van a trabajar y cuánto van a tener que ahorrar **mensualmente** en un plan de retiro, un programa 401(k) de fondos para su pensión, etcétera. Nosotros [los hispanos] trabajamos para nuestra familia, para su futuro, más que para el futuro personal. Poco hacemos para ahorrar para nuestro futuro, poco sabemos de la filosofía de ahorro para el futuro como la maneja el norteamericano.

3. **¿Son diferentes los hispanos y los estadounidenses a la hora de abordar[4] los problemas que se presentan en la oficina?**

Como consecuencia de la primera parte de mi respuesta anterior, y al no afectar para nada una amistad, creo que los norteamericanos son mucho más directos. Manifiestan[5] lo que piensan en el momento y lo dejan saber de inmediato, el hispano procura no dañar,[6] más que una relación laboral, una amistad. Muchos hispanos algunas veces mezclamos el asunto [amistad y trabajo] y no hablamos sobre los problemas de oficina que pudiesen estar dañando el **éxito** del departamento al que se pertenece.

4. **Con respecto a la banca estadounidense, ¿cuáles eran las barreras que en el pasado impedían que los hispanos tuvieran acceso a servicios bancarios?**

La falta de información en español de los productos bancarios, ni se diga,[7] por la falta de personal bilingüe que no sólo hable el idioma del cliente, sino que entienda la cultura del hispano. Pienso que eso sólo lo puede hacer otro hispano; un norteamericano, por más fluido que hable el español, no podrá entender totalmente las necesidades nuestras. De allí que nosotros, los hispanos, escuchamos primero y luego con base a esa comunicación con el cliente, nos permitimos **aconsejar** o sugerir un producto bancario que le sirva al cliente más que al **funcionario** bancario en sus metas individuales.

---

[2]*se... have a plan* [3]*apenas... when they've barely finished* [4]*tackle* [5]*They express* [6]*procura... tries not to damage* [7]*ni... not to mention*

(continúa)

5. **En general, ¿qué tipos de servicios presentan los bancos exclusivamente a la comunidad hispana?**

Los hispanos una vez cumplidos los requisitos establecidos por las leyes de este país para abrir una cuenta bancaria, disponemos de los mismos servicios ofrecidos a un norteamericano; es decir, no existe por ese lado impedimento de ningún tipo, más bien hay más ventajas. Por ejemplo, en Wachovia existe una página de Internet netamente[8] en español, lo que refleja una total preocupación del banco por el mercado hispano. Y qué decir del personal bilingüe que labora para la empresa; además, toda la información de los productos en inglés, también está en español, ATMs, etcétera.

6. **¿Qué diferencias culturales nota Ud. entre los clientes hispanos y los estadounidenses?**

Los norteamericanos tienen más conocimientos de los productos básicos bancarios; es decir, vienen de una cultura que de una u otra forma les ha permitido saber de banca. A muchos hispanos se les da un trato más adecuado, con mucho más detenimiento[9] en la explicación del producto bancario solicitado. Por ejemplo, cómo utilizar la tarjeta de débito, qué es una compra a crédito, cómo **girar** o **endosar un cheque,** los beneficios de tener su dinero en un banco y no en casa, es decir, se debe determinar y explicar situaciones básicas que se dan en la relación de un individuo con la institución financiera.

7. **¿Qué motivó a un banco como Wachovia a considerar a la comunidad hispana como parte de sus clientes?**

Considero que una empresa se fundamenta en sus clientes, así de simple; los hispanos somos la primera minoría de este país y en aumento. Una empresa que se dedique a cualquier actividad y no considere la importancia del mercado hispano se encamina al **fracaso.**

8. **Finalmente, si un hombre o una mujer de la banca estadounidense tuviera que viajar a un país hispano a trabajar, ¿qué consejos les daría Ud. para que tuvieran éxito en el mercado hispanoamericano?**

Que procure compartir con la gente para poder entender sus expectativas, sus metas, su cultura y que ofrezca productos que le sirvan a la gente y esto se revertirá en **confianza** del hispano hacia esa institución y por lo tanto el éxito será enorme. Pero si se va a Hispanoamérica a hablar de los cientos de cursos en banca y todos sus afines,[10] eso, si bien es respetado en nuestros países, no crea confianza y eso es lo que necesita una institución, confianza del cliente.

---

[8]*purely*   [9]*detail*   [10]todos... *everything related*

Después de leer

Paso 1 Responda a las siguientes preguntas. Luego, compare sus respuestas con las de un compañero / una compañera y compártanlas con la clase.

1. Teniendo en cuenta las respuestas que Ud. dio al principio y también las del Sr. Bravo, ¿cuáles cree que son las diferencias culturales más sobresalientes entre los empleados estadounidenses y los hispanos?

2. ¿Cree Ud. que los empleados de una empresa deberían ser amigos fuera del trabajo como sucede en Hispanoamérica? ¿Por qué sí o por qué no?

3. ¿Cuáles son algunas de las diferencias culturales entre los clientes hispanos y estadounidenses en cuanto a los servicios bancarios que necesitan?

4. ¿Qué opina Ud. sobre los bancos estadounidenses que se comunican con los hispanos en su propio idioma? ¿Se justifica que haya empleados bilingües y anuncios y servicios en español? Explique.

5. ¿Está Ud. de acuerdo con que solamente un hispano pueda conocer a fondo la cultura de otro hispano que solicite servicios bancarios? Explique.

6. ¿Está Ud. de acuerdo con que exista el *diversity management* en los Estados Unidos? Justifique su respuesta.

7. ¿Qué opina de los consejos que les da el Sr. Bravo a los ejecutivos estadounidenses que viajan a Hispanoamérica? ¿Está Ud. de acuerdo? ¿Por qué sí o por qué no? ¿Qué le gustaría añadir?

Paso 2 Entreviste a una persona que haya trabajado o estudiado en el extranjero. Compare sus experiencias culturales y lingüísticas con las respuestas del Sr. Bravo.

EN EL MUNDO DE LOS NEGOCIOS

Presentaciones profesionales

En el mundo de los negocios es importante sentirse cómodo/a al hablar delante de sus colegas, clientes y gerentes hispanohablantes. Haga una presentación oral para sus «colegas» usando uno de los temas que aparece a continuación. Ud. es libre de escoger otro tema si desea, previa consulta con su profesor. Asegúrese que las fuentes de información que Ud. consulten sean confiables. La presentación debe hacerse en PowerPoint™ y como si se tratara de una presentación profesional.

Temas:

- Nuevas estrategias de los bancos en los Estados Unidos para atraer a clientes hispanos
- Barreras y oportunidades para bancos hispanos en los Estados Unidos
- Los servicios para empresas hispanas que ofrece la «Small Business Administration» (SBA)
- Las ventajas y desventajas de las fusiones bancarias en los Estados Unidos

Redacción comercial

Es importante saber comunicarse por escrito en las situaciones profesionales. Escoja uno de los siguientes ejemplos y escriba una carta profesional según el modelo.

1. Escriba una carta al gerente (*manager*) de un banco solicitando un préstamo para la compra de una casa, un coche o algún otro producto que requiera de tal solicitud. En la carta incluya su nombre, lugar de trabajo, ingresos, egresos y otra información que Ud. considere de importancia.

2. Redacte una carta dirigida a un banco explicando que hay un error en el estado de cuenta (*statement*) de su tarjeta de crédito y que le están haciendo un sobrecargo de intereses. Incluya su nombre, dirección y número de cuenta, y describa con detalles el error.

3. Escriba una carta dirigida a su banco pidiendo que cancelen sus cuentas de cheques y de ahorros. Incluya su nombre, dirección, números de cuentas y las razones por las cuales desea cerrar sus cuentas. Mencione toda la información que Ud. considere importante.

MODELO:

La siguiente es una carta en la cual un cuenta habiente solicita a su banco la cancelación de sus cuentas.

Señor Anastasio Suárez
Banco de La Provincia
Plaza de Noruega, 32
Córdova, Argentina

Estimado Señor Suárez:

Como acordado durante nuestra conversación telefónica del 20 de julio, le escribo para confirmar por escrito la cancelación de las cuentas que mantengo con su banco. A partir de la fecha del 30 de julio del corriente año no necesitaremos más de sus servicios. Siguiendo su recomendación dejaremos las cuentas en uso durante diez días después de nuestro traslado. Al tenor con lo antes expuesto reitero la información sobre nuestras cuentas. Número de cuenta de ahorros: 0022-34567; Cuenta corriente: 0022-34567-7.

Le agradezco de antemano su esmerada atención a este asunto.

Atentamente,

Graciela Girón Valverde

VOCABULARIO

las acciones	stocks, shares	el fomento	promotion
acuñar	to mint/coin money	el fondo de inversión	investment fund
aconsejar	to advise	el Fondo Monetario	the International
a corto/largo plazo	in the short/long term	Internacional (FMI)	Monetary Fund
el/la agricultor(a)	farmer		(IMF)
la apertura económica	economic	el fracaso	disaster, failure
	liberalization	el (alto) funcionario	(high-ranking) official
la asesoría	consultancy	girar un cheque	to write a check
el Banco Interamericano	the Inter-American	el ingreso	income, deposit
de Desarrollo (BID)	Development	invertir	to invest
	Bank (IADB)	la jubilación	retirement
el Banco Mundial (BM)	the World Bank	el lavado de dinero	money laundering
los bienes raíces	real estate	el libre mercado	free market
la caja fuerte	safe	llevarse a cabo	to carry out
el/la cambista	moneychanger	logro	achievement
el/la campesino/a	agricultural workers	mensualmente	monthly
el cargo	charge	la meta	goal
el cheque	check	la moneda	coin, currency
...al portador	bearer check	el narcotraficante	drug trafficker
...bancario	cashier's check	el narcotráfico	drug trafficking
...nominativo	order check	el oficio	profession
el/la cliente	client	plantearse	to consider
cobrar	to charge; to get paid	por concepto de	in respect of
el conjunto	group	por otra parte	on the other hand
con respecto a	with regard to	el préstamo	loan
correr el riesgo	to run the risk	el préstamo hipotecario	mortgage
el crecimiento	growth	el presupuesto	budget
cuantioso/a	substantial	el proteccionismo	protectionism
la cuenta	account	el recibo	receipt
...corriente /de cheques	checking account	el rendimiento	yield, return
... de ahorro	savings account	retirar	to withdraw
... mancomunado	joint account	el seguro	insurance
el/la cuenta habiente	account holder	...de vida	life insurance
debido a	due to	...de autos	automobile insurance
de alguna manera	somehow	...médico	medical insurance
de cuello azul/blanco	blue/white collar	la sucursal	branch
el desarrollo	development	la tarjeta	card
la divisa	currency	...de crédito	credit card
el egreso	expenditure	...de débito	debit card
elaborarse (un cheque)	to draw up (a check)	vertiginoso/a	dizzying, fast
emitir	to issue	la vivienda	housing
endosar (un cheque)	to endorse (a check)	vencer	to overcome
(países) en vías de desarrollo	developing (countries)		
el éxito	success		

Capítulo 2

El mercado

Un mercado de frutas y verduras en Montevideo, Uruguay

La palabra «mercado» tiene varias acepciones. El mercado en sentido tangible se refiere al lugar donde se reúnen unos consumidores y unos **oferentes** para llevar a cabo transacciones comerciales, como ocurre en las plazas de mercado de muchas ciudades y pueblos del mundo. Este mercado **se rige** por la oferta y la demanda, es decir la disponibilidad y la necesidad de **bienes** y servicios. El mercado en sentido intangible se concibe como un mecanismo económico que determina las cantidades producidas y los precios de los **bienes** y servicios, así como la asignación de los recursos **escasos** y la **remuneración** de los factores productivos. En este sentido intangible, el mercado es el vocablo que se utiliza para describir la economía política de una nación y la manera en que un estado interviene en la economía y la regula mediante las leyes, **las políticas públicas** y otras instituciones. Muchas naciones optan por permitir la libertad de **compra y venta,** promoviendo así una economía de libre mercado, la cual es el fundamento del sistema económico capitalista. Algunas naciones restringen la libertad de empresa y organizan su economía según principios opuestos a la idea de un mercado libre y otras manejan la economía de mercado con diferentes grados de intervención del estado.

En este capítulo Ud. va a:

- Aprender sobre los significados del concepto de «mercado»
- Aprender vocabulario y conceptos relacionados con el mercado y las funciones económicas del mismo

- Adquirir conocimientos sobre los diferentes tipos de mercados del mundo contemporáneo
- Identificar y comparar los distintos tipos de mercado
- Aprender sobre las diferencias del mercado local y el mercado internacional o global

INTRODUCCIÓN

Antes de leer

Tenga en mente las siguientes preguntas al leer la **Lectura preliminar.**

1. ¿Qué es un mercado? Explique en sus propias palabras.
2. Si Ud. ha visitado alguna vez un mercado popular o una plaza de mercado, describa sus características. ¿Qué observó? ¿Qué le llamó la atención?
3. ¿Qué quiere decir «mercado» en la siguiente oración? «En Japón no existe un mercado para coches con asientos forrados de cuero, porque el olor les parece desagradable a muchos consumidores japoneses.»
4. ¿Qué le viene a la mente cuando escucha frases como «el mercado internacional», «el mercado local», «el mercado de divisas» y «la globalización de los mercados»?
5. ¿Qué se entiende por expresiones como «el mercado libre» o «una economía de libre mercado»?
6. ¿Cúal es la importancia de la globalización de los mercados en las sociedades contemporáneas?
7. ¿Qué es el mercado global? ¿Cómo funciona?

Lectura preliminar

El concepto de mercado

En los países de habla hispana, el vocablo «mercado» se refiere a varias cosas. Por ejemplo, puede ser un mercado al aire libre, un mercado de pueblo, un mercado de artículos artesanales o un **mercado popular** a donde la gente va a diario a comprar la comida. En muchas naciones de Hispanoamérica, los mercados al aire libre son una parte esencial de la vida rural y de la economía nacional. Fuera de esta limitada **acepción** de lo que es un mercado, existe el principio económico de libre mercado, el cual ha sido causa de grandes conflictos en el mundo. También hay que aclarar el uso de la palabra «mercado» para referirse a la agrupación de distintos tipos de servicios y artículos. **El mercado inmobiliario** —o bienes raíces— se refiere a la compra y venta de propiedades y terrenos, y **el mercado automotriz,** a la compra y venta de coches. **El mercado de divisas,** en cambio, se refiere a la compra y venta

(continúa)

de las monedas nacionales, y **el mercado de valores,** a la compra y venta de productos financieros como son las acciones y **bonos.**

El mercado es también un concepto fundamental para la **consecución** del comercio ya que para vender algún producto o servicio a la gente, es necesario saber sus necesidades y gustos; en otras palabras, hay que saber si existen consumidores —o sea, un mercado— para el producto o servicio ofrecido. Imagine que Ud. es inventor y empresario: Aunque pueda diseñar y fabricar el mejor aparato tecnológico del mundo, no tendrá un «mercado» para su producto si los consumidores no ven en ese producto una utilidad. Igualmente, si el precio de venta les parece muy alto, o si su empresa descuida las campañas publicitarias, corre el peligro de fracasar.

Todas las naciones del mundo se han enfrentado a la **escasez** ante las múltiples necesidades materiales de sus habitantes. La escasez es el origen del comercio y de los mercados. Si los alimentos, las viviendas y los vestidos fueran infinitamente abundantes, no habría necesidad de mercados; **bastaría con** acercarse a un árbol para tomar sus frutos. De hecho, las sociedades primitivas de cazadores-recolectores[1] no tenían el concepto de mercado, pues sus miembros compartían todo y no había noción de la propiedad privada. Por ejemplo, los bosquimanos[2] *San* del sur de África tenían un sistema llamado *xotla* que consistía en que los cazadores tenían prohibido comer las presas de sus cacerías[3] hasta que pudieran compartir con el resto de la tribu. Pero este sistema no es práctico en las sociedades contemporáneas, cuyas poblaciones alcanzan los millones de habitantes —imagínese los conflictos que se provocarían por las frutas más frescas y las mejores presas de cacería. A medida que el número de consumidores crece, los productores requieren incentivos para producir cantidades cada vez mayores de bienes y servicios. A su vez, los consumidores quieren saber que sus necesidades serán satisfechas y en qué medida. Entonces se hace necesario introducir el concepto de la propiedad privada y definir los derechos de propiedad: fulano* es el propietario de esa manzana, mengano* es el dueño de esa pera y zutano* pudo comerse una naranja entera porque era toda suya. Sin embargo, las necesidades materiales son infinitas ante la escasez de bienes, aunque se definan los derechos de propiedad. Entonces surge el «**trueque**»— la **permuta** o intercambio simple entre derechos de propiedad. El trueque es la forma más primitiva de comercio y su práctica sigue siendo común, no sólo en los mercados rurales sino también en los mercados internacionales cuando el cambio de monedas está **restringido.**

Los economistas consideran que los mercados son una forma de organización social que permite responder a cuatro preguntas fundamentales: ¿qué producir? ¿para quién producir? ¿cuánto producir? ¿a qué precio vender? Por lo tanto, las funciones económicas de los mercados son: determinar la variedad, la cantidad y la calidad de la producción disponible conforme a la **demanda** de los consumidores; establecer los precios de los bienes y servicios de manera competitiva; y finalmente, asignar los factores productivos (el capital y el trabajo) a los diferentes tipos de producción (**agrícola,** minera, industrial, etcétera) según el **provecho** que cada actividad genere. Así, los mercados

---

[1]*hunter-gatherers*   [2]*bushmen*   [3]presas... *victims of their hunt*
***Fulano, mengano** y **zutano** se usan para referirse a personas indefinidas cuyos nombres no tienen importancia. «Tom, Dick, and Harry» sería su equivalente en inglés.

constituyen un medio de información sobre las cantidades ofrecidas y demandadas, un mecanismo de precios establecidos por la competencia entre productores, y una **fuente** de incentivos para producir bienes y servicios, satisfaciendo las necesidades de los consumidores en la mayor medida posible.

Los mercados se clasifican según el tipo de bien o servicio **transado.** En primer lugar existe el mercado de factores productivos lo cual incluye el **trabajo** y el **capital.** El mercado de trabajo o «**mercado laboral**» reúne a los trabajadores que buscan empleo (oferentes de trabajo) con los empleadores y las empresas que necesiten trabajadores (demandantes de trabajo). En general, el mercado laboral hace una distinción entre el trabajo calificado y el no calificado. El trabajo no calificado se limita a aquellas ocupaciones que no requieren mayor preparación ni estudios avanzados, por ejemplo el trabajo físico y **la mano de obra** sin técnicas especializadas. El mercado de trabajo calificado se encuentra segmentado por niveles de educación: las personas con educación secundaria y las con educación universitaria o superior. **A medida que** aumenta el nivel educativo de un trabajador, la actividad física en su empleo tiende a reducirse, mientras que su actividad intelectual se incrementa. Además, los mayores niveles de ingreso corresponden, en **promedio,** a los mayores niveles educativos; por esa razón se dice que la educación es una forma de inversión en «capital humano», es decir, una inversión que **rinde** sus frutos cuando una persona termina su preparación universitaria e ingresa al mercado laboral.

El capital (en la forma de terrenos, edificios, maquinaria, equipos y dinero para remunerar el trabajo) es el otro factor indispensable para la producción. El trabajo humano es mucho menos productivo sin capital; por ejemplo, un trabajador agrícola tiene que hacer mucho más esfuerzo físico para reemplazar la falta de un tractor y un arado.[4] Si no tiene capital para comprar maquinaria, nunca podrá competir con la producción mecanizada. En los mercados de capitales se invierte el capital bajo la forma de dinero proveniente[5] de ahorradores e inversionistas que no quieren que sus recursos permanezcan ociosos.[6] El mercado de valores «pone a trabajar» esas inversiones, destinándolas hacia las actividades productivas de las empresas. El mercado reúne a los ahorradores e inversionistas (oferentes de capital) con las empresas y los gobiernos (demandantes de capital). Así como el trabajo es remunerado con salarios, el capital también es remunerado con intereses y rendimientos sobre las inversiones.

Haciendo una analogía entre los factores productivos y la cocina casera, se puede concebir el capital y trabajo como los «ingredientes» económicos de la «receta» de la producción. Esos ingredientes se obtienen en «tiendas» que corresponden al mercado laboral y al mercado de capitales. El horno y los utensilios constituyen la tecnología de la producción y la cocina, en su conjunto, es una empresa productiva.

Los **mercados de factores productivos** no existirían si no hubiera mercados de bienes y servicios; al fin y al cabo, el propósito último de la producción es satisfacer las necesidades de los consumidores. Los mercados de

---

[4]*plough*   [5]*originating*   [6]*idle*

(continúa)

bienes y servicios suelen clasificarse según las características comunes de los productos o las prestaciones que se transan. Por ejemplo, **el mercado inmobiliario** reúne a compradores, vendedores, **arrendatarios** y **arrendadores** de bienes raíces, como casas, departamentos,[7] bodegas[8] y edificios. El mercado inmobiliario suele segmentarse según el uso dado al bien inmueble: viviendas para habitación, edificios para oficinas, **fábricas** para las diferentes industrias, bodegas para **almacenamiento,** etcétera. La principal característica del mercado inmobiliario es su estrecha relación con la industria de la construcción (pues demanda materiales), con el mercado de trabajo no calificado (pues demanda mano de obra) y con el mercado de valores (pues demanda dinero y créditos).

Por otra parte, hay **mercados de bienes de consumo** en donde se negocian productos de uso diario. Los alimentos, la ropa, el calzado, los elementos de aseo personal[9] y de aseo doméstico, los útiles escolares, los **electrodomésticos** y tantos otros aparatos electrónicos de uso común son ejemplos de bienes de consumo. Aquellos bienes que resultan indispensables para la higiene, la salud y la vida se denominan «productos de primera necesidad». Los gobiernos y los bancos centrales de todo el mundo observan continuamente los precios de los alimentos y los productos de consumo masivo. Estos bienes son especialmente sensibles a aumentos generalizados de precios —es decir a la inflación— a causa de la frecuencia con que se compran. Cabe añadir que algunos bienes de consumo no son comprados con frecuencia, como los automóviles. Estos «bienes durables» pueden ser comprados y vendidos varias veces durante su vida útil. Finalmente, existen los mercados de servicios, los cuales reúnen a oferentes y consumidores de prestaciones tan necesarias y útiles como el agua y la telefonía. Según su origen y **disponibilidad,** los servicios ofrecidos pueden clasificarse en públicos y privados. Los servicios públicos suelen ser prestados por empresas públicas (o bien, por empresas privadas con estrictos controles). Incluyen la energía eléctrica, la telefonía fija, el gas domiciliario, el agua y el alcantarillado,[10] y el correo postal. Los demás servicios suelen ser prestados por diferentes empresas y bancos privados, como, por ejemplo, los restaurantes y los gimnasios, los museos y los espectáculos, las telecomunicaciones (telefonía celular y conexión a Internet), la televisión por suscripción (vía satélite o vía cable), y los servicios financieros (cuentas bancarias, préstamos, cambios de monedas, giros[11] y remesas[12]).

A menudo se oye hablar del «mercado internacional» y de la «globalización» de los mercados. ¿Hay alguna diferencia entre el mercado local y el mercado internacional? Sí, la hay. Existen bienes y servicios que no pueden ser vendidos fácilmente a través de las fronteras nacionales, bien sea por sus características o porque resulta demasiado costoso transportarlos. El ejemplo clásico es el servicio de peluquería: es más práctico ir al peluquero local y pagarle un precio más alto que trasladarse a otro país para poder pagar un precio menor (o bien, hacer venir al peluquero y pagar su transporte). Aquellos bienes y servicios que por su naturaleza no son fáciles de comprar y vender internacionalmente se denominan «no transables». La liberación del comercio de bienes y servicios, **auspiciada** por la **Organización Mundial del Comercio**

---

[7]*apartments* (Mex.)   [8]*ware houses*   [9]aseo... *personal hygiene*   [10]*sewer system*   [11]*money orders*   [12]*money wiring; remittances*

(OMC), ha servido para integrar múltiples mercados nacionales en un solo gran mercado internacional que abarca casi todo el globo; en ese sentido decimos que hay un «mercado global».

Después de leer

Ahora, regrese a la sección **Antes de leer** y conteste las preguntas. ¿Qué aprendió sobre el mercado y sus varias formas? Compare sus respuestas con las de un compañero / una compañera.

Un mercado de pueblo en el sur de México

LECTURA DE COMERCIO

Vocabulario básico

agrícola	*agricultural*	**…de capitales**	*…capital market*
el almacenamiento	*storage*	**…de trabajo /**	
la demanda	*demand*	**laboral**	*…labor market*
de primera	*basic*	**…de valores**	*…stock market*
necesidad	*necessities*	**el oferente**	*bidder*
la disponibilidad	*availability*	**la permuta**	*exchange*
la escasez	*shortage, lack*	**el promedio**	*average*
la fuente	*source*	**la remuneración**	*compensation*
intangible	*abstract*	**restringir**	*to restrict*
la mano de obra	*labor, work*	**tangible**	*material, concrete*
	force	**transar**	*to negotiate; to*
el mercado			*reach a business*
… de bienes de	*…consumer*		*deal*
consumo	*goods market*	**el trueque**	*bartering*

A. Práctica del Vocabulario básico

Después de estudiar el **Vocabulario básico,** complete las siguientes oraciones con la palabra o frase apropiada.

bienes de consumo	la escasez	la propiedad
capitales	laboral	restringir
la demanda	primera necesidad	el trueque

1. En Cuba la ley no permite la compra y venta de casas, pero se practica _____ entre bienes equivalentes. De esa forma se puede obtener un coche o una casa.

2. En los mercados de _____ se transan productos de uso diario que incluyen, por ejemplo, los alimentos, la ropa, el calzado y los elementos de aseo.

3. A medida que _____ de un producto crece, también crecen los incentivos para aumentar la producción del mismo.

4. Aunque el valor de _____ ha bajado considerablemente en los últimos meses, todavía no hay crédito bancario para comprar casas.

5. Los mercados de factores productivos incluyen el mercado _____ y el mercado de _____ .

6. Un mercado puede abrirse para un producto debido a _____ del mismo.

7. Para proteger la economía nacional, muchos países _____ la importación de productos que se manufacturan localmente.

8. Los jabones y los dentífricos, por ejemplo, son artículos de _____ .

Expresiones de la lengua

a medida que	as	como resultado	as a result
a su vez	in turn	conforme a	in accordance with
correr el peligro	to run the risk	de hecho	in fact

B. Expresiones de la lengua

Estudie las **Expresiones de la lengua** y complete las siguientes oraciones.

1. Una empresa _____ de fracasar si pierde su posición en el mercado.

2. _____ las sociedades primitivas de cazadores-recolectores no tenían concepto de propiedad privada.

3. _____ el número de consumidores crece, los productores producen más.

4. _____ de la desproporción en los precios de los productos importados se dio un desbalance comercial.

5. _____ los consumidores necesitan saber que sus necesidades podrán ser satisfechas.

6. Los precios de un producto se determinan _____ la demanda del mismo.

Lectura

Mercados, estados y culturas en Hispanoamérica

En Hispanoamérica los mercados han pasado por varias etapas a través de su historia. Durante la época de la colonia, el comercio interior era controlado por las autoridades de España y gravado con altos **impuestos.**[1] Además, el comercio internacional con naciones aparte de España estaba prohibido; por lo tanto, el mercado internacional de las colonias españolas se limitaba a transacciones con la «madre patria». La libertad de empresa, altamente restringida, no les permitía fabricar los bienes que se importaban de España iniciándose de este modo una mentalidad de mercado de consumo que todavía **perdura.** El comercio internacional estaba sometido[2] a los controles de la burocracia española, la cual gobernaba **el flujo** de mercancías entre la metrópoli y sus colonias desde la Casa de Contratación de Sevilla.* La producción y los mercados en las colonias españolas se caracterizaban por **la explotación** de los recursos humanos y los recursos naturales. En ese entonces se comerciaba con minerales como el oro y la plata, con vegetales como el caucho[3] y la quina,[4] y con seres humanos —indígenas y esclavos africanos que eran tratados e intercambiados como animales de trabajo. A cambio, se importaban productos manufacturados en Europa a precios muy altos. Como resultado de la desproporción en los precios de las importaciones, los «términos de intercambio» eran muy desfavorables para las colonias de España en el continente americano; es decir que los productos de las colonias tenían un valor relativamente bajo por unidad de peso o medida, a la hora de hacer trueque.

Durante las primeras décadas del siglo XIX, la mayoría de las colonias españolas se independizaron e iniciaron relaciones comerciales con varias naciones de Europa Occidental[5] y con los Estados Unidos. Sin embargo, las nuevas naciones continuaron vendiéndole a España las exportaciones tradicionales y comprando a cambio sus costosas manufacturas. Por lo tanto, su emancipación de España no trajo consigo grandes cambios en la organización de la producción ni en la estructura económica de las antiguas colonias, pues las actividades agrícolas y pecuarias,[6] así como la extracción de minerales, continuaron siendo las principales fuentes de riqueza de las nuevas repúblicas.

----

[1]gravado... *highly taxed*   [2]*subjected*   [3]*rubber*   [4]*chinchona bark* (used to make quinine)   [5]*Western*
[6]*livestock*

*La Casa de Contratación se estableció para controlar el comercio entre España y las Américas. Al pasar por la Casa de Contratación, los bienes (especialmente los metales preciosos), que llegaban de las Américas eran sometidos al Quinto del Rey —un impuesto de 20 por ciento del valor de los bienes.

(continúa)

Por lo general, la fabricación de productos con un alto valor agregado[7] estaba limitada a industrias de origen artesanal tales como los tejidos,[8] las cerámicas y los materiales de construcción. El desarrollo moderno de la industria manufacturera **tardó** varias décadas en llegar a Hispanoamérica, de manera tal que la antigua dependencia económica de naciones extranjeras fue prolongada mucho tiempo después de las guerras de independencia.

La falta de desarrollo de las industrias manufactureras causó **el retraso** económico de Hispanoamérica con respecto a las economías de los Estados Unidos y de Europa Occidental. A esa realidad histórica se suma[9] la falta de avances científicos y desarrollos tecnológicos, que son una consecuencia natural de las necesidades industriales de investigación, innovación e invención de nuevos productos. Como resultado, la región se ha caracterizado por la pobreza y las desigualdades, y por un nivel de ingreso **promedio** por habitante que se considera bajo. **A su vez,** las necesidades inmediatas de consumo, y de mejorar la calidad de vida, convierten a Hispanoamérica en un atractivo mercado de consumidores que gastan sus ingresos en las grandes **cadenas** de **almacenes** e **hipermercados,** las cuales comercializan alimentos, productos de consumo masivo, ropa y electrodomésticos, muchos de ellos importados. Algunas de las grandes cadenas de almacenes de Europa y de los Estados Unidos como Carrefour, Wal-Mart y Costco hacen presencia comercial en Hispanoamérica vendiendo todo tipo de artículos. Hasta **incursionan** en el mundo de la diversión y el entretenimiento, trayendo consigo la cultura material de sus países.

Aunque muchos de los países de Hispanoamérica **se acogen** a un sistema capitalista de libre mercado, las tendencias políticas no siempre han sido coherentes con el capitalismo. Para superar **la pobreza** y las desigualdades, los gobiernos de Hispanoamérica han puesto en práctica políticas económicas que buscan la distribución de **la riqueza** con el propósito de cumplir las promesas hechas al pueblo de justicia social y económica. Como se mencionó anteriormente, durante los años 70 muchos países de la región optaron por aplicar políticas económicas «proteccionistas», es decir, regulaciones que defienden la industria nacional frente a las importaciones de productos extranjeros. El propósito de esas políticas era la Industrialización por Sustitución de Importaciones (ISI), un objetivo económico promovido en esa época por la Comisión Económica de Naciones Unidas para América Latina y el Caribe (CEPAL). De ahí viene el **sobrenombre** de políticas económicas «cepalinas». Las políticas cepalinas cumplieron con el fin de crear una industria manufacturera en varios países de la región. Sin embargo, la ausencia de la competencia extranjera y la falta de las prácticas empresariales y **gerenciales** propias del libre mercado hizo que esas industrias cayeran en la ineficiencia productiva y la falta de **rentabilidad.**

El **atraso** económico y las desigualdades también han ocasionado revoluciones y cambios de ideología política en Hispanoamérica. Los virajes[10] de la política hacia la izquierda ideológica y hacia el socialismo (abanderada[11] desde Cuba por Fidel Castro) han encontrado tierra fértil en Nicaragua, Venezuela, Bolivia y Ecuador, con simpatizantes en Argentina y Paraguay. Chile, por su

---

[7]valor... *added value*   [8]*textiles*   [9]se... se añade   [10]*quick changes*   [11]*led*

parte, viró radicalmente en los años 70, desde la izquierda socialista hacia la derecha capitalista. Hoy conserva el sistema capitalista **instaurado** durante la dictadura de Augusto Pinochet (1973–1991) con modificaciones introducidas por gobiernos socialdemócratas, es decir, con una ideología política de centro izquierda. El caso de Chile es excepcional en Hispanoamérica, pues Pinochet introdujo en Chile políticas económicas de libre mercado y capitalismo industrial que resultaron en un resurgimiento de la economía chilena durante los años 80 y 90. Aunque esa transformación económica fue muy traumática (pues vino acompañada por un altísimo costo en términos de vidas y de represión de libertades), Chile es un país que hoy en día emerge fortalecido[12] tras los sacrificios y la frugalidad del pasado. De hecho, Chile fue el primer país de Hispanoamérica en celebrar un **tratado de libre comercio** con los Estados Unidos, y hoy continúa su ascenso como país exportador en los mercados mundiales.

----

[12]*strengthened*

Torres petroleras en la costa de Venezuela

Actividades

A. ¿Qué recuerda Ud.?

Conteste las siguientes preguntas sobre la **Lectura de comercio.** Luego, compare sus respuestas con las de sus compañeros de clase.

1. Hable sobre las prácticas comerciales de España durante la época colonial.
2. ¿Crees que la injusticia económica ha sido culpa de los gobiernos? ¿Por qué?
3. ¿Por qué es tan importante para un país vender en un mercado extranjero?
4. Además de los eventos históricos que los formaron, ¿qué otros aspectos de la vida hispanoamericana limitan el desarrollo de los países?
5. ¿Qué cambios ha habido en los últimos años en cuanto al concepto de mercado?

6. Explique la necesidad de ampliar los mercados para los productos de una empresa y de una nación.

7. Explique por qué muchas poblaciones hispanoamericanas se componen mayormente de consumidores en vez de productores.

8. Explique brevemente la importancia de la preparación universitaria y el capital humano de una nación.

B. Vocabulario

Complete los espacios en blanco usando el vocabulario que se encuentra en la **Lectura de comercio.**

1. La ausencia de la _____ extranjera y la falta de prácticas empresariales y _____ propias del libre mercado han causado el fracaso de muchas industrias.

2. La independencia de España por parte de los países hispanoamericanos no trajo cambios en la _____ económica de las colonias.

3. Las principales fuentes de riqueza de los países hispanoamericanos eran la _____ de metales y las actividades _____ .

4. Durante la época colonial el comercio _____ de las naciones hispano-americanas era controlado por las autoridades _____ .

5. La mentalidad de mercado _____ , en vez de la productiva, comenzó durante los años de la colonia.

6. La falta de desarrollo de las industrias _____ causó el retraso económico de Hispanoamérica.

C. En sus propias palabras

Explique los siguientes conceptos en sus propias palabras.

1. mercado laboral
2. mercado de capitales
3. mercado de factores productivos
4. capital humano
5. oferente de capital
6. mercado inmobiliario
7. mercado tangible
8. mercado intangible
9. salario
10. arrendatario

ACTIVIDADES INTERACTIVAS

A. Situaciones

Paso 1 Para poner en práctica sus conocimientos sobre el mercado, escoja un país hispanoamericano e investigue sus mercados de exportación. ¿Cuáles son sus mercados de exportación principales? ¿En qué segmentos del mercado están perdiendo la participación?

Paso 2 Con un compañero / una compañera, imagínese que participan en una conferencia que ofrece la oficina de comercio exterior de su región. Usando la información del **Paso 1,** conversen sobre la idea de ampliar el mercado en el exterior para uno de sus productos. Hablen sobre la competencia de otros países en el mismo sector y cómo los gobiernos de sus respectivos países pueden unirse para enfrentar la situación. Presenten sus sugerencias a la clase para su aprobación.

Paso 3 Con un compañero / una compañera, hagan un estudio sobre un mercado cuyos productos hayan perdido terreno en los Estados Unidos. Investiguen hacia qué países se han marchado las compañías para hacer negocios y por qué.

B. Una mirada al mercado de la carne vacuna argentina

Lea Ud. el siguiente blog sobre los cambios en el mercado de la carne vacuna y luego conteste las preguntas.

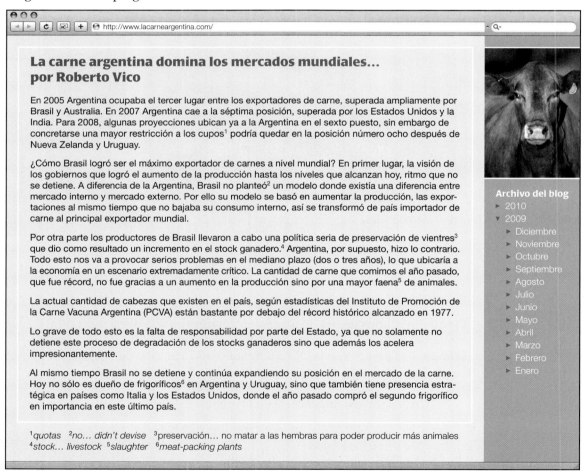

La carne argentina domina los mercados mundiales...
por Roberto Vico

En 2005 Argentina ocupaba el tercer lugar entre los exportadores de carne, superada ampliamente por Brasil y Australia. En 2007 Argentina cae a la séptima posición, superada por los Estados Unidos y la India. Para 2008, algunas proyecciones ubican ya a la Argentina en el sexto puesto, sin embargo de concretarse una mayor restricción a los cupos[1] podría quedar en la posición número ocho después de Nueva Zelanda y Uruguay.

¿Cómo Brasil logró ser el máximo exportador de carnes a nivel mundial? En primer lugar, la visión de los gobiernos que logró el aumento de la producción hasta los niveles que alcanzan hoy, ritmo que no se detiene. A diferencia de la Argentina, Brasil no planteó[2] un modelo donde existía una diferencia entre mercado interno y mercado externo. Por ello su modelo se basó en aumentar la producción, las exportaciones al mismo tiempo que no bajaba su consumo interno, así se transformó de país importador de carne al principal exportador mundial.

Por otra parte los productores de Brasil llevaron a cabo una política seria de preservación de vientres[3] que dio como resultado un incremento en el stock ganadero.[4] Argentina, por supuesto, hizo lo contrario. Todo esto nos va a provocar serios problemas en el mediano plazo (dos o tres años), lo que ubicaría a la economía en un escenario extremadamente crítico. La cantidad de carne que comimos el año pasado, que fue récord, no fue gracias a un aumento en la producción sino por una mayor faena[5] de animales.

La actual cantidad de cabezas que existen en el país, según estadísticas del Instituto de Promoción de la Carne Vacuna Argentina (PCVA) están bastante por debajo del récord histórico alcanzado en 1977.

Lo grave de todo esto es la falta de responsabilidad por parte del Estado, ya que no solamente no detiene este proceso de degradación de los stocks ganaderos sino que además los acelera impresionantemente.

Al mismo tiempo Brasil no se detiene y continúa expandiendo su posición en el mercado de la carne. Hoy no sólo es dueño de frigoríficos[6] en Argentina y Uruguay, sino que también tiene presencia estratégica en países como Italia y los Estados Unidos, donde el año pasado compró el segundo frigorífico en importancia en este último país.

[1]*quotas* [2]*no... didn't devise* [3]*preservación... no matar a las hembras para poder producir más animales* [4]*stock... livestock* [5]*slaughter* [6]*meat-packing plants*

Archivo del blog
- ► 2010
- ▼ 2009
  - ► Diciembre
  - ► Noviembre
  - ► Octubre
  - ► Septiembre
  - ► Agosto
  - ► Julio
  - ► Junio
  - ► Mayo
  - ► Abril
  - ► Marzo
  - ► Febrero
  - ► Enero

1. Según el autor, ¿cómo logró Brasil ser el máximo exportador de carnes a nivel mundial?

2. ¿Qué papel jugó el estado argentino en la pérdida del mercado de carnes a nivel mundial? Investigue otros casos en que un país haya perdido el mercado de un producto en el extranjero o en el ambiente local. Explique por qué ocurrió esto.

3. Los países tienen estrategias de desarrollo que incluyen la ampliación de sus mercados. Visite la página Web de un gobierno de un país
   hispanoamericano y busque información sobre las oficinas o las áreas
   del gobierno que se ocupan de propagar las oportunidades comerciales del país. Cuando tenga la información, vaya a la página Web de
   otro país hispanoamericano y observe las diferencias y los parecidos
   entre los dos países. Finalmente, compare su información con las estrategias de los Estados Unidos y comparta sus conclusiones con la
   clase.

Una carnicería en Buenos Aires, Argentina

C. En la red

Paso 1 En grupos de tres, busquen información en la red sobre la OPEP
(Organización de Países Exportadores de Petroleo)* MERCOSUR (Mercado
Común del Cono Sur) y la OMC (Organización Mundial de Comercio)†.

1. ¿Qué tipo de información incluyen estas páginas Web? Dé ejemplos.
2. ¿Cuáles son los orígenes de estas organizaciones?
3. ¿Cuáles son los objetivos de estas organizaciones?
4. ¿Qué servicios ofrecen?

Paso 2 En general, ¿cuáles son las diferencias y las semejanzas entre los
servicios que ofrecen estas organizaciones?

---

*OPEC—Organization of the Petroleum Exporting Countries
†WTO—World Trade Organization

HACIENDO HINCAPIÉ

La siguiente lectura es una selección de la novela *La tía Julia y el escribidor,* del escritor peruano Mario Vargas Llosa, con respecto a la pérdida del mercado del libro y la llegada de los radioteatros. Lea con cuidado la selección para que después Ud. pueda compartir su opinión sobre los temas de discusión.

Panorama real

La tía Julia y el escribidor (selección)
por Mario Vargas Llosa

Me despertaba en la mañana oyendo los compases del indicativo[1] de la radio —se preparaban con una anticipación enfermiza[2] para el primer radioteatro, el de las diez—, almorzaba oyendo el de las dos de la tarde, y a cualquier hora del día que volviera, encontraba a los dos viejitos y a la cocinera, arrinconados[3] en la salita de recibo,[4] profundamente concentrados en la radio, que era grande y pesada como un aparador[5] y que para mal de males[6] siempre ponían a todo volumen.

—¿Por qué te gustan tanto los radioteatros? —le pregunté un día a la abuelita. —¿Qué tienen que no tengan los libros, por ejemplo?

—Es una cosa más viva, oír hablar a los personajes, es más real —me explicó, después de reflexionar. —Y, además, a mis años, se portan mejor los oídos que la vista.

Intenté una averiguación parecida en otras casas de parientes y los resultados fueron vagos. A las tías Gaby, Laura, Olga, Hortensia los radioteatros les gustaban porque eran entretenidos, tristes o fuertes, porque las distraían y las hacían soñar. Cuando les pregunté por qué les gustaban más que los libros, protestaron: qué tontería, cómo se iba a comparar, los libros eran la cultura, los radioteatros simples adefesios[7] para pasar el tiempo. Pero lo cierto es que vivían pegadas a la radio y que jamás habían visto a ninguna de ellas abrir un libro… El propio Genaro-hijo me confirmó el éxito de los nuevos radioteatros el día en que por fin conseguí, después de mil protestas, que me pusieran la máquina de escribir. Se presentó en el altillo[8] con una carpeta en la mano y la cara radiante.

—Supera los cálculos más optimistas —nos dijo. —En dos semanas ha aumentado en veinte por ciento la sintonía[9] de los radioteatros. ¿Saben lo que esto significa? ¡Aumentar en veinte por ciento **la factura** de los auspiciadores[10]!

---

[1]*call sign* [2]*unhealthy* [3]*holed up* [4]salita... *small sitting room* [5]*sideboard* [6]para... *what's worse* [7]*monstrosities* [8]*attic* [9]*listening public* [10]*sponsors*

A. Después de leer

Conteste las siguientes preguntas sobre el **Panorama real.**

1. ¿Cómo se entretenían los dos viejitos y la cocinera?
2. ¿Por qué los parientes del narrador preferían los radioteatros? ¿Puede Ud. pensar en otras razones posibles, además de las que mencionan los parientes?

3. ¿Qué efectos tenía la readio en la lectura de libros durante esta época?

4. En la actualidad, ¿qué medios de communicación están perdiendo su mercado? ¿Por qué?

5. ¿Qué nuevos mercados de comunicación están apareciendo hoy en día?

6. Explique en sus propias palabras qué quiere decir «¿Saben lo que esto significa? ¡Aumentar el veinte por ciento la factura de los auspiciadores!»

B. Temas de discusión

- La tecnología y los cambios en los modos de diversión en el mundo
- Los cambios en el mercado de la palabra impresa
- El mercado de la educación a distancia en contraste con la educación presencial
- Las fuerzas del mercado como mano invisible que dirige los cambios en el mundo
- El mercado de las telenovelas entre los hispanos

CONTEXTO CULTURAL

Hay varias diferencias culturales entre los mercados en Hispanoamérica y los Estados Unidos. Conteste las siguientes preguntas antes de leer la entrevista que aparece a continuación. Después, compare las respuestas con las que darán Ud. y sus compañeros al final.

Antes de leer

1. ¿Puede Ud. definir el término «mercado»?

2. ¿Qué mercados son los más importantes para México?

3. ¿De qué depende que un país tenga muchos socios en el mundo que compren sus productos?

4. ¿Hay manera de lograr que un país se transforme de vendedor de productos en el mundo a comprador de productos de otros países?

5. ¿Qué mercados son de importancia en los Estados Unidos? ¿Qué le vende al mundo?

Protocolo cultural

Entrevista al Dr. Roy Nelson

El doctor Roy Nelson es profesor de Estudios Internacionales en la Thunderbird School of Global Management en Glendale, Arizona. Nació en los Estados Unidos y además del inglés, domina el español y el portugués. El Dr. Nelson recibió la maestría y el doctorado en Estudios Internacionales de la Universidad de Cornell. También hizo una maestría en la Universidad de Yale y recibió su licenciatura en la Universidad de Stanford. El Dr. Nelson es un experto en relaciones internacionales y ha dedicado su vida profesional a la investigación de la participación de los países hispanoamericanos en los mercados mundiales. Ha escrito casos de negocios que ahora son lecturas obligatorias en las facultades de negocios en los Estados Unidos y en universidades en el extranjero. El Dr. Nelson, asesor de varios líderes latinoamericanos, ha publicado dos libros y más de 35 artículos académicos en revistas profesionales de gran prestigio. También ha dirigido proyectos de consultoría para CORFO (la agencia de desarrollo económico de Chile), para Pharmacia & Upjohn, Inc. y para el Banco Mundial. El Dr. Nelson ha dictado seminarios para alumnos, ejecutivos y agencias gubernamentales en Costa Rica, Chile, El Salvador, España, Francia, México, Perú, Argentina y otros países. Su libro más reciente, *Harnessing Globalization: The Promotion of Nontraditional Foreign Direct Investment in Latin America* (Penn State University Press, 2009), está basado en sus investigaciones en Brasil, Costa Rica, Chile, México, Singapur e Irlanda.

1. **¿Por qué los países hispanoamericanos, estando tan cerca de los Estados Unidos, no se han convertido en la China del mundo?**

   Esto tiene que ver con los gobiernos hispanoamericanos, los cuales son muy diferentes del gobierno de China. Además, las condiciones son totalmente distintas. Los gobiernos hispanoamericanos no son tan eficientes. Tienen dificultades en desarrollar programas que puedan **apoyar** el crecimiento de los países. En mi opinión, el problema no tiene nada que ver con la cultura de la América Latina. Ésa no es la realidad. Tomemos por ejemplo el gobierno de Venezuela. Este país es muy rico y progresista, pero el presente gobierno tiene políticas que a la larga[1] no podrán asegurar el desarrollo del país. Son los malos gobiernos los responsables de los problemas en Latinoamérica.

2. **¿Qué país de Hispanoamérica tiene el mayor número de mercados para sus productos en el extranjero y a qué se debe esto?**

   Chile tiene más tratados de libre comercio que cualquier otro país en Hispanoamérica. Tiene más de 60. México sería el segundo. Claro, muchos países exportan sus productos, pero no tanto como Chile y México.

3. **¿Por qué Argentina, que hasta hace unos años era el mayor exportador de carne y de muchos otros productos, ha perdido el dominio que tenía de esos mercados?**

   Primero, hay que recordar que Argentina tuvo el problema de la enfermedad de la vaca loca[2] y los Estados Unidos prohibieron la entrada al país de la carne de Argentina. Por otro lado, podemos echarles la culpa[3] a los malos gobiernos otra vez. Durante los años de la década del 1990, por ejemplo, el presidente de Argentina, Carlos Menem, estaba intentando hacer cambios que beneficiarían al país, pero cometió errores muy grandes y a la larga los cambios no le favorecieron. Por ley, Carlos Menem tenía el derecho de servir como presidente durante solamente cuatro años, pero decidió cambiar la constitución para poder postularse[4] de nuevo. La mayoría de los gobiernos de las provincias eran parte de la oposición, el partido Unión Cívica Radical. Menem decidió asignarles la mayoría de los ingresos del país a las provincias para

---

[1]a ... *eventually*   [2]enfermedad... *mad cow disease*   [3]echarles... *blame*   [4]*run for office*

(continúa)

que los gobernadores de esas provincias lo apoyaran con el cambio de la constitución. Néstor Kirchner, el presidente que le siguió, después de una época de inestabilidad política y económica durante la cual en un periodo muy corto hubo cinco presidentes, no pudo revocar esa decisión y el país al verse en déficit tuvo que hacer un préstamo[5] al Fondo Monetario Internacional. Cuando el préstamo se venció,[6] Argentina no estaba en circunstancias favorables para pagarlo y le **tomó prestado** el dinero a Venezuela. Venezuela les prestó unos 9 mil millones de dólares con **tasas de interés** altas. Las políticas populistas son responsables de muchos de los problemas económicos de los países de Hispanoamérica. En un ambiente así, no se puede incentivar a sus productores a producir más, y a vender más en el exterior. Además, están manipulando el peso. El gobierno imprime muchos pesos porque el gobierno quiere exportar más, pero esta política de crecimiento a base de la devaluación del peso no es sostenible. Con mejores políticas económicas y mejores gobiernos, podrían competir mejor de lo que lo han hecho hasta ahora.

4. **¿Qué países son los mayores competidores de Hispanoamérica?**

   China e India. México está perdiendo mucho. Muchas fábricas están mudándose a China y además, los productos chinos son mucho más baratos. No pueden competir en costos. México tiene que encontrar otro camino. Tiene que especializarse en áreas en que puedan competir como, por ejemplo, la industria aeroespacial —la cual ya está presente en Guadalajara—, centros de llamadas, en tecnología. No puede competir con China en manufactura de artículos de consumo. Ni tampoco con India. En costos de producción, México siempre va a perder. Pero tiene la ventaja de estar tan cerca de los Estados Unidos y ésta es una ventaja competitiva que debe explotar.

5. **¿Cómo caracterizaría Ud. las diferencias culturales entre Chile y Argentina y cómo han afectado estas diferencias a sus economías?**

   No creo que la cultura tenga mucho que ver con el desarrollo económico de un país. Creo que las diferencias tienen más que ver con la historia y la política de un gobierno. Chile tuvo muchos problemas con la política populista durante la época de Allende, como Argentina ahora. Pero Chile superó esta época y ahora está muy bien. Lo mismo podría ocurrir en Argentina.

6. **¿Cómo podrían transformarse los hispanoamericanos de consumidores en productores? ¿Cree que ya es muy tarde en este ciclo histórico?**

   Creo que los países de Hispanoamérica tienen que encontrar nuevos caminos. Deben especializarse donde tengan ventajas competitivas, por ejemplo, Brasil tiene manufactura de aviones, producción de software; y tiene mercados en el mundo para sus productos. Cada país tiene que encontrar su propio nicho.

7. **¿Cómo ayudan los pactos económicos, como MERCOSUR o el TLC,* a las naciones hispanas a ampliar sus mercados fuera de sus fronteras?**

---

[5]hacer... *take out a loan*   [6]se... *expired*
*TLC es la abreviación de TLCAN (Tratado de Libre Comercio de América del Norte), o *NAFTA* (*North American Free Trade Agreement*).

El TLC ha ayudado a México bastante y es de gran importancia para la economía del país. México vende ahora artículos manufacturados. Vende 80 por ciento de las exportaciones a los Estados Unidos y Canadá. Así que ese mercado se le ha abierto a México más que antes. Los miembros de MERCOSUR venden sin impuestos entre ellos, pero ahora están haciendo negociaciones con la Unión Europea para considerar la posibilidad de que los países miembros permanentes de MERCOSUR puedan establecer pactos comerciales con los países de Europa. Muchos países latinoamericanos tienen mayores oportunidades en el presente para ampliar sus mercados fuera de sus fronteras. Esto es mucho mejor que antes.

8. **En su opinión, ¿qué países van a sobrevivir el ambiente de competencia mundial y por qué?**

México y Chile, dentro de los países hispanoamericanos, y claro, Brasil. Chile ya tiene grandes mercados. Muchas de sus industrias han encontrado sus nichos y por consiguiente, otros mercados. Ya está listo para enfrentar la competencia mundial. México también porque está enfrentándose a China desde el año 2001, cuando China entró a la Organización Mundial de Comercio. Estos dos países ya están listos para competir en el mercado global. Los demás países van a tener más dificultad porque están comenzando el proceso ahora.

Después de leer

Paso 1 Responda a las siguientes preguntas. Luego, compare sus respuestas con las de un compañero / una compañera y compártanlas con la clase.

1. De acuerdo a las respuestas que Ud. dio al principio y a las del Dr. Nelson, ¿todavía cree que son las diferencias culturales las que mantienen a los hispanoamericanos en una posición de desventaja? Explique.

2. ¿Cree Ud. que la historia económica de Hispanoamérica ha determinado su presente situación de desigualdad con respecto a otros países en vías de desarrollo? ¿Por qué sí o por qué no?

3. ¿Cómo caracterizaría Ud. lo que dijo el Dr. Nelson en cuanto a las diferencias culturales entre las poblaciones de Chile y Argentina y cómo esto ha afectado sus economías? ¿Está Ud. de acuerdo?

4. En su opinión, ¿sería una buena estrategia para los países de Hispanoamérica que aumentaran su participación en los mercados mundiales como vendedores y no como consumidores?

5. ¿Cree Ud. que es fácil o difícil encontrar un nicho en el mercado mediante la especialización de un segmento? Explique.

6. ¿Qué papel juega la preparación universitaria en las decisiones que toma la gente sobre cómo enfrentar los problemas económicos de un país? Explique y relacione su respuesta con lo que Ud. aprendió.

Paso 2 Entrenste a una persona que trabaje o que haya trabajado en las relaciones internacionales con los países hispanos. Compare sus respuestas y experiencias con las del Dr. Nelson.

EN EL MUNDO DE LOS NEGOCIOS

Presentaciones profesionales

En el mundo de los negocios es importante sentirse cómodo/a al hablar delante de sus colegas, clientes y gerentes hispanohablantes.

Haga una presentación oral para sus «colegas» usando uno de los temas que aparecen a continuación. Ud. es libre de escoger otro tema si desea, previa consulta con su profesor. Asegúrese que las fuentes de información que Ud. consulte sean confiables. La presentación debe hacerse en PowerPoint™ y como si se tratara de una presentación profesional.

Temas:

- Los mercados más importantes para los países hispanoamericanos
- La participación de los hispanoamericanos en el mercado agropecuario (*agricultural*) del mundo
- Nuevas estrategias de un país hispanoamericano en particular para ampliar el mercado de uno de sus productos principales
- La participación de los hispanoamericanos en los mercados tecnológicos del mundo
- La participación de los hispanoamericanos en el mercado de bienes y servicios

Redacción comercial

Es importante saber comunicarse por escrito en situauones profesionales. Escoja uno de los siguientes ejemplos y escriba una carta profesional según el modelo.

1. Envíe una carta al director de la oficina de desarrollo económico de un país de Hispanoamérica pidiendo información sobre dónde puede encontrar datos verídicos de los mercados del país.
2. Escriba una carta a la Cámara de Comercio (*Chamber of Commerce*) de un país hispanoamericano en donde solicita sus servicios para la investigación de un mercado en particular.
3. Redacte una carta de presentación a una compañía hispana en la que ofrece sus servicios como experto en la cultura social y la cultura del trabajo en China. Mencione en qué tipo de servicios se especializa, qué clase de proyectos ha realizado y cómo puede guiar a esta compañía a aprender el estilo de llevar a cabo negocios en China.
4. Envíe un correo electrónico a otros empleados de la empresa donde trabaja para informarles que la compañía va a entrenarlos en la lengua y protocolo cultural de la China. No se olvide de explicarles la importancia de este tipo de entrenamiento.

MODELO:

La siguiente es una carta que ofrece la oportunidad a los destinatarios para colaborar en la venta y distribución de unos nuevos postres basados en chocolates.

Est. 1929

Chocolates El Rey

CHOCOLATES EL REY APOYANDO NUEVOS TALENTOS

En apoyo a las generaciones futuras y en función de estrechar lazos con noveles chefs, en sus carreras gastronómicas e incentivar el consumo de materia prima venezolana de alta calidad, **CHOCOLATES EL REY** quiere invitarlo a participar en un proyecto donde estamos seguros que ambas partes saldrán favorecidas.

Estamos creando un **RECETARIO CHOCOLATES EL REY** para presentar platos y postres realizados a partir de nuestros productos, que cuenten con las características y excelencia de nuestros chocolates, hechos con el mejor cacao del mundo, 100% venezolano.

Las recetas serán aportadas por noveles chefs de las Academias Gastronómicas más prestigiosas de Caracas. Usted como representante de dicha institución escogerá al mejor, o los mejores alumnos, para hacer un plato o postre a partir de uno de los productos de Chocolates El Rey: Línea Criollo Centenario, Línea Carenero Superior, Línea Río Caribe, Línea Criollo Natural y Criollo Natural sin azúcar.

Al aceptar nuestra propuesta le haremos entrega de la Línea correspondiente a su Academia y lo contactaremos para pautar una fecha para la sesión fotográfica. Además contará con el apoyo de una marca de prestigio y ofrecerá una oportunidad a sus estudiantes y a su institución a ser reconocidos por medio de este recetario, ya que su original receta irá acompañada de los créditos correspondientes: fotografía del autor, nombre, Academia, teléfonos y dirección.

En las próximas semanas comenzaremos el proceso de producción de este proyecto, y pensamos en su reconocida Academia para que forme parte de las instituciones participantes.

Convencidos de que los esfuerzos en conjunto rinden verdaderos frutos, hacemos extensa esta invitación para que evalúen la posibilidad de participar y acompañarnos en esta novedosa forma de darle atención a nuestros clientes.

De estar usted de acuerdo, podrá hacernos llegar su respuesta por medio de nuestro sitio Web.

VOCABULARIO

la acepción	meaning	. . . de bienes de consumo	consumer goods market
acogerse (a)	to take refuge (in)	. . . de capitales	capital market
agrícola	agricultural	. . . de divisas	foreign exchange market
el almacén	warehouse		
el almacenamiento	storage	. . . de factores productivos	market for factors of production
a medida que	as		
apoyar	to support	. . . de servicios	services market
el arrendador	landlord	. . . de trabajo / laboral	labor market
el arrendatario	tenant		
a su vez	in turn	. . . de valores	stock market
el atraso	backwardness, delay	. . . inmobiliario	real estate market
auspiciar	to sponsor	. . . popular	local market
bastar con	to be enough	el oferente	bidder
los bienes	goods	la Organización	World Trade
el bono	bond	Mundial del	Organization (WTO)
la cadena	chain	Comercio (OMC)	
el capital humano	human capital	perdurar	to last
como resultado	as a result	la permuta	exchange
la compra	purchase	la pobreza	poverty
conforme a	in accordance with	la política pública	public policy
la consecución	obtaining	por un lado	on one hand
correr el peligro	to run the risk	el promedio	average
la demanda	demand	el provecho	benefit
de hecho	in fact	regirse	to be guided
de primera necesidad	basic necessities	la remuneración	compensation
la disponibilidad	availability	rendir	to yield
el electrodoméstico	electrical appliance	la rentabilidad	profitability
la explotación	exploitation	restringir	to restrict
la escasez	shortage, lack	el retraso	backwardness, delay
escaso/a	limited	la riqueza	wealth
la fábrica	factory	el salario	salary
la factura	bill	el sobrenombre	nickname
el flujo	flow	tangible	material, concrete
la fuente	source	tardar	to take a long time; to be delayed
gerencial	managerial		
gravar	to tax	la tasa de interés	interest rate
el hipermercado	superstore	tomar prestado	to borrow
el impuesto	tax	transar	to negotiate; to reach a business deal
incursionar	to venture		
intangible	abstract	el tratado de libre comercio	free-trade agreement
instaurar	to found		
la mano de obra	labor, workforce	el trueque	bartering
el mercado	market	la venta	sale
. . . automotriz	automotive market		

Capítulo 3

La empresa

Los administradores de una empresa se reúnen para tomar decisiones sobre su organización.

Una **empresa** lleva a cabo una actividad comercial, participando en la producción y el libre **intercambio** de bienes y servicios con el propósito de generar beneficios económicos y sociales. La empresa requiere tres elementos básicos: capital, mano de obra (física e intelectual) y recursos materiales. A través de estos tres mecanismos se logran satisfacer las necesidades de la sociedad. La **gerencia** —la administración de la empresa— considera todos los componentes mencionados y toma decisiones que tienen como objetivo el buen funcionamiento de la organización. En la actualidad las empresas enfrentan una intensa competencia, por lo cual deben proporcionar un **suministro** rápido y efectivo de bienes y servicios. El crecimiento de muchas empresas en su capacidad de producción y distribución ha permitido que el público pueda **gozar de** una gran variedad de productos y servicios a precios relativamente bajos.

En este capítulo Ud. va a:

- Aprender sobre la empresa, su función social y su forma jurídica
- Aprender vocabulario y conceptos relacionados con la empresa y las funciones de la misma
- Emplear expresiones de uso diario en el ámbito empresarial
- Adquirir conocimientos sobre los tipos de empresas en el mundo contemporáneo y sobre la actividad empresarial en Hispanoamérica
- Comparar las actitudes hacia la empresa en las culturas estadounidense e hispana
- Aprender sobre la mentalidad del comerciante hispano al participar en la actividad comercial

INTRODUCCIÓN

Antes de leer

Tenga en mente las siguientes preguntas al leer la **Lectura preliminar.**

1. ¿Qué es la empresa?
2. ¿Cuáles son las tareas y las metas de una empresa?
3. ¿Cómo funciona una empresa en una economía de libre mercado?
4. ¿Cómo se definen los conceptos de «empresa nacional», «empresa multinacional», «las grandes empresas» y «la globalización de las empresas»?
5. ¿Puede Ud. explicar las diferencias entre una empresa local y una empresa global?
6. ¿Cuál es la importancia de la globalización de las empresas en las sociedades contemporáneas?
7. ¿Por qué se habla tanto de las empresas multinacionales?

Lectura preliminar

Las empresas

Las empresas, dentro de una economía de libre mercado, son parte integral de la sociedad. Por esta razón, tienen dos **finalidades:** una económica y otra social. La finalidad económica de una empresa se refiere a la producción de bienes y el suministro de servicios que satisfagan las necesidades del público consumidor. Otro aspecto económico incluye los ingresos de las empresas que les permitan cubrir sus costos, como la remuneración de empleados y trabajadores a través del pago de sueldos y otros tipos de **prestaciones** laborales, además de la retribución a los empresarios mediante el reparto de **las ganancias.** Las empresas tienen como propósito social ayudar al crecimiento económico nacional, y al desarrollo de la sociedad y de los **integrantes** de la empresa. Esto lo puede hacer a través del respeto de los valores humanos, la educación y el entrenamiento o **capacitación** continua.

La clasificación de la empresa es múltiple, variada y puede basarse en su función social o su forma jurídica. En general, la propiedad de la empresa determina su función social de la siguiente manera:

Empresa privada: El capital está en manos de **inversionistas** privados.

Empresa pública: El gobierno, o el estado, es **dueño** de la empresa.

Empresa mixta: La propiedad es compartida por inversionistas privados y el gobierno.

Empresa social o cooperativa: El capital está en su mayor parte en manos de los trabajadores.

Las empresas también pueden pertenecer a diferentes sectores. Las del sector primario están dedicadas a explotar los recursos naturales, como las empresas agrícolas, ganaderas, pesqueras y mineras. Las empresas del sector secundario son aquellas cuya actividad productiva transforma unos bienes en otros, como las empresas industriales y de construcción. Las del sector terciario se dedican a la provisión de servicios comerciales o profesionales, como las empresas de transporte, turismo, leyes, medicina, etcétera.

La forma jurídica de la empresa puede dividirse de la siguiente manera. Las empresas individuales pertenecen a un dueño. Son aquellas a las cuales una persona **aporta** el capital y recibe todas las ganancias y beneficios, o bien responde por todas las pérdidas; el dueño es responsable frente a **tercero** y tiene responsabilidad ilimitada.

Las empresas societarias o **sociedades mercantiles** están formadas por varias personas, con un mínimo de dos socios, quienes llegan a un acuerdo en cuanto a sus derechos, sus responsabilidades y la administración de la empresa. Los derechos y las obligaciones son más complejos por la estructura misma de la empresa, entonces tienden a ser más grandes que las empresas individuales.

Existen varias representaciones jurídicas o tipos de sociedades mercantiles. En la **sociedad anónima,** los dueños son los inversionistas y su responsabilidad va de acuerdo a su inversión. La **sociedad colectiva** tiene al menos dos socios que comparten las obligaciones y derechos de la empresa. La **sociedad en comandita (S. en C.),** o sociedad comanditaria no tiene un mínimo de socios. Sin embargo, los socios pueden ser **socios gestores** (los cuales dirigen la empresa y tienen responsabilidad ilimitada y solidaria) o **socios comanditarios** (los cuales aportan el capital para la empresa y tienen responsabilidad limitada). En la **sociedad de responsabilidad limitada,** las obligaciones de los inversionistas van de acuerdo a la aportación de capital que cada uno haya hecho. La sociedad de responsabilidad limitada es muy parecida a la sociedad anónima; sin embargo, la primera **exige** que si un inversionista desea vender sus títulos de propiedad, los demás socios tienen derecho a comprarlos primero. De esta manera, se protege a los socios de la llegada de nuevos inversionistas no deseados en la empresa.

Una empresa puede ser grande o pequeña. Se establecen estos parámetros a través de indicadores como el volumen de ventas, el capital y el número de empleados, trabajadores y prestaciones. En general, la medida que se utiliza con más frecuencia es el número de trabajadores.

De acuerdo a la Caja de Herramientas de Gestión Empresarial, el criterio para definir el tamaño de las empresas industriales se muestra de la siguiente manera.

(continúa)

Tamaño	Micro	Pequeña	Mediana	Grande	+ Grande
Número de trabajadores	Hasta 10	11–20	21–50	51–250	Más de 250

Las empresas se dividen en nacionales, internacionales, multinacionales o trasnacionales según su alcance geográfico, su organización y su capacidad de producción y prestación de servicios.

La empresa nacional es la que tiene relaciones comerciales dentro de un país determinado sin competir en mercados extranjeros. Cabe **destacar**[1] que en algunos países hispanohablantes los gobiernos locales han **impulsado** la creación de las PYMEs (Pequeñas y Medianas Empresas). En España, por ejemplo, llegan a representar un porcentaje muy significativo dentro de las empresas nacionales. Las empresas internacionales son las que **realizan** operaciones en otros países, allende de[2] sus fronteras. Algunas veces este tipo de empresa mantiene relaciones comerciales (exportaciones e importaciones) con otras empresas de algunos países vecinos o cercanos a su propio territorio nacional.

Las empresas multinacionales y transnacionales funcionan, en general, de la misma manera. Estos dos términos se consideran sinónimos de empresas que llevan a cabo actividades comerciales de producción, compra, venta y distribución de productos tanto en sus países de origen como en otras naciones. Estas empresas hacen inversiones productivas en países extranjeros con múltiples **sedes** en todo el mundo, funcionando como una compleja red de empresas integradas que colaboran entre sí. Normalmente administran sus operaciones desde una base en su país de origen. Sin embargo, hay empresas como Coca-Cola, que tiene intereses económicos en todos los países. Como es una de las empresas más grandes en la industria de refrescos, debe permitir que sus administradores adapten sus productos al público consumidor de acuerdo a la cultura donde opera.

No todas las empresas multinacionales empiezan a este nivel. Si una empresa nacional desea expandirse en el comercio global, debe pasar por varias etapas para su internacionalización. Cada una de estas fases es una forma de llevar a cabo negocios con clientes que se encuentran más cercanos a sus países. Generalmente las empresas empiezan su internacionalización primero a través de la exportación de sus productos. Muchas organizaciones usan a terceros para llevar a cabo estas operaciones comerciales. Las empresas intermediarias reciben el nombre de comercializadoras internacionales. La segunda etapa se inicia cuando las empresas se comunican de forma directa con sus compradores y otras organizaciones en el extranjero, sin intermediarios.

Al entrar a la tercera etapa, las empresas toman en cuenta sus intereses internacionales para iniciar un proceso de globalización que puede lograrse por medio de **franquicias** o licenciamiento de **marcas registradas.** En la etapa más avanzada, las empresas se embarcan en proyectos productivos y realizan inversiones directas en el extranjero, como por ejemplo la instalación de fábricas y centros de distribución en otros países.

---

[1]Cabe... Es importante mencionar   [2]allende... *outside of*

Después de leer

Ahora, regrese a la sección **Antes de leer** y conteste las preguntas. ¿Qué aprendió sobre las empresas? Compare sus respuestas con las de un compañero / una compañera.

La sede de American Express en la Ciudad de México

LECTURA DE COMERCIO

Vocabulario básico

la administración	*management, administration*	**...social**	*social enterprise*
		...transnacional	*transnational corporation*
el arancel	*tariff*		
delegar	*to delegate*	**la franquicia**	*franchise*
la empresa	*company, corporation*	**la gerencia**	*management*
		el/la gerente	*manager*
...cooperativa	*cooperative*	**la libre empresa**	*free enterprise*
...mixta	*public–private joint venture*	**la libre empresa**	*free enterprise*
		la prestación	*benefit, provision*
...multinacional	*multinational corporation*	**quebrarse**	*to go bankrupt*
		el socio	*member*
...privada	*private sector company*	**tercero**	*third party*
...pública	*state-owned company*		

A. Práctica del Vocabulario básico

Después de estudiar el **Vocabulario básico,** complete las siguientes oraciones con la palabra o frase apropiada.

administración	las inversiones directas	los tratados de libre
la delegación	quebrar	comercio
una franquicia	remuneración	

1. Una buena _____ y liderazgo son importantes para el éxito de una empresa.
2. A través de _____ se puede licenciar una marca registrada.
3. _____ de responsabilidades es importante para el éxito de una empresa.
4. Toda sociedad capitalista permite _____ como parte fundamental de la actividad económica.
5. Comúnmente _____ sirven para eliminar aranceles a productos de importación.
6. En el pasado, las empresas multinacionales ofrecían mejor _____ salarial a sus empleados que las empresas nacionales.
7. Una empresa con un déficit alto puede _____ fácilmente.

B. Expresiones de la lengua

Estudie las **Expresiones de la lengua** y complete las siguientes oraciones antes de leer la lectura sobre la globalización de las empresas.

Expresiones de la lengua

adaptarse al entorno	*to adapt to the environment*	para cualquier	*for whatever*
a través de	*through*	parecer	*to seem*
estar regido por	*to be governed by*	poner en marcha	*to set in motion*

1. _____ alianzas comerciales muchas empresas se establecen en otros países.
2. La actividad empresarial _____ una política de competencia en el mundo capitalista.
3. Las empresas nacionales tienen que _____ nuevo _____ para poder competir con empresas multinacionales.
4. Es necesario que un gerente esté disponible _____ emergencia de la empresa.
5. La globalización ha impuesto prácticas empresariales que _____ estar cortadas con las mismas tijeras.
6. Las empresas nacionales tienen que _____ un plan de operaciones para convertirse en empresas que puedan competir en el mundo.

Lectura

La empresa en Hispanoamérica

Hasta hace algunos años los gobiernos hispanoamericanos habían llevado a cabo políticas proteccionistas, bajo las cuales se cobraban impuestos elevados a las importaciones de productos provenientes de otros países. Estas políticas tenían como fin proteger a las industrias o empresas nacionales de la competencia extranjera. Sin embargo, esta práctica dio como resultados la ineficacia de las empresas y la creación de monopolios. Esto provocó, también, la carencia de modernización en la infraestructura industrial a falta de **tecnología de punta** tanto como un constante incremento de precios en los productos y servicios de baja calidad. Precisamente por las razones anteriores, durante mucho tiempo en Hispanoamérica predominaron las empresas estatales, particularmente aquellas que eran administradas por el gobierno federal. Ejemplos de estas empresas eran **los ferrocarriles,** el correo, las telecomunicaciones, el transporte público, la banca y la industria minera y petrolera, entre otras. En muchas naciones el estado todavía es dueño de estas empresas. Sin embargo, la apertura al comercio internacional provocó que algunas naciones hispanoamericanas privatizaran esas empresas y las pasaron a manos de inversionistas privados, tanto nacionales como extranjeros.

Tradicionalmente las empresas pequeñas en Hispanoamérica han sido de propiedad privada, por tratarse de negocios familiares, y han tenido la forma jurídica de sociedades colectivas. Muchas de estas empresas se dedican a la manufactura en pequeña o mediana escala de artesanías, textiles y confecciones, partes y piezas para coches, **ferretería** y muebles. Otras empresas realizan actividades mercantiles, como, por ejemplo, la venta de comestibles, artículos escolares y comida. También ofrecen servicios de plomería y carpintería, reparaciones domésticas y un sinfín de servicios para el público en general. De la misma forma se encuentran las firmas de servicios profesionales, como los consultorios médicos, **los bufetes de abogados,** las firmas de arquitectos, etcétera. Sin embargo, en los países de Hispanoamérica muchos pequeños negocios familiares han desaparecido ante **el empuje** y la fortaleza económica de las empresas multinacionales que han incursionado en sus mercados, contra las cuales es muy difícil competir. Es decir, cuando alguna empresa multinacional entra al mercado ofreciendo el mismo producto o servicio a un precio más bajo, las empresas nacionales desaparecen por su falta de competitividad. Otra razón es que muchos de los pequeños negocios no han renovado sus sistemas de administración, de manejo de materiales, de inventarios y de distribución. Para colmo, no existe un alto nivel de capacitación de personal. No obstante, algunas de estas pequeñas empresas familiares se han podido sostener a través de los años precisamente porque su única competencia son otras empresas nacionales.

La apertura de mercados en Hispanoamérica ha permitido, entonces, que miles de empresas multinacionales hayan aprovechado esta situación

(continúa)

para integrarse a los mercados hispanoamericanos. Por supuesto, muchas de estas organizaciones se han beneficiado de la falta de competitividad de pequeños negocios familiares que han **quebrado** o que han sido absorbidos a través de alianzas comerciales entre empresas multinacionales y nacionales. La actividad empresarial en Hispanoamérica casi siempre se ha visto influenciada por los modelos norteamericanos. Las teorías económicas y administrativas de las empresas estadounidenses con oficinas o plantas manufactureras en Hispanoamérica siempre se han implementado, por supuesto, con sus variantes culturales pertinentes. Ahora la globalización, con la creciente presencia de empresas multinacionales, ha permitido que esos modelos hayan penetrado aun más. Los pequeños negocios familiares no se benefician directamente de estas prácticas administrativas; sin embargo, las administraciones bajo las cuales **se rigen** las grandes empresas nacionales y las multinacionales en Hispanoamérica no varían mucho entre sí y parecen seguir las mismas **directrices.** Se parece, por

ejemplo, la manera de contratar a personal (obreros, empleados y **gerentes**) mediante las oficinas de recursos humanos. También las gerencias de producción, ventas y distribución de productos y servicios —hasta **los organigramas** estructurales— mantienen mucha similitud.

Otro beneficio de la globalización para cientos de empresas extranjeras es la mano de obra barata, la cual permite la participación en los mercados nacionales a través de **maquiladoras** —sobre todo en México y Centroamérica. Por otro lado, un número reducido de empresas hispanoamericanas ha logrado beneficiarse de la globalización y **ha optado** por invertir en otros países donde tienen una fuerte presencia. Por ejemplo, las empresas mexicanas CEMEX (Cementos de México), Bimbo y el Grupo Modelo han entrado en los mercados estadounidense y europeo a través de inversiones directas o por medio de intermediarios que venden sus productos al público consumidor.

Hoy día las multinacionales tienen una fuerte presencia en el mundo de los negocios.

Actividades

A. ¿Qué recuerda Ud.?

Conteste las siguientes preguntas sobre la **Lectura de comercio.** Luego, compare sus respuestas con las de sus compañeros de clase.

1. Enumere los tipos de empresas que existen, según su forma jurídica (razón social).
2. A su modo de ver, ¿cuáles son los efectos negativos y positivos de la globalización? ¿Por qué?
3. ¿Qué tipo de trámites se necesitan hacer para iniciar una empresa privada?

4. ¿Por qué se han creado los bloques económicos?

5. Según la lectura, ¿qué cambios ha habido recientemente en las empresas en Hispanoamérica?

6. Explique la conveniencia de más franquicias como una forma de inversión extranjera directa en Hispanoamérica.

7. ¿Qué diferencia hay entre las empresas familiares en los Estados Unidos e Hispanoamérica?

8. Brevemente, explique la importancia de la globalización de las empresas en la actualidad.

B. Vocabulario

Complete las siguientes oraciones usando el vocabulario que se encuentra en las lecturas anteriores.

1. Una empresa tiene como meta la _____ económica y apoyar los servicios _____.

2. Las empresas se dividen por razón social en empresa _____, empresa _____ y empresa _____.

3. La característica más importante de una empresa multinacional es _____ en otros países.

4. La gran mayoría de las empresas ofrecen _____ tales como seguro médico y dental, vacaciones, becas para los hijos de los empleados, etcétera.

5. Cualquier _____ puede comprar acciones de una sociedad anónima que se encuentre inscrita en la bolsa de valores.

6. Dos formas de invertir en mercados extranjeros son a través de _____ y de los _____.

7. Los _____ son bloques regionales para facilitar el comercio internacional de bienes.

C. En sus propias palabras

Explique los siguientes conceptos en sus propias palabras.

1. proteccionismo
2. tratado de libre comercio
3. empresa nacional
4. libre empresa
5. franquicia
6. integración de mercados
7. globalización
8. empresa primaria
9. sociedad anónima
10. empresa social o cooperativa

ACTIVIDADES INTERACTIVAS

A. Situaciones

Paso 1 Haga una comparación entre los siguientes grupos de palabras para poner en práctica sus conocimientos sobre los varios tipos de empresas y sus formas y funciones.

CONCEPTOS	DIFERENCIAS
sociedad anónima sociedad colectiva	
empresa privada empresa social/cooperativa	
microempresa empresa grande	
empresa nacional empresa multinacional	
proteccionismo apertura comercial	
franquicia sucursal	
prestaciones remuneración	
administrar delegar	
empresa cooperativa empresa mixta	

Paso 2 Con un compañero / una compañera, imagínense que Uds. van a iniciar un negocio pero necesitan un plan de acción. Investiguen sus opciones y qué oficinas o agencias pueden ayudarlos a desarrollar su negocio. Después, haga el papel de empresario mientras su compañero/a hace el papel de consejero/a. Al terminar de revisar todos sus documentos y sus ideas, su compañero/a decidirá si tiene un buen plan para iniciar su negocio.

Paso 3 Imagínese que Ud. va a empezar una pequeña empresa productora de bienes o proveedora de servicios. Haga un plan: nombre del negocio, razón social y forma jurídica, plan de acción, organización, organigrama. Anote todos los trámites que tiene que efectuar para poder iniciar su empresa y los lugares que tiene que visitar para poder obtener permisos, las leyes que regularán su futuro negocio y el registro del nombre del negocio. Finalmente, preséntelo a la clase.

B. Una visita a RECOPE (Refinadora Costarricense de Petróleo)

Ud. quiere familiarizarse con la forma en que algunas empresas operan en el extranjero y con los servicios que ofrecen. Lea la siguiente información sobre RECOPE y haga las actividades que aparecen a continuación.

RECOPE (Refinadora Costarricense de Petróleo)

La importación y distribución de gasolina en Costa Rica nació como un monopolio en 1931 que fue derogado en 1940, autorizando a empresas privadas a tomar parte en la importación y distribución de **combustible** en el país. Cuatro empresas extranjeras participaron (Esso, Texaco, Gulf y Chevron) y una nacional (CEI de Costa Rica). En 1961 se fundó la Refinadora Costarricense de Petróleo Sociedad Anónima (RECOPE S.A.), que como lo indica su **razón social,** era una empresa privada. RECOPE tenía como meta la construcción de una refinería y en 1963 se inició su construcción en Moín (provincia de Limón), un puerto en la zona atlántica del país.

Sin embargo, a finales de los años sesenta se inició una investigación por el incumplimiento de los contratos de distribución otorgados[1] por el gobierno costarricense a la empresa Allied Chemical. Por eso, el estado (el cual tenía una participación del 15 por ciento en la empresa) compró las acciones que pertenecían a Allied Chemical. En 1975 se realizó la nacionalización total de la distribución de combustibles y RECOPE pasó a ser dueña absoluta de la empresa. Las actividades comerciales de la compañía son la importación, refinación, distribución y comercialización de combustibles fósiles. La empresa también brinda[2] un 70 por ciento de la energía que utiliza el país para su desarrollo económico y social. RECOPE mantiene un organigrama administrativo similar al de las sociedades anónimas y tiene una junta directiva que incluye a siete miembros: Presidente, Vice presidente, Secretario, Tesorero, Vocal 1, Vocal 2 y Vocal 3.

---

[1]*awarded*   [2]*provides*

1. ¿Qué tipo de distribución de gasolina y otros combustibles es más conveniente para el público consumidor: una empresa estatal o una empresa privada?
2. ¿Qué tipo de empresa, pública o privada, beneficia más al país y promueve más su desarrollo económico y social?
3. Ciertas naciones administran sus recursos naturales de forma distinta. Por ejemplo, RECOPE lleva a cabo sus operaciones como empresa estatal y el gobierno recibe las ganancias que RECOPE obtiene. Busque otras empresas que se dediquen a la misma actividad comercial y compárelas en todos sus aspectos: razón social, forma jurídica, actividad económica, etcétera.

Una gasolinera en la Ciudad de México

C. En la red

Paso 1 En grupos de tres, busquen información en la red sobre una empresa estatal, una empresa privada y una empresa mixta o social en Hispano-américa. Preparen un informe sobre cada tipo de empresa para presentar y discutir en clase. El informe debe basarse en las respuestas a las siguientes preguntas.

Una empresa estatal:

1. ¿Qué tipo de información incluye este sitio? Dé ejemplos.
2. ¿Cuál es la actividad económica de esta empresa estatal?
3. ¿Cuáles son los objetivos económicos de esta empresa?
4. ¿Qué servicios ofrece y cuáles son sus principales clientes?

Una empresa privada:

1. ¿Qué tipo de información incluye este sitio? Dé ejemplos.
2. ¿Cuál es la razón social y la forma jurídica de la empresa?
3. ¿Cuál es su principal actividad comercial?
4. ¿Es una empresa nacional o tiene alguna presencia internacional?

Una empresa mixta o social:

1. ¿Qué tipo de información incluye este sitio? Dé ejemplos.
2. ¿Qué tipo de servicios o productos ofrece?
3. ¿Cuáles son los objetivos económicos de esta empresa?
4. ¿Es una empresa con metas de globalización?

Paso 2 Ahora, compare sus repuestas con las de sus compañeros de clase. En general, ¿cuáles son las diferencias y semejanzas entre los productos, servicios y enfoques de estas empresas?

HACIENDO HINCAPIÉ

La siguiente lectura es parte de un ensayo escrito por el economista Alfredo Guerra-Borges en su libro *Globalización e Integración Latinoamericana.* En él, el autor ofrece un resumen sobre la discusión de la globalización de las empresas y del mundo de los negocios en general. Lea con cuidado el ensayo y busque en un diccionario las palabras que no comprenda para que después Ud. pueda compartir su opinión sobre los temas de discusión.

Panorama real

«Globalización e integración latinoamericana» (selección)
por Alfredo Guerra-Borges

Los hiperglobalistas de la globalización están ideológicamente vinculados[1] al mundo de los negocios; sus ideas y profecías tienen una audiencia garantizada precisamente porque prefiguran el entorno en que las grandes empresas desearían operar en el futuro; sus improbables escenarios tienen una audiencia complacida[2] precisamente porque en alguna medida es la ideología que informa a la empresa. En el contexto del mundo de los negocios la idea de la globalización no es simplemente una noción analítica, es una noción de naturaleza ideológica que expresa una cierta orientación hacia el futuro. Esto mismo explica, dicho sea de paso,[3] que no obstante su endeble[4] base científica, esta visión de la sociedad y del futuro haya dado lugar a una profusa bibliografía para desmentirla.[5] Se trata de un discurso que, como lo apunta Saxe-Fernández, «cuenta con una elaborada y proliferante estructura conceptual fundamentada más en pilares axiomático-deductivos que científicos e históricos». Ésa es, precisamente, la estructura conceptual del neoliberalismo, de endeble base científica por excelencia. La oposición a la mitología globalista ha llevado a algunos autores a negar la existencia misma de la globalización. El término vendría a ser[6] así un neologismo innecesario, una trampa[7] para el conformismo ante fuerzas al parecer ineluctables[8] que llevan a la instauración del reino de las transnacionales o una especie de «milenarismo económico» que anuncia el advenimiento de un mundo en que con la universalización del mercado y la subordinación a éste de todas las formas de la actividad humana y de su espiritualidad, desaparecerán las viejas divisiones que han enfrentado a las naciones, noción tanto más entrañable[9] al final de un siglo que se ha caracterizado por ser uno de los más sangrientos de la historia [. . .]

(continúa)

---

[1]*linked*   [2]*pleased*   [3]dicho... *speaking of*   [4]*weak*   [5]*refute it*   [6]vendría... *would become*   [7]*trap*
[8]*inevitable*   [9]*pleasant*

En la economía internacional, el término global lo utilizaron inicialmente las escuelas de negocios de algunas universidades de gran prestigio como Harvard, Stanford y Columbia, y lo popularizaron algunos autores egresados de[10] éstas, como por ejemplo Michael Porter y Kenichi Ohmae. El sentido que originalmente asignaron esas universidades al término fue que las nuevas tecnologías, sumadas a la liberalización y la desregulación, habían creado condiciones para que se pudiera hacer negocios en cualquier parte del mundo, para lo cual todo lo que tenían que hacer las empresas era reorganizarse y formular de nuevo sus estrategias internacionales. Con anterioridad George Modelsky había utilizado el término «globalización» para referirse de manera específica a la expansión europea orientada a dominar a otras comunidades e integrarlas en un sistema global de comercio [. . .]

Según Chesnais el término mundialización reduce en parte lo borroso[11] del término globalización, pero no advertimos por qué razón, a menos que se asigne a cada concepto un sentido específico, teniendo por tanto cada uno su propia definición, y evidentemente no es el caso. Por consiguiente, ambos conceptos son intercambiables porque claramente los dos hacen referencia (como globo o como mundo) a un espacio que tiene como límite la dimensión del planeta Tierra, único espacio en el que hasta ahora tiene lugar la actividad económica. No obstante estas consideraciones, es conveniente subrayar la idea central de Chesnais de la necesidad de llegar a contar, cuanto más pronto mejor, con instituciones políticas que regulen la mundialización. Actualmente los gobiernos están recorriendo el camino en sentido contrario.

[10]egresados... *graduated from*   [11]*vagueness*

A. **Después de leer** Conteste las siguientes preguntas sobre el **Panorama real.**

1. ¿Cuál es la relación que establece el autor entre las propuestas de los hiperglobalistas de la globalización y las grandes empresas?
2. ¿Cuál es la gran falta del neoliberalismo?
3. ¿Por qué el autor denomina la globalización «una mitología»?
4. ¿Cuál es el sentido original del término «global» según ciertas escuelas de negocios de gran prestigio?
5. ¿Por qué son intercambiables los términos «globalización» y «mundialización»?
6. ¿Cree Ud., como Chesnais, que las instituciones políticas deben regular la globalización? ¿Por qué sí o por qué no?

B. **Temas de discusión**

- La globalización, mito o realidad
- El futuro de las empresas y el comercio internacional
- El reino de las transnacionales
- Los gobiernos que vigilan la actividad comercial mundial
- La ideología de la globalización y su falta de base científica comercial

CONTEXTO CULTURAL

La siguiente actividad tiene como propósito mostrar la actividad comercial de una empresa española en Hispanoamérica.

Antes de leer

Conteste las siguientes preguntas antes de leer la entrevista que aparece a continuación. Después, compare las respuestas con las que darán Ud. y sus compañeros al final.

1. ¿Puede Ud. definir la idea de «empresa nacional»?
2. ¿A qué se refiere la expansión internacional de una empresa?
3. ¿Existen ventajas para una empresa que invierte en otro país?
4. ¿Es común que en las empresas norteamericanas los ejecutivos sean multilingües y conozcan otras culturas? Explique.
5. ¿Es importante la ayuda de las empresas para el desarrollo social en otros países? ¿Por qué?
6. ¿Puede Ud. mencionar algo sobre la inversión y ayuda social de una empresa norteamericana en el extranjero?

Protocolo cultural

Entrevista al Sr. Juan José Berganza

El Sr. Juan José Berganza es ejecutivo de la empresa Telefónica en España. Su puesto es Director de División de Comunicación Telefónica Móviles S.A. El Sr. Berganza habla tres idiomas—español, inglés y portugués.

1. **¿Qué tipo de empresa es Telefónica? ¿Es española totalmente o con inversión extranjera?**

   Telefónica es una empresa totalmente privada, con un capital **repartido** entre más de 1,5 millones de **accionistas,** tanto personas físicas como jurídicas españolas e internacionales. Telefónica Móviles es una empresa totalmente privada y es la **filial** dentro de Telefónica que **gestiona** los activos de telefonía celular del grupo. Tiene más de 1,1 millones de accionistas, tanto personas físicas como jurídicas españolas e internacionales. Telefónica tiene el 92,46 por ciento del capital de Telefónica Móviles.

2. **¿A partir de cuándo inicia Telefónica operaciones en España? Es decir, ¿es una empresa relativamente nueva?**

   Telefónica inició sus operaciones en España hace ochenta años. Y los desarrollos de una división de telefonía móvil dentro del Grupo en España, hace aproximadamente veinte años. Telefónica Móviles S.A. fue creada en febrero de 2000.

   (continúa)

3. **¿Qué tipo de competencia tiene Telefónica en el país?**

   Telefónica está presente en mercados con un alto nivel de competencia en todos sus negocios. Tanto en telefonía fija como Internet o directorios (páginas amarillas), etcétera, compite con varias compañías. En el terreno de la telefonía móvil, existen tres operadores en el mercado español. Por su tamaño en el mercado, son Telefónica Móviles, Vodafone y Amena.

4. **¿A partir de cuándo inicia operaciones en el extranjero y cómo nace esta necesidad?**

   Telefónica inicia su expansión internacional en Latinoamérica hace quince años. La oportunidad viene de la conjunción de una estrategia de expansión en mercados que son considerados de expansión natural, como son los latinoamericanos, y por la apertura de esos mercados por vía de sus privatizaciones.

5. **¿Con qué países hispanos tiene relaciones comerciales Telefónica?**

   Telefónica tiene filiales de telefonía fija o móvil en México, Brasil, Guatemala, El Salvador, Nicaragua, Panamá, Puerto Rico, Venezuela, Ecuador, Perú, Colombia, Argentina, Chile y Uruguay. En paralelo a estas filiales, realiza operaciones en muchos más países.

6. **¿Qué tipo de inversión hace la empresa en esos países y por qué es importante?**

   Las inversiones se basan en las realizadas para la adquisición de **activos,** por una parte, y por otra, para el desarrollo de infraestructuras y la sociedad de esos países.

7. **¿Lleva Telefónica a esos países algún tipo de tecnología que no esté disponible allí mismo?**

   El interés del Grupo es ayudar al desarrollo de las telecomunicaciones y la sociedad de la información (en paralelo a las sociedades en general). Y por ello tiende a aplicar en los países en los que operan los desarrollos tecnológicos más avanzados que existen en el terreno internacional. Para ello, cuenta con una sólida **posición de partida,** al ser líder en el desarrollo de las soluciones más avanzadas de telecomunicaciones a nivel mundial.

8. **¿En qué otra forma beneficia Telefónica a esos países hispanos con su presencia en ellos?**

   Telefónica intenta colaborar para el desarrollo de las telecomunicaciones y la sociedad de la información a través de las inversiones y los desarrollos antes comentados. Por otro lado, intenta colaborar con el desarrollo de los países donde tiene operaciones. Un ejemplo de ello es que aproximadamente el 90 por ciento de las compras que realiza en cada país son realizadas a proveedores locales. O la implicación que tiene con la cultura y los más desfavorecidos a través de la Fundación Telefónica o la Fundación Proniño.

9. **¿No existe en esos países una infraestructura que les permita hacer por ellos mismos lo que hace Telefónica?**

   Los países en los que Telefónica tiene operaciones presentan un importante desarrollo y un potencial aún mayor de crecimiento, factor este último en el que Telefónica pretende colaborar activamente.

10. **¿Hay algún tipo de competencia nacional que tenga que enfrenar Telefónica allí mismo?**

    Sí. En todos los mercados existen operadoras nacionales que compiten con nosotros.

11. **¿Algún otro tipo de competencia extranjera? Si es así, ¿qué otra empresa internacional compite con Uds.? ¿Han desplazado del mercado en Hispanoamérica a empresas como Sprint, AT&T o algunas otras?**

    Nos encontramos con varios operadores internacionales presentes en uno o en varios mercados en los que operamos. No entramos a valorar la estrategia de otros grupos que hayan podido tener como consecuencia unas menores posiciones en Latinoamérica. Lo que sí es cierto es que Telefónica se encuentra en una posición de mayor compañía de telecomunicaciones del mercado de habla hispana y portuguesa en telefonía fija y móvil.

12. **¿Cree que hay algún componente cultural que ayude a que los países hispanos se inclinen más por una empresa española en lugar de una que no comparte algunas de las mismas características culturales?**

    Lógicamente, una afinidad cultural e idiomática ayuda a realizar mejor las operaciones. Por eso Telefónica tiende a ser una compañía multidoméstica y no multinacional. Lo que se traduce en que no somos percibidos como una empresa española, sino como argentinos en Argentina o colombianos en Colombia. Por otro lado, la mayor parte de los equipos directivos de sus diferentes compañías están formados por ejecutivos locales.

Después de leer

Paso 1 Responda las siguientes preguntas. Luego, compare sus respuestas con las de un compañero / una compañera y discútanlas con la clase.

1. De acuerdo a las respuestas que Ud. dio al principio y las del Sr. Berganza, ¿por qué es importante que una empresa se extienda internacionalmente?

2. ¿Cree Ud. que una empresa debe involucrarse socialmente en el país donde invierte?

3. ¿Piensa Ud. que es importante para una empresa contar con ejecutivos que sean multilingües?

4. ¿Qué opina Ud. sobre la sensibilidad y el conocimiento cultural de otro país?

5. ¿Está Ud. de acuerdo con que sea más fácil para una empresa invertir en otro país que comparta el mismo idioma? Explique.

6. ¿Qué piensa del concepto de una «empresa multidoméstica en lugar de multinacional»? Justifique su respuesta.

7. ¿Qué pasos cree Ud. que debe seguir una empresa antes de invertir en otro país?

8. ¿Cuáles cree Ud. que son las razones primordiales por las cuales Telefónica ha tenido más impacto que Sprint y AT&T en el mercado de las telecomunicaciones en Hispanoamérica?

Paso 2 Entreviste a una persona que trabaje o que haya trabajado para una empresa multinacional en el extranjero. Compare sus respuestas y experiencias con las del Sr. Berganza.

EN EL MUNDO DE LOS NEGOCIOS

Presentaciones profesionales

En el mundo de los negocios es importante sentirse cómodo/a al hablar delante de sus colegas, clientes y gerentes hispanohablantes. Haga una presentación oral para sus «colegas» usando uno de los temas que aparecen a continuación. Ud. es libre de escoger otro tema si desea, previa consulta con su profesor. Asegúrese que las fuentes de información que Ud. consulte sean confiables. La presentación debe hacerse en PowerPoint™ y como si se tratara de una presentación profesional.

Temas:

- Nuevas estrategias de las empresas multinacionales para invertir en Hispanoamérica
- Barreras y oportunidades para que empresas hispanas inviertan en los Estados Unidos
- Un estudio sobre las PYMEs en algún país de Hispanoamérica
- Ventajas y desventajas de las empresas multinacionales que compiten con empresas nacionales en Hispanoamérica

Redacción comercial

Es importante saber comunicarse por escrito en las situaciones profesionales. Escoja uno de los siguientes ejemplos y escriba una carta profesional según el modelo.

1. Escriba una carta en la cual su empresa ofrezca sus servicios a otras empresas. Pueden ser servicios legales o médicos o para inversiones, etcétera.
2. Escriba una carta al personal de su empresa solicitando sugerencias, ideas y opiniones para mejorar la producción y distribución de bienes y servicios a los clientes.
3. Escriba una carta a los inversionistas de la empresa tratando de convencerlos de entrar en la economía global a través de inversiones directas o indirectas en el extranjero.

La siguiente es una carta de presentación en la cual la empresa mexicana
CIEM (Corporativo Integral Empresarial) ofrece sus servicios jurídicos, técnicos y financieros a futuros inversionistas nacionales e internacionales.

Cien Problemas, CIEM Soluciones.

CORPORATIVO INTEGRAL EMPRESARIAL
ASESORIA JURIDICA, TECNICA Y FINANCIERA.

C. EMPRESARIO

P R E S E N T E

ASUNTO: Servicios Jurídico-Técnico-Financiero

Me dirijo a Ud. con el principal objeto de enviarle un cordial saludo, y
haciendo propicia la ocasión, hacer de su conocimiento los Servicios Profesionales
que, en materia jurídica, financiera y técnica, ofrece el Corporativo Integral
Empresarial "CIEN SOLUCIONES EMPRESARIALES, S.C." con Registro como
Agente Capacitador Externo ante la Secretaría del Trabajo y Previsión Social No.
CSE050919525-0013, domicilio profesional el ubicado en Calle Cantera No. 25,
Colonia Pedregal de las Animas, C.P. 91190, Xalapa, Ver. y teléfonos 01 (228) 8
139760 y 8 126299, por lo que, en mi carácter de Presidente del Consejo Técnico
del mismo, dejo a su acertada consideración.

Nuestro corporativo agrupa una serie de profesionistas experimentados,
con estudios de postgrado, especializados en todas y cada una de las áreas de los
servicios que ofrecemos, con lo que hemos podido consolidar una asesoría
integral para organismos públicos y privados.

Sin más por el momento y en espera de ser útil a su organización,
quedamos a sus órdenes.

MTRO. ALÍ ALBERTO MARTÍNEZ TORIZ
Presidente del Consejo Técnico

VOCABULARIO

el/la accionista — *shareholder*
el activo — *asset*
adaptarse al entorno — *to adapt to the environment*
la administración — *management, administration*
aportar — *to contribute, to invest*
el arancel — *tariff*
a través de — *through*
el bufete (de abogados) — *law firm*
la capacitación — *instruction, training*
el combustible — *fuel*
delegar — *to delegate*
la directriz — *guideline*
el/la dueño/a — *owner*
destacar — *to point out*
la empresa — *company, corporation*
...cooperativa — *cooperative*
...mixta — *public-private joint venture*
...multinacional — *multinational corporation*
...privada — *private sector company*
...pública — *state-owned company*
...social — *social enterprise*
...transnacional — *transnational corporation*
el empuje — *drive*
estar regido por — *to be governed by*
exigir — *to demand, to require*
la ferretería — *hardware*
el ferrocarril — *railroad*
la filial — *subsidiary*
la finalidad — *objective*
la franquicia — *franchise*
la ganancia — *profit*

la gerencia — *management*
el/la gerente — *manager*
gestionar — *to administer*
gozar (de) — *to enjoy*
impulsar — *to propel*
el integrante — *member*
el intercambio — *exchange*
el/la inversionista — *investor*
la libre empresa — *free enterprise*
la maquiladora — *assembly plant*
la marca registrada — *trademark*
optar — *to choose*
el organigrama — *org(anization) chart*
para cualquier — *for whatever*
parecer — *to seem*
poner en marcha — *to set in motion*
la posición de partida — *jumping-off point*
la prestación — *benefit, provision*
quebrar — *to go bankrupt*
la razón social — *business name*
realizar — *to carry out*
repartido/a — *distributed*
la sede — *headquarters*
la sociedad
...anónima — *public corporation*
...colectiva — *general partnership*
...de responsabilidad limitada — *limited corporation*
...en comandita — *limited partnership*
...mercantil — *trading company*
el socio — *member*
...comanditario — *limited partner*
...gestor — *managing partner*
el suministro — *supply*
la tecnología de punte — *state-of-the-art technology*
el tercero — *third party*

Capítulo 4

La bolsa de valores

La Bolsa de Comercio de Buenos Aires en Argentina

La bolsa de valores es una institución financiera mediante la cual se transan acciones (títulos de participación en empresas), bonos (títulos representativos de deuda), divisas, certificados de depósito y otros documentos e instrumentos que representan inversiones de capital. Las bolsas de valores están conformadas por compañías de profesionales especializados, denominados comisionistas o **corredores de bolsa,** quienes efectúan las transacciones en nombre de sus clientes. Los clientes son los inversionistas (o inversores) particulares, las empresas y los gobiernos que necesitan financiar sus actividades. Es decir, los inversionistas acuden a (*go to*) la bolsa de valores para comprar y vender títulos con el fin de obtener ganancias financieras. Las empresas que necesitan financiarse ofrecen acciones y prometen pagar rendimientos o intereses con el fin de adquirir el capital que requieren en sus proyectos. Los gobiernos emiten bonos de deuda pública para mantener en orden sus finanzas. Las bolsas de valores son una parte fundamental de los mercados de capitales, pues reúnen a quienes tienen **excedentes** de dinero para invertir y comprar acciones o bonos, con quienes necesitan ese capital; es decir, cuando una empresa privada requiere de dinero porque quiere invertir o expandirse, pasa a ser una empresa que **cotiza en la bolsa,** vendiendo acciones al público.

En este capítulo Ud. va a:

- Aprender sobre el origen de la bolsa de valores
- Aprender vocabulario y conceptos relacionados con la bolsa de valores y las funciones de la misma
- Emplear expresiones de uso diario en el ámbito financiero
- Comparar las actitudes hacia las inversiones bursátiles (*stock market*) en las culturas estadounidense e hispana

INTRODUCCIÓN

Antes de leer

Tenga en mente las siguientes preguntas al leer la lectura preliminar.

1. ¿Qué es la bolsa de valores?
2. ¿Cuáles son las tareas y las metas de la actividad bursátil?
3. ¿Cómo funciona la bolsa de valores en una economía de libre mercado?
4. ¿Podría explicar las diferencias entre un préstamo bancario, un bono y una acción?
5. ¿Cuál es la importancia de la bolsa de valores en las sociedades contemporáneas?
6. ¿Por qué se habla tanto de la bolsa en relación con la salud de la economía de un país?
7. ¿Qué sabe Ud. sobre las crisis de la bolsa de valores en los Estados Unidos?

Lectura preliminar

La bolsa de valores y su desarrollo

Según el Instituto Cervantes, existen dos acepciones de la palabra «bolsa» que tienen diferentes orígenes y significados. La primera de ellas viene del griego *byrsa* y significaba «odre de cuero».[1] Esta es la palabra que hoy se usa para denotar un «saco». El otro significado de bolsa, entendida como casa de negociación, se tomó hacia 1646 del italiano *borsa*. Esta palabra se formó a partir del apellido de la familia flamenca[2] Van der Bursen, en cuya casa solían reunirse los mercaderes para hacer sus negocios. La «r» de *Bursen / borsa* reaparece en castellano en el adjetivo «**bursátil**», que significa «relativo a la bolsa de valores».

La negociación de títulos e instrumentos comerciales era habitual en las ferias y plazas de mercado de Europa durante el Renacimiento. Las bolsas de valores más antiguas se establecieron en Europa durante el siglo XV como casas de negociación donde los comerciantes se reunían informalmente para realizar transacciones, como ocurría en la casa Van der Bursen en Bélgica. La primera bolsa de valores establecida formalmente como una institución financiera privada fue la Bolsa de Amberes, fundada en 1460. La Bolsa de Londres se fundó en 1570 y la de Lyon en 1595. La Bolsa de Ámsterdam fue fundada en

---

[1]odre... *wineskin (leather pouch for wine)*   [2]*Flemish*

1602 por la Compañía Holandesa de las Indias Orientales. La Bolsa de Nueva York fue creada en 1792, seguida por la de París en 1794. La Bolsa de Madrid fue reconocida oficialmente en el año 1831.

El crecimiento vertiginoso de la actividad manufacturera durante la Revolución Industrial provocó un auge[3] de la actividad bursátil. Durante los siglos XIX y XX, las principales bolsas de valores del mundo dejaron de ser «clubes» de empresarios. Estos lugares privados de negociación se convirtieron en ruidosos lugares donde cientos de corredores de bolsa **negociaban acciones** y otros títulos valores mediante gritos de compra y de venta. A su vez, el bullicio[4] bursátil dio origen a todo un lenguaje de manos exclusivo de los corredores: un conjunto de señas y **claves** para las **cifras** y los **símbolos de bolsa** (códigos alfabéticos) que identifican a las empresas inscritas en la bolsa.

La Gran Depresión (1929–1939) afectó a las economías más industrializadas del mundo, tuvo profundas consecuencias para el mercado de capitales y trajo consigo una era de intensa regulación de la actividad bursátil por parte de los gobiernos. Las antiguas bolsas, con su estridente actividad se convirtieron con el tiempo en verdaderos mercados públicos de valores, regulados por las autoridades gubernamentales y organizadas por las **compañías de corredores** especializados. Después de la Segunda Guerra Mundial, los mercados de valores del mundo occidental crecieron significativamente en volumen de acciones y en capitalización. En 1971 nació en los Estados Unidos la primera bolsa de valores completamente electrónica, denominada NASDAQ (sistema de **cotización** automática de la Asociación Nacional de **Corredores Bursátiles**), lo cual dio inicio a una revolución en los mercados de valores. También surgieron nuevas bolsas especializadas en el comercio de **derivados** financieros (instrumentos financieros que emanan su valor de otro título subyacente[5]), por ejemplo, la Bolsa Internacional de Futuros Financieros y Opciones de Londres (LIFFE). Así, durante los años ochenta y noventa, las bolsas de todo el mundo se transformaron debido a la revolución tecnológica generada por **la informática** y las telecomunicaciones. La información sobre las cotizaciones de las acciones y los precios de otros instrumentos financieros empezó a circular por todo el mundo, de la mano de los flujos internacionales de capitales. Poco a poco, las bolsas de valores han ido dejando atrás el tumulto físico de épocas pasadas, para convertirse en mercados electrónicos.

Los corredores bursátiles son una parte importante de las bolsas de valores. Las compañías de corredores o «**comisionistas de bolsa**» cumplen tres funciones básicas: en primer lugar, los comisionistas son profesionales especializados que **asesoran** a los inversionistas, ayudándolos a escoger las alternativas de inversión más rentables según el nivel de riesgo que estén dispuestos a asumir. En segundo lugar, actúan como intermediarios entre los **demandantes** y los oferentes, es decir, entre quienes tienen dinero disponible para invertir en títulos y quienes tienen los títulos que representan inversiones de capital. En tercer lugar, los comisionistas son promotores de los nuevos títulos e

---

[3]*boom*   [4]*hustle and bustle*   [5]*underlying*

(continúa)

instrumentos financieros, pues pueden informar a sus clientes sobre nuevas oportunidades de inversión.

La actividad del mercado bursátil comienza con las empresas **emisoras** de títulos, es decir aquellas empresas que están legalmente constituidas como sociedades anónimas o como sociedades anónimas de capital variable y que emiten acciones para venderlas al público. Las acciones son títulos valores que representan una fracción del capital social de la empresa; en otras palabras, cada acción es una pequeña parte de la propiedad de toda la empresa. Cuando una sociedad anónima —por ejemplo, una empresa industrial y comercial— necesita realizar nuevas inversiones de capital para ampliar su capacidad de producción o para desarrollar nuevos proyectos, la empresa cuenta con alternativas de financiamiento: **endeudarse** por medio de un préstamo comercial, vender bonos u obtener dinero en el mercado de valores emitiendo acciones. Los bonos y los préstamos bancarios pueden ser muy costosos por varias razones. En primer lugar, obligan a la empresa a efectuar **pagos** periódicos de intereses sobre el valor del bono o sobre el **saldo** de la **deuda,** independientemente del **desempeño** de la empresa y del éxito o fracaso de sus nuevos proyectos. Además, las tasas de interés cobradas por los bancos pueden ser variables y fluctuar mucho a través del tiempo. En cambio, la emisión de acciones implica pagar a los nuevos accionistas un **dividendo** que sí está relacionado con el desempeño de la empresa y con el éxito de sus nuevos proyectos. Una utilidad es la proporción de las ganancias obtenidas por la empresa que le corresponde a cada una de las acciones; cuando una compañía es **rentable** y sus directores deciden repartir las utilidades generadas, el total de las ganancias es dividido por el número total de acciones y repartido proporcionalmente entre todos los accionistas.

En años recientes ha habido dos grandes crisis financieras en los Estados Unidos, las cuales han afectado las perspectivas económicas del país y la estabilidad monetaria del mundo: el fracaso a finales del siglo xx de las compañías punto com[6] (como se les llamaba a las empresas debido a sus direcciones de Internet) y el **desplome** de la industria de viviendas a causa de la crisis económica en septiembre de 2008. La primera se trata de la ruptura de la «**burbuja**» del mercado que se basaba en la Internet, una época en la cual los informes económicos de la **prensa** y de la televisión, antes muy optimistas, predijeron el colapso total de esa industria. La tienda virtual, aunque una realidad en el presente, era una idea novedosa que tomaría tiempo en establecerse entre el público. A consecuencia del fracaso de las compañías, la bolsa de valores en los Estados Unidos se desplomó de forma alarmante. A este fracaso fenomenal de dichas empresas le siguieron escándalos a consecuencia de los robos millonarios de muchos ejecutivos de alto mando. Esto empeoró la situación para muchos accionistas pues perdieron grandes cantidades de dinero debido a que varias compañías, que **al parecer** eran de sólida reputación, **se fueron a la bancarrota.** Con la ventaja del tiempo podemos aseverar[7] que esta crisis fue un tanto menor que la que precipitó el desplome del mercado crediticio en los Estados Unidos en 2008. Como

---

[6]compañías... *dot-coms*   [7]*affirm*

consecuencia de la crisis bancaria, de la crisis **hipotecaria** y de la industria de la construcción del viviendas en el país, la bolsa se encontró de nuevo en un estado de dificultad. Esta situación no parecía poder resolverse fácilmente y comenzó a repercutir[8] en otros países del mundo. Muchos inversionistas perdieron la confianza en la bolsa y optaron por esperar a que la industria de la construcción de viviendas se estabilizara antes de volver a arriesgar su dinero en una economía que al parecer estaba en una crisis financiera más seria de lo que se había pensado. Al mismo tiempo los precios de muchas mercancías básicas —o *commodities*— tales como el petróleo, se volvieron muy volátiles. Esto contribuyó a la **incertidumbre** en los mercados de capitales de tal forma que se convirtió en una crisis global. Algunos grandes bancos en los Estados Unidos fracasaron, algo impensable en el mundo de las finanzas internacionales. Lehman Brothers se fue a la bancarrota siendo **rescatado** en parte por Barclays; Bank of America compró a Merrill Lynch y a Countrywide. La compañía de seguros AIG fue **avalada** por el **tesoro** de los Estados Unidos. Fannie Mae y Freddie Mac, las instituciones hipotecarias prácticamente imprescindibles para el mercado de viviendas en el país, fueron también adquiridas por el gobierno estadounidense para ayudar a **frenar** los **embargos hipotecarios.**

----

[8]*have an effect*

Despues de leer

Ahora, regrese a la sección **Antes de leer** y conteste las preguntas. ¿Que aprendió Ud. sobre la bolsa de valores? Compare sus respuestas con un compañero / una compañera.

La Bolsa de Nueva York

LECTURA DE COMERCIO

Vocabulario básico

la acción	stock share	el dividendo	dividend
la cifra	(monetary) figure	el embargo hipotecario	mortgage foreclosure
la clave	code	el excedente	surplus
el/la comisionista de bolsa	stock broker; brokerage firm	frenar	to slow down, halt
el corredor bursátil / de bolsa	stock broker	la informática	information technology
cotizar (c) (en la bolsa)	to be listed (on the stock exchange)	irse (irreg.) a la bancarrota	to go bankrupt
		negociar acciones	to trade stocks
la cotización	stock quote; quoting	el pago	payment
el desempeño	performance	rentable	profitable
la deuda	debt	el saldo	balance
el desplome	collapse	el símbolo de bolsa	ticker symbol

A. Práctica del Vocabulario básico

Después de estudiar el **Vocabulario básico,** complete las siguientes oraciones con la palabra o frase apropiada.

acciones	los dividendos	el petróleo
una comisión	hipotecarios	la salud
las compañías	intereses	
los corredores de bolsas	los inversionistas	

1. Una compañía pública emite _____ cuando desea recaudar fondos para la expansión de su producción.
2. _____ se inscriben en la bolsa para poder vender títulos.
3. _____ son los intermediarios entre los compradores y vendedores.
4. Las compañías pagan _____ a los inversionistas de acuerdo al tipo de bonos que posean.
5. _____ ganan dinero cuando sus títulos aumentan en valor.
6. El corredor gana _____ en cada transacción de venta y compra.
7. El valor de una acción refleja _____ de la empresa.
8. _____ se distribuyen entre los accionistas cuando una empresa es rentable.
9. Un ejemplo de una mercancía básica es _____.
10. Los embargos _____ precipitaron una crisis crediticia ya que los bancos comerciales no recibían pagos mensuales.

B. Expresiones de la lengua

Estudie las expresiones y complete las siguientes oraciones.

Expresiones de la lengua			
a consecuencia de	*as a consequence*	**de tal forma**	*in such a way*
a la par	*at the same time*	**debido a**	*due to*
como resultado de	*as a result of*	**en efecto**	*in effect*
de acuerdo a	*according to*	**hasta entonces**	*until then*

1. La caída del mercado de vividendas, de Wall Street y la crisis bancaria en los Estados Unidos, _____, dio paso a una crisis económica mundial.

2. _____, para muchas personas los bancos representaban instituciones confiables.

3. El problema crediticio no se pudo resolver fácilmente porque no había más dinero disponible, y _____, las casas estaban sobrevaloradas.

4. Muchas personas no pudieron esperar que la economía mejorara y decidieron abandonar sus casas _____ que habían perdido sus empleos también.

5. _____ la intervención del gobierno, las instituciones financieras comenzaron a operar de nuevo.

6. No es la primera vez en la historia de la bolsa que _____ una crisis financiera muchas personas pierdan sus inversiones.

7. La depresión de 1929 afectó a la población de los Estados Unidos _____ que la gran mayoría de la gente tuvo que comenzar de nuevo.

8. La crisis financiera mundial no se ha sentido de forma igual en algunos países hispanoamericanos, _____ lo que se lee en los periódicos de la región.

Lectura
Las bolsas de valores en Hispanoamérica y la incertidumbre financiera global

En principio, como ya se ha visto, las bolsas de valores contribuyen al crecimiento económico de sus respectivos países, pues permiten invertir los ahorros de los inversionistas en el financiamiento de las diferentes industrias, reuniendo capitales que se encuentran dispersos. Las principales bolsas de valores de Hispanoamérica surgieron en la segunda mitad del siglo XIX como reuniones informales de corredores y luego se desarrollaron conforme a las necesidades de capital de las nacientes[1] industrias. Las bolsas de valores de Hispanoamérica empezaron como mercados locales en las ciudades más prósperas. A manera de ejemplos, la Bolsa de Comercio de Buenos Aires (BCBA) fue fundada en el año 1854 con el propósito de **efectuar** transacciones en **onzas de oro** y facilitar la negociación de acciones, bonos y productos básicos. La BCBA es la antecesora del actual Mercado de Valores de Buenos Aires (MERVAL). En 1848 se crea la Bolsa de Valores de Valparaíso, Chile, la más antigua de Hispanoamérica. La bolsa de

---

[1]*rising*

(continúa)

Santiago abre en el 1873. La Bolsa Mexicana de Valores se origina en las reuniones de empresarios y corredores que tenían lugar en las calles de Plateros[2] y Cadena —en el centro de la Ciudad de México durante las dos últimas décadas del siglo XIX— donde los emisores y los accionistas negociaban sus títulos en la vía pública[3] hasta que en 1886 se constituyó la Bolsa Mercantil de México.

El desarrollo económico requiere de sistemas financieros que inviertan los ahorros del público en empresas productivas, asignando los **recursos ociosos** de la manera más eficiente posible y obteniendo el mejor provecho de esas inversiones. El desarrollo de los mercados de capitales de Hispanoamérica ha seguido el proceso de crecimiento económico e industrialización de la región, pero a un ritmo mucho más lento que otros mercados emergentes, como los del Lejano Oriente y el Sudeste Asiático. En Hispanoamérica, los sistemas financieros siguen dominados por los mercados de créditos bancarios (préstamos con bancos comerciales), con una participación menor de los mercados bursátiles.

Por lo general, en los mercados de bonos en Hispanoamérica predominan los **vencimientos** a corto plazo y los bonos denominados en dólares con **tipo de cambio** flotante. Además, los gobiernos de Hispanoamérica generalmente acuden a los mercados locales de capitales para atender las urgentes necesidades de las finanzas públicas, en especial para suplir los **recaudos tributarios** insuficientes o sobrellevar el déficit fiscal. En efecto, las entidades gubernamentales que ofrecen bonos de **deuda pública** en la bolsa pueden acabar desplazando del mercado a otras inversiones más riesgosas que serían ofrecidas por las empresas privadas que cotizan en la bolsa. Como consecuencia, los mercados de bonos de empresas privadas han crecido muy poco en Hispanoamérica (aunque sobresalen los casos de Chile, Colombia y México), pues la emisión de bonos suele estar dominada por un número limitado de empresas muy grandes y consolidadas. El panorama futuro no es muy **alentador** en ese aspecto, pues las más grandes empresas de Hispanoamérica están dejando atrás la iliquidez de sus mercados nacionales y ya están ofreciendo sus acciones en las bolsas internacionales más importantes. Por ejemplo, varias empresas hispanoamericanas ofrecen ahora sus acciones en la Bolsa de Nueva York bajo la forma de títulos denominados *American Depository Receipts* (ADR), los cuales representan un número de acciones emitidas por empresas extranjeras. Para cerrar el cuadro, varias empresas de la región han sido adquiridas en su totalidad por inversionistas extranjeros (Vips en México, adquirido por Wal Mart, Banamex y Banco Confía por Citibank; Sap/Miller compró Grupo Bavaria con base en Colombia y filiales en Perú, Ecuador y Panamá). Esto implica suprimir la empresa adquirida de los listados de cotizaciones y retirar todas sus acciones de la bolsa.

Con todo, hay una característica de las bolsas de valores de Hispanoamérica que las pone a la par con los mercados bursátiles del resto del mundo: su desarrollo tecnológico. A partir de los años 90, el conjunto de las bolsas hispanoamericanas **entraron de lleno** en la era de la informática, adoptando sistemas avanzados de negociación bursátil. Atrás quedaron los días de las ruedas bursátiles y los tableros repletos de cotizaciones escritas con tiza. Hoy las bolsas de valores de Hispanoamérica son enteramente electrónicas y están conectadas permanentemente con los sistemas de información financiera internacional.

Debido a esta integración financiera a varios niveles, la incertidumbre de la crisis económica mundial del 2008 afectó a toda la región en menor y mayor grado.

---

[2]*silversmiths* [3]en... en la calle

Según unos artículos que aparecieron en el periódico *La Jornada de México* durante los peores días del 2008, una preocupación en la mente de los comentaristas fue el recuerdo de los efectos políticos en Hispanoamérica de la crisis de 1929 ya que «unos años después de la **caída** de la bolsa de 1929, dieciséis gobiernos de la región fueron **derrocados** por **golpes militares** o por la asunción al poder de algunos dictadores». Los artículos resumieron los efectos de la crisis reciente que hasta entonces se estaban sintiendo en varios países de la región. En éstos se leían las recriminaciones que muchos comentaristas hispanoamericanos le hacían a los Estados Unidos por el papel que jugó al imponer el neoliberalismo económico mediante el cual se «aseguraba que los mercados libres, la privatización y la des-regulación eran algo más virtuoso por naturaleza que las corruptas e ineficientes economías **estatizadas**». Los hispanoamericanos tampoco podían olvidar la dramática realidad argentina durante su última crisis financiera del 2001, la cual **desequilibró** la economía de tal forma que los efectos se sintieron en todas las capas[4] de la sociedad. En la mente de los hispanoamericanos el significado de la crisis financiera de los Estados Unidos va más allá de lo estrictamente monetario. Les recuerda otros períodos muy difíciles que empezaron desde la época colonial y todavía persisten **pese a** los grandes avances de sus poblaciones y gobiernos.

———————
[4]*layers*

Actividades

A. ¿Qué recuerda Ud.?

Conteste las siguientes preguntas sobre la **Lectura de comercio.** Luego, compare sus respuestas con las de sus compañeros de clase.

1. ¿Cómo compara el desarrollo de los mercados de capitales de Hispanoamérica con otros mercados emergentes, como los del Lejano Oriente y el Sudeste Asiático?
2. A su modo de ver, ¿cuáles son los aspectos positivos y negativos de invertir en la bolsa?
3. ¿Qué características especiales representan los mercados de bonos en Hispanoamérica y a qué se deberá esto?
4. ¿Cómo cree Ud. que el público en general invierte su dinero?
5. ¿Qué diferencias hay entre acciones y bonos?
6. ¿Cuál es la diferencia entre ahorrar e invertir?
7. Explique brevemente qué importancia tiene la bolsa de valores para una nación.
8. ¿Qué consecuencias tuvo en Hispanoamérica la crisis financiera de los Estados Unidos acaecida a partir de la caída de los mercados crediticios?

El parquet (*trading floor*) de la Bolsa de Nueva York

B. Vocabulario

Complete las siguientes oraciones usando el vocabulario que se encuentra en las lecturas anteriores.

1. La bolsa tiene como meta la _____ de títulos.
2. Los corredores _____ y _____ los títulos.

3. La negociación de títulos durante el Renacimiento se llevaba a cabo en las _____ y plazas.

4. En el siglo xv los comerciantes realizaban _____ de manera informal.

5. El gran crecimiento de la actividad bursátil se dio a consecuencia de la actividad manufacturera durante la _____.

6. Cualquier persona puede comprar acciones de una sociedad anónima que se encuentre inscrita en la _____.

7. Dos formas de invertir en mercados extranjeros son a través de las _____ y de los _____.

8. La primera bolsa completamente electrónica se conoce como _____.

C. En sus propias palabras

Explique los siguientes conceptos en sus propias palabras.

1. accionistas
2. la bolsa
3. rendimiento / desempeño / utilidad
4. mercancías básicas
5. emisión de acciones
6. cotizar
7. inversiones de capital
8. bursátil
9. la volatilidad

ACTIVIDADES INTERACTIVAS

A. Situaciones

Paso 1 Haga una comparación entre los siguientes grupos de palabras para poner en práctica sus conocimientos sobre la bolsa de valores.

CONCEPTOS	DIFERENCIAS
demandantes oferentes	
NASDAQ la bolsa de Nueva York	
valor futuro del dinero valor actual	
bonos del gobierno acciones	
emisión pública de acciones préstamo bancario	
acciones de alto riesgo acciones de menor riesgo	
la bolsa de valores bancos comerciales	
el ahorro la inversión	
el interés los dividendos	
la crisis hipotecaria la crisis de las compañías punto.com	

Paso 2 Con un compañero / una compañera, haga un plan para convertir su empresa en una empresa privada que cotice en la bolsa de valores. Investiguen cuáles son sus opciones y qué agencias pueden ayudarlos a desarrollar su plan. Después, haga el papel de empresario mientras su compañero/a hace el papel de consejero/a. Al terminar de revisar todos sus documentos y sus ideas, su compañero/a decidirá si tiene un buen plan para ampliar su negocio. Luego, presenten su plan al resto de la clase.

Paso 3 Ud. va a tramitar una compra de acciones. Tiene un capital de $50,000 y desea invertir en la bolsa de valores. Con un compañero / una compañera, investiguen cuáles serían las mejores opciones para invertir su dinero en la bolsa y para tener una ganancia alta a corto plazo. Presenten su plan de inversión a la clase.

B. Slim: Latinoamérica debe cuidar empleo ante crisis financiera

Ud. quiere familiarizarse con la forma en que algunas naciones hispanoamericanas han enfrentado la crisis financiera de los Estados Unidos. Lea la siguiente información sobre Carlos Slim y haga las actividades que aparecen a continuación.

Slim: Latinoamérica debe cuidar empleo ante crisis financiera

El magnate mexicano Carlos Slim recomendó el martes a los países de América Latina proteger y promover la creación de empleo como un medio para atenuar[1] las consecuencias que tendrá la crisis financiera estadounidense en la región. En una reunión con corresponsales[2] extranjeros, el empresario consideró que Latinoamérica también debería pensar en la aplicación de planes «contracíclicos» que permitan la creación de empleos, como la promoción de las pequeñas y medianas empresas, la construcción de carreteras y viviendas. «Lo que tenemos que buscar en Latinoamérica es que estando bastante sanos[3] —como pueden ser Brasil, Chile y Perú, que tienen condiciones macroeconómicas muy sanas—, pues no sólo que no nos afecten estos problemas sino que podamos tener empleo y un crecimiento moderado, pero que tenga un enfoque al empleo importante», dijo uno de los hombres más ricos del mundo, un día después de calificar la actual crisis estadounidense como la peor desde la de 1929, y más compleja que ésa. Slim dijo que las consecuencias de la crisis en la economía real aún son difíciles de **precisar,** e hizo algunas sugerencias a Estados Unidos para estabilizar la situación. El empresario consideró que en lugar de pensar en la compra de los activos de las instituciones con problemas, se les debería capitalizar como planteó hace unos días el multimillonario estadounidense Warren Buffet, quien sugirió invertir unos 5.000 millones de dólares en la firma Goldman Sachs. «Este tipo de propuesta es lo que tienen que hacer los bancos; ése debería ser el camino del rescate bancario», dijo. Estimó que es «mejor capitalizar temporalmente las instituciones, y si es posible con capital privado como se ha

---

[1]*lessen* [2]*correspondents* [3]*healthy*

(continúa)

hecho con los fondos soberanos… y lo que hizo Warren Buffet, que comprarles los activos». Consideró que siempre es necesaria la intervención del gobierno en los mercados, aunque dijo que debe ser como un **árbitro** que no se ponga a jugar, y que establezca mejoras y no más reglas. Slim dijo que las empresas de su Grupo Carso —que abarcan entre otras cosas la telefonía, construcción y restaurantes— mantendrán políticas «contracíclicas» como la continuación de inversiones en infraestructura. Ingeniero de origen libanés, Slim defendió su posición económica cuando se le interrogó sobre cómo explicar la riqueza de un hombre en un México con más de 40 millones de pobres. «Pensar que en países pobres no debe haber empresas fuertes es perverso; en los países pobres o en desarrollo si no hay empresas fuertes el país difícilmente progresa,» dijo. Consideró que lo importante de la riqueza es que sirva para generar más riqueza y se administre bien para distribuirse entre la gente. «Yo no me voy a llevar nada a la tumba,» afirmó el empresario, quien añadió que no tiene ni un solo inmueble[4] o cuenta de cheques en el extranjero. Slim se reunió con la prensa internacional un día después de anunciar una alianza con el Nobel de la Paz Muhammad Yunus para **otorgar** microcréditos a la gente más pobre en México.

---

[4]*property*

1. ¿Qué pueden hacer los países hispanoamericanos para proteger sus economías?
2. ¿Cuándo y cómo debe ser la intervención del gobierno durante épocas de crisis financieras?
3. Algunas naciones y empresas se enfrentan a las crisis del mercado crediticio y del mercado de valores de formas distintas. Busque otras empresas que se dediquen a la misma actividad comercial y compárelas en todos sus aspectos: razón social, forma jurídica, actividad económica, etcétera.

El Centro Bursátil en la Ciudad de México

C. En la red

Paso 1 En grupos de tres, busquen información en la red sobre la Bolsa de Comercio de Santiago de Chile, sobre la Bolsa Mexicana de Valores y sobre la crisis financiera de 2008. Usen como guía las siguientes preguntas para preparar un informe que compartirán con la clase.

La Bolsa de Comercio de Santiago de Chile:

1. ¿Qué tipo de información incluye este sitio?
2. ¿Qué dice este sitio sobre la historia de la bolsa en Chile?
3. ¿Qué instrumentos regulatorios tiene la bolsa de Santiago y cuáles son sus funciones?
4. ¿Cómo contribuyen las bolsas al desarrollo y expansión de las empresas chilenas?

La Bolsa Mexicana de Valores:

1. ¿Qué tipo de información incluye este sitio?
2. ¿Qué dice este sitio sobre la misión de la Bolsa Mexicana de Valores?
3. ¿Cómo se explica en este sitio la importancia de una bolsa de valores en la economía de un país?
4. ¿Cómo contribuyen las bolsas al desarrollo y expansión de las empresas mexicanas?

La crisis financiera y el gran «bailout» del 2008 (consulten YouTube bajo el título «Desde Wall Street» y mire uno de los programas de José Antonio Montenegro):

1. ¿Qué fue el «bailout», o rescate, de Wall Street?
2. ¿Qué tipo de solución le ofreció el «rescate» a la economía de los Estados Unidos?
3. ¿Qué tipo de información se incluye en los programas de José Antonio Montenegro?
4. ¿Qué más aprendió de sus programas?

Paso 2 En general, ¿cuáles son las diferencias y semejanzas entre las varias bolsas de valores que Ud. estudió?

HACIENDO HINCAPIÉ

La siguiente lectura es una selección de la novela **El socio,** escrita por el chileno Jenaro Prieto. Describe la importancia de la confianza en los mercados de valores y en el comportamiento de los mismos. Lea con cuidado la selección y busque en un diccionario las palabras que no comprenda para que después exprese su opinión sobre los temas de discusión.

Panorama real

El socio (selección)
por Jenaro Prieto

Por fortuna para él, la voz grave del magistrado con cara de cuadro del Greco[1] se imponía a la atención de todos los comensales,[2] asegurando que «el orden público no puede existir con la revolución».

Y luego subiendo más el tono:

La absorción de todos los poderes en una sola mano, lleva sin duda, tarde o temprano, al despotismo. Es una ley histórica ineludible.

Él lo prefería, no obstante, a la revolución. Un gobierno fuerte, un gobierno capaz de luchar en contra de eso, ¿cómo lo diría para no ofender a las señoras...? Pedía mil disculpas a la concurrencia por tener que referirse a una cosa tan grosera…, pero no había otra palabra...

Reinaba verdadero estupor. ¿Qué iría a decir don Cipriano, un hombre tan medido[3]?

Él seguía buscando otro vocablo. De nuevo solicitaba el perdón de los caballeros y en especial de las señoras para referirse a algo tan sucio..., pero tenía que decirlo de una vez por todas:

«¡La democracia inmunda[4]!» Ésa era la ruina del país. Si no se la dominaba, él —hombre de orden— vaticinaba[5] días muy tristes para la República. Por desgracia, él los veía venir. Pronto, muy pronto, habría un cambio de gobierno...

El corredor dio un salto en su silla.

—¿Cómo? Pero eso no sucederá antes de la mala...

Se ponía nervioso ante la idea de que aquellas siniestras predicciones pudieran realizarse antes del 18 de mayo. A contar de esa fecha... ¡lo que quisiera don Cipriano!

—Pero, ¿Ud. cree realmente en un cambio de régimen? —preguntó Goldenberg con la boca llena.

—No sólo lo creo; lo veo venir.

—En todo caso, no hay que decirlo —observó Urioste—. Puede producir un pánico… En la Bolsa no hay futuro. Los efectos se descuentan de antemano en el mercado. Lo grave no es el hecho mismo, sino la creencia en su realización. La fe sigue moviendo las montañas. ¿No lo piensa así, don Ramiro?

El aludido[6] era un hombre moreno, de bigote cano[7] y ojos miopes[8]... —Sí... acaso… , evidentemente…

No consideraba propio de un gerente de Banco dar una opinión sobre cuestiones de carácter político... Un gerente debe estar siempre con el gobierno, mejor dicho, con todos los gobiernos, con el actual, con el que venga. De todos modos, creía, como el amigo Urioste. Que en este caso se imponía la prudencia.

---

[1]con... *with a face like a painting by El Greco*   [2]*guests*   [3]*restrained*   [4]*filthy*   [5]*predicted*   [6]*person in question*   [7]*grey*   [8]*near-sighted*

A. Después de leer Conteste las siguientes preguntas sobre el **Panorama real.**

1. ¿Qué acciones de un gobernante lleva al despotismo, según el magistrado «con cara de cuadro del Greco»? ¿Por qué el magistrado prefiere el despotismo?

2. ¿Por qué el magistrado le temía a la democracia?

3. ¿Por qué cree Ud. que algunos de los invitados le temían al cambio de gobierno?

4. ¿Qué tiene que ver el cambio de gobierno con la economía de un país?

5. ¿Qué tiene que ver «la fe» con la bolsa de valores? ¿La fe en qué o quiénes?

6. ¿Piensa Ud. que el gerente de Banco tiene razón? ¿Por qué sí o por qué no?

B. Temas de discusión

- La fragilidad del mercado de valores.
- El efecto del ambiente político de un país en el comportamiento del mercado financiero.
- Los elementos externos que pueden afectar al mercado financiero.
- La relación de la ideología política y la salud fiscal de un país.
- El papel que juega la confianza, o la «fe», en el éxito del mercado de valores.

CONTEXTO CULTURAL

Antes de leer

Conteste las siguientes preguntas antes de leer la entrevista que aparece a continuación. Después, compare las respuestas con las que darán Ud. y sus compañeros al final.

1. ¿Puede Ud. explicarle a su compañero/a qué significa invertir en la bolsa de valores? ¿Cómo le explicaría los beneficios de invertir en la bolsa a una persona que no sabe nada del tema?

2. ¿Conoce Ud. a alguien que invierta en la bolsa de valores?

3. ¿Sabe Ud. si las personas en Hispanoamérica ahorran más que las poblaciones de los Estados Unidos? Explique.

4. ¿Cómo ha afectado la caída de la bolsa a la población de Hispanoamérica?

5. ¿Es importante pensar en el futuro en términos económicos? ¿Por qué sí o por qué no?

Protocolo cultural

Entrevista al Dr. Eduardo Carbajal Huerta

Eduardo Carbajal es Doctor en Administración con especialidad en Finanzas por la University of Texas y el ITESM, Campus Ciudad de México. Estudió la maestría en Economía en el Colegio de la Frontera Norte y es Licenciado en Economía por la Universidad Nacional Autónoma de México. En el año 2002 era Director del Departamento de Finanzas y Economía del Campus Estado de México. El Dr. Carbajal imparte principalmente la cátedra de Finanzas Internacionales, y también ha impartido Mercado de Valores, Economía Política Internacional, Comercio Internacional, Macroeconomía y Economía Financiera. Ha impartido cursos de capacitación empresarial en varios campus del Tecnológico de Monterrey y en el extranjero. También ha sido autor de varios artículos para *El Universal, Reforma, Comercio Exterior*, entre otros medios, y actualmente es columnista del periódico *El Economista*. Es miembro de la Red de Economistas Universitarios y del Instituto Mexicano de Ejecutivos de Finanzas.

1. **¿Cómo ha afectado la crisis financiera de los Estados Unidos a Hispanoamérica en general, y a México en particular?**

   Ha afectado a todos los mercados de la América Latina. Esta crisis de confianza que nosotros vemos hacia los mercados financieros de Estados Unidos se transfiere a los mercados latinoamericanos. Sentimos un efecto de contagio que nos hace pensar si nuestras economías están o no están lo suficientemente preparadas para poder solventar esta crisis de confianza. El principal efecto es el **capital de cartera;** éste es muy sensible ante los cambios en los precios de los mercados y decide salirse inmediatamente. También la inversión extranjera directa se inhibe, dado que no hay condiciones económicas que **respalden** la estabilidad de este capital cuando llega a un país. Puede ser a través de otros mecanismos. Pero no a través de la inversión extranjera directa.

2. **¿Qué empresas o cuáles industrias se han visto mayormente afectadas en México?**

   Las empresas manufactureras, cuyos antiguos compradores están en los Estados Unidos, han sido las más afectadas. En este caso Estados Unidos no va a poder comprarles estos bienes a México. El caso es grave porque la relación de intercambio entre Estados Unidos y México es muy alta.

3. **En los años recientes hemos visto que empresas hispanoamericanas cotizan en los mercados de los Estados Unidos. ¿Cree Ud. que la tendencia de cotizar en la bolsa de Nueva York, por ejemplo, se verá detenida por la crisis de los Estados Unidos?**

   Yo lo creo definitivamente. Lo que hacían las empresas al dedicarse a cotizar en los mercados norteamericanos era de alguna manera disminuir los costos de entrada a los mercados locales, que son muy altos. Era muy fácil entrar a los mercados de Estados Unidos. Además que se tenía una **gama** más amplia de compradores que en un momento dado podían ver en las opciones mexicanas una buena oportunidad de inversión. Creo que se van a detener estas prácticas de algunas de las naciones latinoamericanas.

4. **A nivel de pueblo, ¿qué dicen los mexicanos de lo qué está pasando en el mundo financiero? ¿El común de la gente?**

   Afortunadamente mi percepción es que en el día de hoy la gente tiene un poquito más de conciencia sobre lo que está sucediendo en la economía. La gente está más informada. Eso indica que los problemas económicos y los problemas financieros ya son parte del vocabulario y de la expresión diaria de los mexicanos. Si ahora hiciéramos una encuesta acerca de qué opinan de la crisis financiera, yo creo que una buena parte de la población diría que la crisis comenzó en los Estados Unidos y es una crisis de sus mercados financieros. La mayor parte de la gente tiene conciencia de la crisis. Para la gran cantidad de los mexicanos, siempre los grandes problemas de la economía mexicana están ligados a los problemas de la economía de Estados Unidos. Entonces, a cualquier mexicano que le preguntemos va a decir que la culpa de todos los problemas la tiene Estados Unidos.

5. **¿Ud. cree que esta nueva conciencia acerca de la realidad económica —y saber cómo afecta la crisis financiera al propio bolsillo— es generalizada para toda Hispanoamérica?**

   Creo que sí, a reserva de que estamos hablando de distintas culturas entre los países, en general las crisis sensibilizan mucho. Es cierto que lo más importante ahora es resolver los problemas del bolsillo y del diario.

6. **Continuando con la perspectiva general, ¿a qué se debe la falta de desarrollo de los mercados de capitales y de las bolsas de valores en Hispanoamérica?**

   Uno de los principales problemas que yo veo es que los costos de entrada son muy altos. Otra cosa es que la cultura financiera de las personas que tienen dinero es muy, muy baja. Se necesita una cultura financiera más amplia, mucho más profunda para estar dentro de los mercados. Muchos inversionistas se dedican a tener inversiones en empresas familiares; son muy conservadores y esto les impide tomar riesgos en los mercados. No entran al mercado aunque tengan los recursos. Para ellos los recursos están más seguros estando cerca. Los mercados financieros prácticamente generan sus grandes beneficios en el largo plazo y en América Latina el largo plazo es mañana, lo que conocemos como «cortoplacismo». La concepción del tiempo, la cultura financiera, los altos costos y las regulaciones hacen que no estén tan desarrollados los mercados. La regulación en América Latina es muy restrictiva en el sentido de que no es posible que los mercados tengan una libertad como la tienen en Europa o en Estados Unidos. La regulación en los mercados de América Latina impide muchas veces el desarrollo. Simplemente es que cuando se hace una regulación se cuidan los intereses de los empresarios. No hay forma de que podamos tener un mercado eficiente. Muchas de las empresas buscan fuentes de financiación alternas.

(continúa)

7. **Ahora tomando las perspectivas del ahorrador y el inversionista común, ¿Ud. cree que existe desconfianza del ahorrador común frente a las inversiones bursátiles? ¿Cómo influye la cultura en las actitudes de los ahorradores e inversionistas hispanoamericanos y en específico México?**

   Yo creo que mucha gente hasta hace algunos años creía que cuando no gastaba pues estaba haciendo algo bueno. No se tenía la cultura sobre la inversión. Esta capacidad que tienen las personas de poder entrar a los mercados no todo el mundo la conoce porque no hay una cultura de ahorro ni de inversión y mucho menos de utilizar instrumentos financieros. ¿Cuántas personas en el ambiente común y corriente saben que pueden entrar a los mercados financieros? Muy pocas. La cultura inversionista que se tiene en Estados Unidos no existe aquí. Estamos años de tenerla en América Latina. En México en particular la gente estaría pensando primero en resolver los problemas de necesidades básicas antes de ésos de ahorro y de inversión. Hay falta de capacidad de ahorro y falta de confianza.

8. **De continuar esta crisis, y mirando hacia el futuro, ¿qué podría hacer el gobierno mexicano y los gobiernos hispanoamericanos para aliviar una posible inestabilidad económica interna y las consecuencias que están por venir?**

   Una de las principales recomendaciones de los economistas hacia los gobiernos en crisis es ampliar **el gasto público**. Este no es el gasto público para pagar **sueldos** y salarios. Esto es gasto de inversión en obras públicas: invertir en la infraestructura, invertir en petroleras, en las escuelas y hospitales. Así se dinamiza la economía. En el momento parece un gasto, pero lo que estás haciendo con una inversión de este tipo es que generas mejores condiciones para que las personas puedan gastar y puedan consumir. Esto es un paso gigantesco porque es pensar en el mediano y en el largo plazo. Que un gobierno decida invertir en una época de crisis créeme que no es muy común. De hecho la teoría económica sugiere que el gobierno puede tener **déficits presupuestarios** en épocas de crisis. En épocas de crisis no hay que cortar, sino invertir.

Después de leer

Paso 1 Responda las siguientes preguntas. Luego, compare sus respuestas con las de un compañero / una compañera y discútanlas con la clase.

1. De acuerdo a las respuestas que Ud. dio al principio y las que ofreció el Dr. Carbajal, ¿cuáles son las diferencias más importantes entre la actitud hacia el ahorro y la inversión entre los estadounidenses y los hispanoamericanos?

2. ¿Cree Ud. que el gobierno debe o no debe involucrarse en los sistemas de financiación de empresas?

3. ¿Piensa Ud. que fue necesario rescatar a Wall Street durante la crisis de septiembre de 2008? Explique y justifique su respuesta.

4. ¿Está de acuerdo con el Dr. Carbajal acerca de la opiníon de los mexicanos sobre la crisis de Wall Street de septiembre de 2008? Explique.

5. ¿Qué piensa Ud. del «cortoplacismo» hispanoamericano que menciona el señor Carbajal? Explique el significado de este concepto.

6. Describa las acciones que debe tomar un país para superar una crisis económica según el Dr. Carbajal. ¿Está Ud. de acuerdo?

Paso 2 Entreviste a una persona que trabaje en la bolsa de valores u otra área de finanzas, como una compañía de corretaje, o a un profesor de finanzas. Compare sus respuestas y experiencias con las del Dr. Carbajal.

EN EL MUNDO DE LOS NEGOCIOS

Presentaciones profesionales

En el mundo de los negocios es importante sentirse cómodo/a al hablar delante de sus colegas, clientes y gerentes hispanohablantes. Haga una presentación oral para sus «colegas» usando uno de los temas que aparecen a continuación. Ud. es libre de escoger otro tema si desea, previa consulta con su profesor. Asegúrese que las fuentes de información que Ud. consulte sean confiables. La presentación debe hacerse en PowerPoint™ como si se tratara de una presentación profesional.

Temas:

- Actitudes típicas ante el ahorro y la inversión en Hispanoamérica
- Barreras y oportunidades para que los hispanoamericanos inviertan en la bolsa de los Estados Unidos
- Un estudio sobre otras crisis bursátiles en algún país de Hispanoamérica
- Ventajas y desventajas del ahorro tradicional
- La crisis mundial de los sistemas financieros
- Lecciones que se deben recordar al estudiar las crisis financieras de los Estados Unidos

Redacción comercial

Es importante saber comunicarse por escrito en las situaciones profesionales. Escoja uno de los siguientes ejemplos y escriba una carta profesional según el modelo.

1. Escriba una carta a su banco en que explica las razones por las cuales no puede cumplir con los pagos de su hipoteca.

2. Escriba una carta a su corredor pidiendo explicaciones sobre las pérdidas de su cartera de inversiones.

3. Escriba una carta a los inversionistas de una empresa tratando de convencerlos de que es necesario tener paciencia durante tiempos malos.

MODELO: En la carta de la siguiente página una empresa ofrece sus servicios bursátiles a futuros inversionistas.

San Salvador, 27 de septiembre de 2004

Señores
Comisión Especial para investigar
las operaciones realizadas por la
Corredora de Bolsa «Operaciones
Bursátiles de Centroamérica»
Presente

Atn: Marta Lilian Coto de Cuellar
Primera Secretaria Directiva

Estimados Señores:

En relación a su nota No 0004298 en la cual me solicitan un informe escrito sobre la venta realizada de la Casa Corredora OBC, S.A. de C.V., expongo a ustedes lo siguiente:

1. OBC, S.A. de C.V. fue fundada en el año 1991. Los socios fundadores de la sociedad fueron Sherman José Calvo Muñoz y Mauricio Eduardo Sandoval Avilés.
2. A partir del año 1994, el Señor Sherman Calvo Muñoz sale de la sociedad. El 2 de junio de 1998 el Señor Mauricio Sandoval Avilés sale de la sociedad, quedando de accionistas Lorena de Sandoval y Juan Carlos Sandoval.
3. Estos últimos accionistas, Lorena de Sandoval y Juan Carlos Sandoval, vendieron la totalidad de sus acciones a los actuales propietarios de la sociedad, el 5 de junio del año 2000.
4. La negociación y proceso de compra/venta se inició en el año 1998, culminando en el primer semestre del año 2000.
5. El proceso de venta se hizo estrictamente de acuerdo al procedimiento de ley y reglamentos que regulan estas transacciones, culminando con la formalización de la compra/venta el 5 de junio del año 2000.
6. Todo éste proceso de compra/venta fue del conocimiento, avalado y autorizado de acuerdo a ley y reglamentos, por la Superintendencia de Valores y por la Bolsa de Valores (Artículos 12, 14 y 57 de la Ley de Mercado de Valores y Artículo 8 del Reglamento de la Ley de Mercado de Valores).
7. De acuerdo al marco legal vigente se envió copia del Testimonio de Escritura Pública de Venta de Acciones a la Superintendencia de Valores y a la Bolsa de Valores con fecha 8 de Junio del 2000.
8. A partir de la firma de la Venta de las Acciones (Junio 2000), los antiguos accionistas no han tenido ninguna relación con los nuevos accionistas ni con el personal de la nueva administración.
9. La Superintendencia de Valores y la Bolsa de Valores tienen en su poder la documentación legal correspondiente que certifica que los antiguos accionistas no tienen ninguna relación con la sociedad actual, ni con los problemas que pueda haber ocasionado la misma.

Anexo a la presente las siguientes fotocopias:

1. Carta enviada a la Superintendencia de Valores remitiendo fotocopia de los testimonios de venta de las acciones, con fecha 8 de Junio.
2. Carta enviada a la Bolsa de Valores remitiendo fotocopia de los testimonios de venta de las acciones, con fecha 8 de Junio.

Sin otro particular, me suscriba de ustedes.

Atentamente,

Mauricio Sandoval

VOCABULARIO

alentador(a)	*encouraging*	la emisora	*issuer*
al parecer	*seemingly*	endeudarse	*to get into debt*
el árbitro	*moderator*	entrar de lleno	*to concentrate*
asesorar	*to advise*		*one's efforts*
avalar	*to guarantee*	la gama	*spectrum*
el bolsillo	*pocket*	el gasto (público)	*(public) spending*
la burbuja	*bubble*	el golpe militar	*military coup*
bursátil	*stock market (adj.)*	el embargo hipotecario	*mortgage foreclosure*
la caída	*fall*	estatizado/a	*nationalized*
el capital de cartera	*(stock) portfolio*	el excedente	*surplus*
	capital	frenar	*to slow down, halt*
la cifra	*(monetary) figure*	hipotecaria	*mortgage*
la clave	*code*	incertidumbre	*uncertainty*
el/la comisionista	*stock broker;*	la informática	*information*
de bolsa	*brokerage firm*		*technology*
la compañía de	*brokerage firm*	irse (irreg.) a la bancarrota	*to go bankrupt*
corredores		negociar acciones	*to trade stocks*
el corredor	*stock broker*	la onza de oro	*ounce of gold*
bursátil / de bolsa		otorgar (gu)	*to grant*
cotizar (c) (en la bolsa)	*to be listed (on the*	el pago	*payment*
	stock exchange)	pese a	*despite*
la cotización	*stock quote; quoting*	precisar	*to specify*
el déficit	*(budget) deficit*	la prensa	*press, media*
(presupuestario)		el recaudo tributario	*tax revenue*
el/la demandante	*demander; plaintiff*	el recurso ocioso	*idle resource*
el derivado	*derivative*	rentable	*profitable*
derrocado/a	*overthrown*	rescatar	*to rescue*
el desempeño	*performance*	respaldar	*to back up, support*
desequilibrar	*to upset the*	el saldo	*balance*
	balance	el símbolo de bolsa	*ticker symbol*
el desplome	*collapse*	el sueldo	*salary, wage*
la deuda (pública)	*(public) debt*	el tesoro	*treasury*
el dividendo	*dividend*	el tipo de cambio	*exchange rate*
efectuar (efectúo)	*to make*	el vencimiento	*expiration date*

Capítulo 5 Las importaciones y las exportaciones

Los contenedores se usan para exportar bienes desde el puerto de Buenos Aires.

Las importaciones y exportaciones son el mecanismo que permite el intercambio de bienes o servicios entre dos o más países. A través de las importaciones y exportaciones un país puede **proporcionar** un producto o servicio que hace falta en otra nación o región para ponerlo **al alcance** del público consumidor. Las importaciones y exportaciones permiten que la gente pueda gozar de productos o servicios que no están disponibles en sus propios lugares de origen, que son más baratos o de mejor calidad. En la actualidad no hay ningún país que sea autosuficiente económicamente y que no participe de las importaciones y exportaciones en cierta medida. La **autarquía,** o aislamiento **comercial** detendría el avance económico, social y tecnológico de una nación. Ya que un país puede tener recursos naturales o producir bienes que otras naciones no tienen, los países se necesitan los unos a los otros. En años recientes han **proliferado** los tratados de libre comercio entre naciones que permiten la importación y exportación de productos y servicios que no existen o que son escasos en sus países, aumentando así el comercio internacional. Es importante, sin embargo, que una nación no importe más de lo que exporta de manera continuada, pues eso crearía un endeudamiento insostenible dañando a su economía interna. O sea que idealmente debe de existir un balance comercial entre exportaciones e importaciones, aunque es preferible que las primeras sean superiores a las segundas para el total de los ingresos de un país.

En este capítulo Ud. va a:

- Aprender sobre las importaciones y las exportaciones
- Aprender vocabulario y conceptos relacionados con las importaciones y las exportaciones
- Emplear expresiones de uso diario en el ambiente de las importaciones y las exportaciones
- Adquirir conocimientos sobre los tipos de empresas de importaciones y exportaciones en Hispanoamérica
- Aprender sobre la importancia de los tratados de libre comercio
- Aprender sobre cierta mentalidad clave del hispano al participar en las importaciones y exportaciones

INTRODUCCIÓN

Antes de leer

Tenga en mente las siguientes preguntas al leer la **Lectura preliminar.**

1. ¿Por qué son tan importantes las exportaciones para la economía de una nación?
2. ¿Cuáles son las tareas o metas de la exportación e importación?
3. ¿Cómo funcionaría una sociedad sin intercambio comercial?
4. ¿Cuáles son las reacciones sociales cuando un país firma un tratado de libre comercio con otro país?
5. ¿Puede Ud. explicar qué es una balanza comercial?
6. ¿Cómo se beneficia la sociedad de las importaciones y las exportaciones?
7. ¿Por qué se dice que los productos importados son mejores que los productos nacionales?

Lectura preliminar

Las importaciones y las exportaciones: Historia y función

Desde hace miles de años los seres humanos han transportado mercancías o productos de un lugar a otro. Algunos historiadores aseguran que entre los años 7500 y 4000 antes de Cristo, los habitantes del desierto del Sahara habían importado animales domesticados de Asia. Entre artefactos provenientes de otras regiones también se encuentran la cerámica y artificios de construcción.

A través del tiempo se desarrollaron vastas vías de comunicación en Eurasia que llegaron a unir, por medio de una ruta principal, al Oriente con el

(continúa)

Occidente. Esta ruta, que nació en China, careció de un nombre propio hasta que en el siglo XIX el geólogo alemán Ferdinand von Richthofen la **bautizó** con el nombre de «**Ruta de la Seda**».

Por cientos de años una infinidad de comerciantes **transitaban** por esta Ruta de la Seda, transportando sus mercancías y materias preciosas: el oro, la sal, **las sazones** y otras especias. El constante movimiento de personas y la mezcla de pueblos también dieron origen a la transmisión de nuevas ideas, arte, culturas, creencias (el budismo) y tecnologías (la brújula), que tuvieron un impacto en las diferentes civilizaciones de la época. Los chinos fueron algunos de los primeros viajeros en **atreverse** a cruzar la ruta con fines comerciales y políticos. Más adelante esto **propició** que los **embajadores,** además de los comerciantes, usaran la Ruta de la Seda para fines diplomáticos. Durante la Edad Media el interés por los productos asiáticos iba en aumento en las sociedades europeas. Esto impulsó a los comerciantes europeos a iniciar viajes en la dirección contraria, desde el Occidente hacia el Oriente en busca de seda, **marfil,** animales y plantas exóticas, además de piedras preciosas, joyas y especias. «**La Ruta del Ámbar**» fue otro camino comercial que conectaba a Europa con África, específicamente con Egipto. El elemento comercial más importante durante esta época era precisamente el ámbar, pues se utilizaba para la decoración.

Con respecto a Hispanoamérica, es bien sabido que las civilizaciones precolombinas contaban con rutas de comercio perfectamente establecidas a través de sus territorios. Los aztecas, los mayas, los incas y otros indígenas recorrían grandes distancias por tierra, mar, ríos y lagos con el propósito de **trocar** productos que se necesitaban en diferentes regiones.

Con el paso de los años, el intercambio de productos se fue haciendo cada vez más complejo. Por lo tanto se crearon reglas comerciales que, a su vez, dieron origen al concepto del mercantilismo. Esta idea se concibió en Europa en el siglo XVI y terminó por desarrollarse a mitad del siglo XVIII. Sus principales defensores fueron el napolitano Antonio Serra y el inglés Thomas Mun. La idea central del mercantilismo era que la prosperidad de un país se basaba en el capital que tuviera acumulado, además de su capacidad de producción. Este capital se debía incrementar a través de una **balanza comercial** positiva, es decir que en cada año las exportaciones tenían que ser superiores a las importaciones para poder acumular **la riqueza.** De alguna manera, el mercantilismo de la época **abogaba** porque los gobiernos **vigilaban** de cerca que los objetivos económicos se lograran mediante políticas proteccionistas que favorecieran a los productores locales de sus economías. Es decir, la fórmula capital y la producción eran fundamentales pues se fomentaban y aceleraban la producción y la exportación de productos. Al mismo tiempo, **se desalentaban** las importaciones con la imposición de aranceles con tarifas muy altas a los productos del extranjero, resultando en una balanza comercial favorable. Esta actividad suponía que un gobierno debía actuar rápidamente para encontrar una salida a los excedentes de productos del propio país y de esa forma aumentar la riqueza nacional.

En la actualidad el mercado internacional es mucho más complejo que en la época del mercantilismo. Todas las naciones que exportan e importan tratan de mantener una balanza comercial que les beneficie. También, todas son interdependientes económicamente, e incapaces de sobrevivir en el mundo moderno sin algún tipo de actividad comercial internacional; la autosuficiencia económica es una **quimera.** Como se ha mencionado antes,

la autarquía comercial perjudicaría toda posibilidad de desarrollo social, económico, industrial y tecnológico.

Hoy en día la Organización Mundial del Comercio (establecida en 1995) es el foro internacional al que acuden sus países miembros para solucionar problemas comerciales. La OMC es una continuación de las negociaciones y los acuerdos comerciales que empezaron en 1947 con el Acuerdo General sobre Aranceles Aduaneros y Comercio (GATT). Funciona como un mediador que promueve el libre comercio e interviene cuando las naciones se enfrentan por diferencias sobre sus obstáculos comerciales y desean reducirlos o eliminarlos. El corazón de la OMC es un conjunto de normas que permite a los productores de los países participantes a acceder al comercio internacional mediante importaciones y exportaciones dentro de las normas políticas y límites en que estos países han **convenido.** Otro propósito de la OMC es ayudar e informar a los gobiernos y las empresas para que las importaciones y exportaciones circulen con la mayor facilidad posible. De igual manera, la OMC ayuda a **conciliar** las diferencias entre sus países miembros, **de modo que** el comercio mundial sea armonioso. Entre los últimos acuerdos que ha logrado alcanzar la OMC se encuentran la protección, no solamente de bienes y servicios, pero también a las invenciones, las creaciones y todo tipo de propiedad intelectual.

El propósito final de las importaciones y las exportaciones es el de proporcionar un bien o un servicio que haga falta en un país o región. Es un intercambio comercial que se lleva a cabo entre uno o varios países o regiones que teóricamente beneficia a quienes participan en él. La tarea de exportar e importar se realiza cuando una región no cuenta con los recursos naturales y económicos o la tecnología necesaria para producirlos. De ahí surge la necesidad de adquirirlos de otra nación que sí los puede ofrecer.

Aunque los tratados de libre comercio hacen lo posible por simplificar los mecanismos para exportar o importar, todavía es necesario pasar por una serie de trámites, lo cual no es muy sencillo. Para llevar a cabo esta actividad comercial es necesario pensar en los siguientes puntos.

Primero, la empresa tiene que hacer un plan de importación y exportación y un plan de **mercadeo** general. También es necesario hacer un estudio para encontrar información sobre nuevos mercados y para evaluar los segmentos del mercado. La empresa debe determinar sus métodos de importación y exportación, lo cual puede incluir la exportación directa o indirecta. En el caso de la exportación directa, la empresa es responsable de la promoción del producto (distribución, precios, infraestructura) una vez que se hayan hecho las investigaciones comerciales y culturales del país importador. Por otro lado, la exportación indirecta usa empresas pequeñas que no tienen los recursos ni la infraestructura que les permitan exportar directamente; por eso lo hacen a través de agentes o distribuidores locales.

Los tratados de libre comercio también requieren que cada país siga ciertas regulaciones legales y que obtengan varias licencias, las cuales pueden incluir marcas registradas, **derechos de autor,** patentes, leyes y otras normas gubernamentales.

En los casos de exportación, hay varios pasos para preparar el producto a exportar. En la mayoría de los casos, es necesario modificar el **empaque** del producto, la marca, **la etiqueta,** las instrucciones de manejo y los seguros

(continúa)

y servicio para el mercado destinatario. Además del empaque mismo, es importante tener en cuenta toda la documentación de embarque necesaria para exportar el producto. Hay que tener una **declaración aduanera,** una factura comercial, el certificado de origen y un certificado de inspección sanitaria y **fitosanitaria.** Según el método (o los métodos) de transporte, también se necesita una guía aérea (para transporte aéreo), una carta de porte y hoja de ruta (para transporte terrestre) o un conocimiento de embarque (para el transporte marítimo o **fluvial**). Ademas, la empresa debe sacar una póliza y certificado de aseguramiento para proteger los bienes exportados durante su viaje al país importador.

Una empresa también tiene que considerar los términos generales de venta y los métodos de pago y prácticas de crédito, los cuales pueden incluir pago de dinero por adelantado, una carta de crédito (crédito documentario), un giro bancario (pago contra documentos) o una cuenta abierta. Una empresa puede considerar las siguientes opciones bancarias al exportar sus bienes: un banco ordenante (comprador–importador), un banco beneficiario (vendedor–exportador), un banco emisor o un banco designado (notificador–confirmador). Se puede utilizar cualquier banco comercial o gubernamental o institución financiera que se encuentre adscrito a la Society for Worldwide Interbank Financial Telecommunications (SWIFT).

Despues de leer

Ahora regrese a la sección **Antes de leer** y conteste las preguntas. ¿Qué aprendió sobre las importaciones y exportaciones? Compare sus respuestas con un compañero / una compañera.

Un barco carguero pasa por el Canal de Panamá.

LECTURA DE COMERCIO

Vocabulario básico

abogar (gu)	*to defend*	**el marfil**	*ivory*
la autarquía	*economic*	**materias primas**	*raw materials*
comercial	*independence*	**mercadeo**	*marketing*
la balanza	*balance of trade*	**perjudicar (qu)**	*to be detrimental*
comercial		**proliferar**	*to spread*
bautizar (e)	*to baptize*	**propiciar**	*to cause, favor*
conciliar	*to moderate*	**proporcionar**	*to provide*
la declaración	*customs*	**la riqueza**	*wealth*
aduanera	*declaration*	**transitar**	*to travel*
de modo que	*as a result*	**trocar (qu)**	*to barter*
desalentar (ie)	*to discourage*	**vigilar**	*to keep watch*
el/la embajador(a)	*ambassador*		*over*

A. Práctica del Vocabulario básico

Después de estudiar el **Vocabulario básico,** complete las siguientes oraciones con la en palabra o frase apropiada.

abogar	**endeudamiento**	**transitar**
los aranceles	**mercantes**	**trocar**
la autarquía	**proliferado**	**vasta**
desalentar	**la riqueza**	

1. _____ era una forma de intercambiar comercial en épocas remotas que llevaban a cabo los _____.

2. _____ comercial significaría el suicidio económico de cualquier país.

3. _____ de un país se puede medir de acuerdo a su balanza de importaciones y exportaciones.

4. Durante las últimas décadas han _____ los tratados de libre comercio en todo el mundo.

5. Es importante para una nación mantener una balanza comercial equilibrada para no caer en un _____ interno.

6. La importación de ciertos productos para cubrir necesidades básicas puede _____ la producción nacional.

7. Comúnmente _____ sirven para reducir las importaciones.

8. La cantidad de productos provenientes de otros países es muy _____.

9. Los productos de importación y exportación pueden _____ por diferentes medios de transporte.

10. Según los mercantilistas, la tarea de los gobiernos es _____ las exportaciones para lograr una balanza comercial positiva.

B. Expresiones de la lengua

Expresiones de la lengua			
además	*what's more*	**por sí mismas**	*on their own*
contar con	*to count on; to have*	**ser palpable**	*to be obvious*
o sea	*that is to say*	**ser posible**	*to be possible*

Estudie las expresiones y complete las siguientes oraciones.

1. El atraso o desarrollo económico de un país _____ si observamos su balance comercial entre importaciones y exportaciones.
2. _____, el capital y la producción son la fuente de la riqueza de una nación.
3. Algunas naciones se especializan _____ en la producción de artículos que son más rentables para su economía.
4. _____ que un país no pueda aprovechar ni su ventaja absoluta ni la comparativa.
5. Algunos países no _____ la infraestructura de transporte, _____, redes de suministro de materias primas para poder exportar muchos bienes.

Lectura

Las importaciones y las exportaciones en países hispanos

El proteccionismo comercial, principal arma del mercantilismo ideológico de los siglos XVI, XVII y XVIII en Europa, tuvo repercusiones profundas en los países hispanos. Como se ha mencionado en capítulos anteriores, las políticas proteccionistas en Hispanoamérica no permitieron que se vieran avances sociales, económicos, industriales ni tecnológicos. El atraso de estos países es aún **palpable** en muchos de ellos. Sólo en fechas recientes muchas de estas naciones se han incorporado al comercio internacional en mayor escala, haciendo de sus recursos naturales la fuente de sus exportaciones y su riqueza. Siempre se han considerado las exportaciones como una actividad económica positiva, pues aprovechan la abundancia de **materias primas,** e incrementan a nivel nacional la producción de bienes y la oferta de servicios. **Además,** se presenta la posibilidad de manufacturar productos que se puedan vender más fácilmente en otros países.

Generalmente se cree que la exportación es una actividad económica positiva para los países, pues las exportaciones deben ser mayores que las importaciones. Como los demás países, las naciones hispanoamericanas consideran dos características básicas al momento de exportar: **la ventaja absoluta** y **la ventaja comparativa.** La primera consiste en la ventaja al ofrecer a otros países recursos naturales o industriales que ellos no tengan en cantidades suficientes o en absoluto, o que no pueden producir por sí mismos. También se toma en cuenta la escasez de competidores en ciertas regiones. Por ejemplo, si para los Estados Unidos es más caro hacer telas que comprarlas directamente de Honduras, y para Honduras es más barato comprar tractores de los Estados Unidos que producirlos en su país, entonces cada nación tiene una ventaja absoluta sobre el otro. Los Estados Unidos necesitan telas y le resulta más barato comprarlas de Honduras. Por su parte, Honduras carece de la industria necesaria para fabricar tractores y le resulta más económico importarlos de los Estados Unidos. La ventaja absoluta propicia la especialización de Estados Unidos en la producción de tractores y de Honduras en la producción de telas. Sin embargo, ¿qué ocurre cuando un país no tiene al menos una ventaja absoluta? ¿En qué ramo de la producción debería especializarse ese país? La respuesta se encuentra en el principio de la ventaja comparativa.

La ventaja comparativa se deriva de la capacidad que tiene cada país para especializarse en la producción y exportación de los bienes que puede producir con costos relativamente bajos en comparación con otros países. Es decir, sus productos ahora resultan menos costosos de producir, además de ser más rentables y más fáciles de colocar en el mercado mundial. **Es posible que** un país no pueda aprovechar su ventaja absoluta ni comparativa porque, por ejemplo, **carece** de la tecnología adecuada y eficiente. También es posible que un país no **cuente con** la capacidad industrial, la infraestructura de transporte y otras condiciones internas que necesita para competir en el mercado internacional. **O sea,** un buen sistema logístico es vital e incluye las **redes** de suministro de materias primas, la distribución de **productos terminados** y su comercialización a costo mínimo. **Bajo estas premisas,** las naciones deben responder rápidamente a las innovaciones tecnológicas y a los cambios en procesos de producción y organización que se aplican a sus diferentes actividades económicas. Mediante estos avances, los países pueden adquirir ventajas competitivas. A diferencia de las ventajas absoluta y comparativa, las cuales suelen tener su origen en recursos naturales y características geográficas de los países, **las ventajas competitivas** pueden crearse y desarrollarse con esfuerzo.

Parece ser que los países hispanoamericanos no se han beneficiado en gran escala de sus ventajas absolutas y comparativas, pues muchos de ellos tienen que competir entre sí para tratar de mantener una ventaja comparativa en los mismos productos, particularmente en sus exportaciones agropecuarias y mineras. Les ha sido difícil mantener una ventaja absoluta debido a la falta de infraestructura industrial. Siempre han tenido que recurrir a la exportación de recursos naturales comunes en la región, tales como petróleo, minerales, frutas, café, pescado y productos agrícolas. En cambio, sus importaciones han sido tradicionalmente de productos terminados, gasolina, piezas y maquinaria industrial y tecnología, las cuales son más caras y no favorecen la balanza comercial. Para compensar esta situación y **alentar** las exportaciones, muchos países hispanos ofrecen a sus exportadores exención de impuestos al momento de exportar sus productos o mercancías. También han creado **zonas francas** y parques industriales para la producción de exportaciones con mayor valor agregado.

La interdependencia comercial es un hecho y es cierto que muchos países dependen de las materias primas o productos de otras naciones. Sin embargo, los hispanoamericanos han creado una dependencia comercial que los **encadena** a los países más industrializados, pues en algunos casos su capacidad de producción no es suficiente para cubrir ni siquiera las necesidades básicas de sus ciudadanos. Esta parte de las importaciones puede ser negativa para la economía, pues las empresas nacionales no pueden competir con los productos extranjeros que son más baratos y de mejor calidad. Otro factor problemático es que se desalienta la productividad local; es decir, por falta de incentivos y de competencia interna, se corre el riesgo de que la infraestructura industrial y la innovación nacional no se desarrollen.

(continúa)

Desdichadamente esta situación de dependencia en Hispanoamérica ha prevalecido y, a decir de algunos, se ha acentuado en los últimos años. Como se mencionó antes, el intercambio comercial entre naciones se ha **desbordado** aun más con la proliferación de tratados de libre comercio. Las exportaciones e importaciones han visto una creciente actividad que incluye las inversiones de capital por parte de empresas extranjeras en muchos países de la región. Por ejemplo, la empresa estadounidense Intel ha invertido grandes cantidades de dinero en la industria de microprocesadores para computadoras en Costa Rica. Esta inversión multimillonaria de Intel ha abierto puestos de trabajo en el país además de beneficiar a algunos sectores secundarios de la economía. La inversión, sin embargo, se logró gracias al paquete de incentivos que el gobierno costarricense le ofreció a Intel para que invirtiera en el país. En primer lugar, la empresa está exenta en un 100 por ciento de pagar impuestos por las materias primas, componentes electrónicos y otros artículos que importa a Costa Rica para la producción de los microprocesadores. Intel también está exenta en un 100 por ciento de pagar impuestos por las exportaciones de sus productos terminados. La creación de empleos y sus beneficios **están en tela de juicio,** pues el gobierno costarricense se comprometió a devolverle a la empresa, durante cinco años, un porcentaje de los salarios que Intel pague a sus empleados. Estos porcentajes iban del 7 por ciento al 15 por ciento consecutivamente. Además, el gobierno cubre los salarios de los empleados costarricenses durante los primeros tres meses en que éstos reciben entrenamiento «gratuito» de Intel. Esto se traduce, obviamente, en mano de obra «gratuita» para la empresa Intel, ya que no tiene que pagar sueldos. El gobierno costarricense señala que del total de sus exportaciones anuales, el 20 por ciento pertenece a las que hace Intel desde el país. Sin embargo, es difícil ver el beneficio económico para Costa Rica si la empresa está exenta de cualquier pago de impuestos por importaciones y exportaciones. El hecho es que no se aprecia claramente el beneficio económico para la nación y de la misma manera cientos de otras empresas que invierten y trabajan en Hispanoamérica.

El impacto de los tratados de libre comercio y el torrente de productos y empresas extranjeras han provocado, por un lado, la desaparición de pequeños y medianos negocios, y por otro lado, la pérdida de empleos. Como resultado de esta pérdida de trabajos, muchos ciudadanos hispanoamericanos, sobre todo de México y Centroamérica, han tenido que inmigrar a otros países, principalmente a los Estados Unidos. A pesar de que algunos consideren la emigración de mano de obra como una exportación de servicios, hay que subrayar que esto está muy lejos de ser verdad, sobre todo en la relación entre los Estados Unidos y los países hispanoamericanos. La mano de obra solamente se considera un servicio de exportación e importación en regiones que mantienen el mismo nivel económico, como la Unión Europea. En cambio, las disparidades económicas en las Américas no han permitido que la emigración de mano de obra sea considerada así. El TLCAN entre Canadá, los Estados Unidos y México, por ejemplo, no **contempla** el libre tránsito de personas de un país a otro. Por esta razón hay quienes exigen, como el novelista y ensayista Carlos Fuentes, que la mano de obra mexicana en los Estados Unidos sea parte del tratado como segmento del intercambio comercial, para terminar así con la ilegalidad, el mal trato y la explotación de los inmigrantes.

Los líderes de los países miembros de MERCOSUR se reúnen para hablar del comercio internacional.

Actividades

A. ¿Qué recuerda Ud.?

Conteste las siguientes preguntas sobre la **Lectura de comercio.** Luego, compare sus respuestas con las de sus compañeros de clase.

1. Enumere algunos de los pasos más importantes a destacar para importar y exportar.
2. A su modo de ver, ¿cuáles son los efectos negativos y positivos de las exportaciones e importaciones? ¿Por qué?
3. ¿Qué tipo de acciones tiene que tomar una empresa para exportar?
4. ¿Por qué se han creado los tratados de libre comercio?
5. Según la lectura, ¿en qué forma benefician o perjudican a Hispanoamérica las exportaciones y las importaciones?
6. Explique en qué forma se beneficia Hispanoamérica de las ventajas comparativas presentes en la región.
7. ¿Cómo se diferencian las exportaciones e importaciones en la actualidad con las de hace treinta años?
8. Explique brevemente la importancia de las exportaciones e importaciones en la globalización de las empresas.

B. Vocabulario

Complete las oraciones usando el vocabulario que se encuentra en las lecturas anteriores.

1. Es difícil para los países hispanoamericanos mantener una _____ _____ con relación a los productos de otras naciones vecinas.
2. De acuerdo al mercantilismo ideológico, la formula _____ más _____ sirve para incrementar la riqueza nacional.
3. La mayoría de las naciones hispanoamericanas dependen de la exportación de materias _____.
4. La exención de impuestos se ofrece como parte de un _____.
5. La importación de _____ _____ resulta muy cara para los países latinoamericanos y no favorece a su _____ _____.
6. La producción de artículos a bajos costos y fácil exportación es mucho más _____ para cualquier nación.
7. Los _____ son bloques regionales para el intercambio de bienes.

C. En sus propias palabras

Explique los siguientes conceptos en sus propias palabras.

1. ventaja absoluta
2. mercantilismo
3. exportaciones / importaciones
4. capital / producción
5. ventaja comparativa
6. infraestructura industrial
7. dependencia comercial
8. logística y redes de suministro
9. exención de impuestos
10. paquetes de incentivos

ACTIVIDADES INTERACTIVAS

A. Situaciones

Paso 1 Haga una comparación entre los siguientes grupos de palabras para poner en práctica sus conocimientos sobre las importaciones y exportaciones.

CONCEPTOS	DIFERENCIAS
ventaja absoluta / ventaja comparativa	
exportación directa / exportación indirecta	
intercambio comercial / autarquía	
autosuficiencia / interdependencia	
aranceles / exención	

Paso 2 Con un compañero / una compañera, cree un plan de acción para iniciar un negocio de exportaciones. Investiguen cuáles son sus opciones para poder exportar, a dónde, por qué y qué tipo de exportación le conviene más—directa o indirecta. Después identifiquen cuáles son los trámites que deben llevar a cabo para iniciar su negocio. Hagan anotaciones sobre cuáles son los impuestos por cargos de exportación e importación del país o región. Al terminar, compartan sus hallazgos con la clase para decidir si tienen un buen plan para su negocio.

Paso 3 Imagínese que Ud. va a tramitar la importación de un producto de otro país. Haga un plan que tome en cuenta el artículo que va a importar, los permisos que necesita, las reglas que debe seguir, cómo va a pagar, el tipo de seguros que requiere y todos los demás trámites para iniciar sus operaciones. Comparta su plan con un compañero / una compañera para asegurar que ha incluido todos los pasos necesarios.

B. Una visita a Affari Ud. quiere familiarizarse con la forma en que algunas empresas en el extranjero operan y los servicios que ofrecen. Lea la siguiente información sobre Affari, una empresa de importaciones y exportaciones en Argentina, y haga las actividades que aparecen a continuación.

Affari International

Affari es una empresa argentina con muchos años de experiencia en el comercio internacional. Entre los servicios que ofrece se encuentran, por supuesto, la importación y exportación de una gran variedad de productos en varias modalidades,[1] incluyendo las mudanzas.[2] La empresa cuenta con un equipo calificado de expertos en aduanas, abogados, contadores públicos[3] y licenciados en comercio internacional. Basándose en la capacidad de sus empleados, Affari puede realizar trámites con diferentes organismos públicos, secretarías[4] e institutos, así como con aduanas. La empresa puede tramitar todo tipo de cartas con bancos internacionales: cartas de crédito, créditos documentarios y cobranzas entre otros. Affari también obtiene los documentos necesarios para la exportación e importación de productos bajo los certificados de origen de Mercosur, Mercosur-Chile, Mercosur-Bolivia y la legalización de documentos de consulados[5] y embajadas.[6] Entre la extensa gama de servicios que ofrece, Affari incluye la consultoría, la logística, la preparación de documentos y la intermediación para la compra y venta de productos.

---

[1] *methods* [2] *moving* [3] contadores... *certified public accountants (CPAs)* [4] *ministries* [5] *consulates* [6] *embassies*

1. De los servicios que ofrece Affari, ¿cuáles le parecen más atractivos?
2. ¿Por qué es tan importante este tipo de empresa para el comercio internacional?
3. ¿Por qué tiene Affari tantos empleados en diferentes áreas?

C. En la red

Paso 1 En grupos de tres, busquen información en la red sobre las empresas de importación y exportación en Hispanoamérica. Busquen en un sitio de la red información sobre una empresa en Centroamérica, una en Sudamérica y otra en el Caribe. Preparen un informe sobre cada región para presentar y discutir en clase. El informe debe basarse en las respuestas a las siguientes preguntas.

1. ¿Qué tipo de información incluyen estos sitios? Dé ejemplos.
2. ¿Qué tipo de servicios ofrecen estas empresas y cuáles son sus principales clientes?
3. ¿Cuáles son los objetivos económicos de estas empresas con respecto a su situación geográfica?
4. ¿Qué otros servicios ofrecen que sean atractivos para algunos clientes?

Paso 2 Ahora, compare sus respuestas con las de sus compañeros de clase. En general, ¿cuáles son las diferencias y las semejanzas entre los servicios, enfoques y clientes de estas empresas de importaciones y exportaciones?

Camiones importan bienes de México a los Estados Unidos.

HACIENDO HINCAPIÉ

La siguiente lectura es una selección de la novela *La Frontera de Cristal,* escrita por el autor mexicano Carlos Fuentes. En ella, el escritor critica la falta de flexibilidad del gobierno estadounidense por no considerar la mano de obra mexicana como una importación de servicios dentro del TLCAN. Lea con cuidado la selección y busque en un diccionario las palabras que no comprenda para que después Ud. pueda expresar su opinión sobre los temas de discusión.

Panorama real

La Frontera de Cristal (selección)
por Carlos Fuentes

En la primera clase del vuelo sin escalas[1] de Delta de la Ciudad de México a Nueva York, viajaba don Leonardo Barroso. Lo acompañaba una bellísima mujer de melena[2] negra, larga y lustrosa. La cabellera parecía el marco de una llamativa barba partida,[3] la estrella de este rostro. Don Leonardo, a los cincuenta y tantos años, se sentía orgulloso de su compañía femenina. Ella iba sentada junto a la ventana y se adivinaba a sí misma en el accidente, la variedad, la belleza y la lejanía del paisaje y el cielo. Sus enamorados siempre le habían dicho que tenía párpados de nube y una ligera borrasca en las ojeras.[4] Los novios mexicanos hablan como serenata...

Apenas aprobado el Tratado de Libre Comercio, don Leonardo inició un intenso **cabildeo** para que la migración obrera de México a los Estados Unidos fuese clasificada como «servicios», incluso como «comercio exterior».

En Washington y en México, el dinámico promotor y hombre de negocios explicó que la principal exportación de México no eran productos agrícolas o industriales, ni **maquilas,** ni siquiera capital para pagar la deuda externa (la deuda eterna), sino trabajo. Exportábamos trabajo más que cemento o jitomates. Él tenía un plan para evitar que el trabajo se convirtiera en un conflicto. Muy sencillo: evitar el paso por la frontera. Evitar la ilegalidad.

—Van a seguir viniendo —le explicó al Secretario del Trabajo Robert Reich—. Y van a venir porque ustedes los necesitan. Aunque en México sobre empleo, ustedes necesitan trabajadores mexicanos.

—Legales —dijo el secretario—. Legales sí, ilegales no.

—No se puede creer en el libre mercado y en seguida cerrarle las puertas al flujo laboral. Es como si se lo cerraran a las inversiones. ¿Qué pasó con la magia del mercado? —Tenemos el deber de proteger nuestras fronteras—continuó Reich—. Es un problema político. Los Republicanos están explotando el creciente ánimo contra los inmigrantes.

—No se puede militarizar la frontera—don Leonardo se rascó[5] con displicencia la barbilla, buscando allí la misma hendidura[6] de la belleza de su nuera.[7] Es demasiado larga, desértica, porosa. No pueden ustedes ser laxos cuando necesitan a los trabajadores y duros cuando no los necesitan.

—Yo estoy a favor de todo lo que añada valor a la economía norteamericana —dijo el secretario Reich—. Sólo así vamos a añadir valor a la economía del mundo—o viceversa—. ¿Qué propone usted?

Lo que propuso don Leonardo era ya una realidad y viajaba en clase económica. Se llamaba Lisandro Chávez y trataba de mirar por la ventanilla, pero se lo impedía su compañero de la derecha que miraba intensamente a las nubes como si recobrara una patria olvidada y cubría la ventanilla con las alas de su sombrero de paja laqueada[8]...

Lisandro Chávez decidió cerrar los ojos el resto del viaje. Pidió que no le sirvieran la comida, que lo dejaran dormir. La azafata[9] lo miró perpleja. Eso

---

[1]sin... *nonstop* [2]*hair* [3]barba... *cleft chin* [4]párpados... *eyelids like clouds and a slight squall in the rings under her eyes* [5]se... *scratched* [6]*cleft* [7]*daughter-in-law* [8]las... *brim of his laquered straw hat* [9]*flight attendant*

(continúa)

sólo se lo piden en primera clase. Quiso ser amable: —Nuestro pilaf de arroz es excelente—. En realidad, una pregunta insistente como un mosquito de acero[10] le taladraba[11] la frente a Lisandro: ¿Qué hago yo aquí? Yo no debía estar haciendo esto. Éste no soy yo...

No quiso mirar hacia abajo porque temía descubrir algo horrible que quizás sólo desde el cielo podía verse; ya no había país, ya no había México, el país era una ficción o, más bien, un sueño mantenido por un puñado[12] de locos que alguna vez creyeron en la existencia de México... Una familia como la suya no iba a aguantar veinte años de crisis, deuda, quiebra, esperanzas renovadas sólo para caer de nueva cuenta en la crisis, cada seis años, cada vez más, la pobreza, el desempleo...

Su padre ya no pudo pagar sus deudas en dólares para renovar la fábrica, la venta de refrescos se concentró y consolidó en un par de monopolios, los fabricantes independientes, los industriales pequeños, tuvieron que malbaratar[13] y salirse del mercado, ahora qué trabajo voy a hacer, se decía su padre caminando como espectro por el apartamento de la Narvarte cuando ya no fue posible pagar la hipoteca de la Cuauhtémoc, cuando ya no fue posible pagar la mensualidad del Chevrolet, cuando su madre tuvo que anunciar en la ventana se hace costura,[14] cuando los ahorritos se evaporaron primero por la inflación del '85 y luego por la devaluación del '95 y siempre por las deudas acumuladas, impagables, fin de escuelas privadas ni ilusiones de tener coche propio... Lisandro Chávez, 26 años, ilusiones perdidas, y ahora nueva oportunidad, ir a Nueva York como trabajador de servicios...

Cuando aterrizaron en JFK en medio de una tormenta de nieve, Barroso quiso bajar cuanto antes, pero Michelina estaba acurrucada[15] junto a la ventanilla, cubierta por una colcha y con la cabeza acomodada en una almohada. Se hizo la remolona.[16] Deja que bajen todos, le pidió a don Leonardo. Él quería salir antes para saludar a los encargados de reunir a los trabajadores mexicanos contratados para limpiar varios edificios de Manhattan durante el fin de semana, cuando las oficinas estaban vacías. El contrato de servicios lo hacía explícito: vendrán de México a Nueva York los viernes en la noche para trabajar los sábados y domingos, regresando a la Ciudad de México los domingos por la noche. —Con todo y los pasajes de avión, sale más barato que contratar trabajadores aquí en Manhattan. Nos ahorramos entre el 25 y el 30 por ciento —le explicaron sus socios gringos.

---

[10]steel   [11]bored into   [12]handful   [13]sell off   [14]sewing   [15]curled up   [16]Se... She was acting lazy.

A. Después de leer

Conteste las siguientes preguntas sobre el **Panorama real.**

1. ¿Cuál era el objetivo principal del cabildeo en Washington por parte de don Leonardo Barroso?
2. ¿Qué plan tenía don Leonardo para evitar los conflictos laborales que pudieran crear los inmigrantes mexicanos?
3. ¿Qué tipo de problema representa en los Estados Unidos la inmigración illegal de los mexicanos de acuerdo con Robert Reich, el Secretario del Trabajo bajo Bill Clinton?
4. ¿Quién era Lisandro Chávez? ¿Por qué se marchaba de México?

5. ¿Qué puede decir Ud. sobre don Leonardo después de su llegada a Nueva York?

6. ¿De qué contrato de trabajo se habla al fin de la selección? En términos sociales, no laborales, ¿qué significado tiene esta lectura?

B. Temas de discusión

- La emigración de mano de obra mexicana a los Estados Unidos como una importación y exportación de servicios
- La integración de México, los Estados Unidos y Canadá en un solo mercado de productos y servicios laborales
- Repercusiones sociales ante el libre flujo de ciudadanos de un país a otro
- Conflictos culturales frente a la importación (migración) de mano de obra de un país a otro

CONTEXTO CULTURAL

Antes de leer

Conteste las siguientes preguntas antes de leer la entrevista que aparece a continuación. Después, compare las respuestas con las que darán Ud. y sus compañeros al final.

1. ¿Cuál es la relación entre las exportaciones y las importaciones? Explique.

2. ¿Por qué es importante contar con empresas privadas u organizaciones gubernamentales que promuevan las importaciones y exportaciones?

3. ¿Existen ventajas para una empresa que importe o exporte solamente un tipo de producto?

4. ¿Es común que los empleados de las empresas de importación y exportación hablen más de un idioma y conozcan otras culturas?

5. ¿En que forma ayuda una empresa de importaciones y exportaciones a la economía de su país?

6. ¿Por qué son tan complejos los trámites para la importación y exportación de productos?

Protocolo cultural

Entrevista al Sr. Jake Flores

El Sr. Jake Flores es ejecutivo de la organización Casa San Antonio, México, A.C., que se dedica a buscar mercados para empresarios que desean importar y exportar sus productos desde y hacia los Estados Unidos y México. Casa San Antonio es una organización comercial en San Antonio, Texas. También tiene tres sucursales en México, en Guadalajara, Monterrey y el Distrito Federal, además de en otras naciones como Japón. El Sr. Flores es representante de Casa San Antonio en el estado de Jalisco y ciudades aledañas desde 1992. El Sr. Flores realizó estudios de Economía Industrial en la Universidad Texas A&M donde también obtuvo una maestría en Negocios Internacionales.

(continúa)

1. **¿Qué tipo de servicios ofrece Casa San Antonio?**

   La función de Casa San Antonio, México, A.C., es facilitar intercambios comerciales para el desarrollo económico de ambos países, de intercambios bilaterales entre Norte y Sur. Contamos con oficinas en Jalisco, en México, D.F., y en Monterrey. Cada oficina cubre estados cercanos y en Jalisco yo soy el representante en siete estados vecinos.

2. **¿Existe algún tipo de empresa en específico con la que trabaja Casa San Antonio?**

   No, no hay algún tipo de empresa con la que trabajemos en concreto. Lo atractivo de esta labor es que ayudamos a todo tipo de empresas interesadas en la importación y exportación; por ejemplo, en estos momentos estamos trabajando en el proyecto de un grupo de inversionistas que desean importar miel de agave[1] en cantidades industriales a la Florida. Estos empresarios desean importar dos contenedores de miel al mes durante dos años. Si el productor mexicano puede cumplir con el requisito de enviarlos, el contrato se puede alargar[2] a cinco años más. Mi tarea, en este caso, es poner en contacto al importador con el productor mexicano que pueda exportar su producto en las cantidades que se le piden. Es decir, mi labor es la búsqueda de mercados y productores interesados en importar y exportar.

3. **¿Por qué Casa de San Antonio se instaló en México?**

   San Antonio siempre ha sido una ciudad abierta al comercio. Hasta hace muy poco tiempo había poca industria en la ciudad pues era más comercial tanto en el **mayoreo** como **menudeo.** A partir de los rumores de la creación del TLCAN San Antonio decidió establecer oficinas en México porque el Estado de Texas tenía oficinas en México que se canalizaban[3] primordialmente hacia Houston y Dallas, sin que San Antonio fuera **tomada en cuenta.** El Municipio de San Antonio entonces decidió dar el paso y abrir su primera oficina en México que fue precisamente la de Guadalajara, la cual fue mi responsabilidad comenzar.

4. **Además de sus calificaciones como buen administrador, ¿qué otras características cree que lo ayudaron a obtener este puesto?**

   Creo que algo que me ayudó a conseguir el trabajo es el hecho de que como méxicoamericano hablo español, conozco la cultura mexicana e igualmente siempre había hecho mucho trabajo como voluntario para el Municipio de San Antonio.

5. **¿Cuál es la competencia más fuerte que tiene Casa San Antonio?**

   Hay mucha competencia. Seis de los Estados Unidos tienen oficinas estatales en Guadalajara similares a la Casa de San Antonio; en el D.F. hay veinticuatro. La competencia para nosotros es aun más fuerte si consideramos que las otras son oficinas estatales con un presupuesto mucho mayor al del Municipio de San Antonio. En sí, no hablamos de competencia pues cada estado ofrece servicios y productos diferentes. La ventaja que tiene la Casa de San Antonio es que llegamos aquí primero y obviamente estamos más cerca de la frontera con México que muchos otros estados. Además de esto, pues cada estado de los Estados Unidos

---

[1]miel... *agave syrup*   [2]*extend*   [3]se... *were channeled*

importa de México lo que necesita y exporta lo que otros estados no tienen.

6. **¿Cuáles han sido los beneficios de importación o exportación para México?**

Los beneficios se ven en el número de exportaciones de los empresarios mexicanos agresivos, los que realmente saben cómo organizar una empresa y sacarle el máximo provecho. Los mexicanos, por ejemplo, exportan artículos de piel, muebles, zapatos, artesanía y ropa.

7. **¿Existe un tipo de burocracia que impida el rápido movimiento de productos?**

Sí, existe más **papeleo,** más burocracia que ha crecido a través de más formularios. Es necesario comprobar que todos los materiales que componen un producto son **elaborados** en uno de los países que conforman el TLCAN. Lo difícil es que la exportación hacia los Estados Unidos se ha complicado. Antes del TLCAN era más fácil pues no existían tantas restricciones. Por ejemplo, si México exporta camisas pero el hilo con el que se manufacturan viene de China, entonces el tipo de arancel cambia y la exportación se complica pues ese componente no viene ni de Canadá, Estados Unidos o México. En estos momentos México exporta más hacia Centro y Sur América porque, además de que se exportan buenos productos, el papeleo y la burocracia es mínima. En México, desafortunadamente y contrario a lo que pasa en Estados Unidos, la burocracia significa impedir o ponerle **barreras** al importador o exportador para que agilice[4] sus trámites. Las oficinas, por ejemplo, parece que cambian los requisitos de un día para otro, no dan la información completa hasta el día siguiente o simplemente van atrasando el proceso de una forma u otra.

8. **¿Cuáles son los problemas más comunes que enfrentan los exportadores o inversionistas norteamericanos que desean llevar a cabo negocios en México?**

La falta de información es impresionante. Si un exportador o inversionista mexicano desea realizar negocios en los Estados Unidos, hay guías que le indican paso a paso lo que tiene que hacer. Si, por el contrario, hay una empresa norteamericana interesada en lo mismo, en México no existe literatura o información que los puedan guiar para llevar a cabo sus negocios en forma más simplificada.

9. **¿Ofrece su oficina ayuda a organizaciones de otros países con los mismos intereses comerciales de importación y exportación?**

Sí, hay gente que llega de todo el mundo a Casa San Antonio para solicitar ayuda sobre productores y compradores mexicanos interesados en exportar e importar productos. Por ejemplo, hay una Cámara de Comercio de la India promoviendo negocios entre México e India, pero cuentan con nuestra oficina para ofrecerles todo el apoyo necesario pues no conocen el proceso inicial. Es decir, se forma un tipo de triangulación entre nuestra oficina que representa al municipio de San Antonio, otros países y los exportadores e importadores mexicanos. A través de nuestra oficina ofrecemos

---

[4]*speed up*

(continúa)

planes de negocios para todos aquellos que deseen invertir o exportar o importar sus productos a San Antonio, los Estados Unidos en general u otros lugares. En concreto, funcionamos como una organización que pone en contacto a las empresas pequeñas y medianas que desean exportar e importar pues muchas empresas multinacionales ya tienen sus propios equipos de trabajo que hacen toda la investigación y contactos directamente.

Después de leer

Paso 1 Responda las siguientes preguntas. Luego, compare sus respuestas con las de un compañero / una compañera y discútanlas con la clase.

1. De acuerdo a las respuestas que Ud. dio al principio y las del Sr. Flores, ¿cuál es la importancia de las importaciones y exportaciones para México y los Estados Unidos en este caso?
2. ¿Cree Ud. que la globalización ha tenido un impacto en las importaciones y exportaciones?
3. ¿Considera Ud. que es importante para una empresa que se dedica a promover las importaciones y exportaciones contar con ejecutivos que hablen varios idiomas?
4. ¿Qué opina Ud. sobre el conocimiento cultural de otro país para promover el intercambio comercial?
5. ¿Está Ud. de acuerdo con que es más fácil importar y exportar productos con países que compartan el mismo idioma y la cultura? Explique.
6. ¿Es importante contar con una empresa mediadora antes de empezar a importar o exportar?
7. ¿Basándose en su propios conocimientos, ¿Cree Ud. que el TLCAN ha mejorado la economía de México?

Paso 2 Entreviste a una persona que trabaje o que haya trabajado para una empresa de importaciones y exportaciones o una empresa promotora de intercambios comerciales. Compare sus respuestas y experiencias con las del Sr. Flores.

EN EL MUNDO DE LOS NEGOCIOS

Presentaciones profesionales

En el mundo de los negocios es importante sentirse cómodo/a al hablar delante de sus colegas, clientes y gerentes hispanohablantes. Haga una presentación oral para sus «colegas» usando uno de los temas que aparecen a continuación. Ud. es libre de escoger otro tema si desea, previa consulta con su profesor. Asegúrese que las fuentes de información que Ud. consulte sean confiables. La presentación debe hacerse en PowerPoint™ y como si se tratara de una presentación profesional.

Temas:

- Estrategias empresariales para la importación y la exportación
- Barreras y oportunidades para que se importen ciertos productos hispanos a los Estados Unidos
- Un estudio sobre los productos de mayor importación y exportación en los Estados Unidos
- Ventajas y desventajas de las empresas multinacionales que compiten con empresas nacionales en Hispanoamérica

Redacción comercial

Es importante saber comunicarse por escrito en las situaciones profesionales. Escoja uno de las siguientes opciones y escriba una carta profesional según el modelo.

1. Redacte una carta ofreciendo los servicios de su empresa importadora y exportadora a productores de un producto en específico.
2. Escriba una carta a una empresa avisándole que el producto que solicitó ya ha sido enviado a su país.
3. Envíe una carta de presentación a la comunidad, región, estado o país donde su empresa trabaja como intermediaria entre empresarios de uno o más países.

MODELO:

La siguiente es una carta de presentación con la cual una compañía intenta atraer clientes.

La empresa

Affari International * es una empresa joven y pujante avalada por muchos años de experiencia en la operativa aduanera y del comercio internacional.

Nuestro staff está integrado por Despachantes de Aduana, Abogados especializados en Derecho Aduanero, Contadores Públicos, Licenciados en Comercio Internacional y Personal capacitado, cuya experiencia laboral y conocimientos teórico-prácticos que surgen de la amplia trayectoria de cada uno de nosotros, hace que podamos y deseemos brindarle un muy buen servicio a sus operaciones de importación y/o exportación.

Nuestra consigna es crecer y desarrollarnos juntos con nuestros clientes, brindándoles todo nuestro apoyo, nuestro trabajo serio y honesto.

El precio del servicio: REFLEJA DE MANERA JUSTA EL VALOR PARA NUESTROS CLIENTES.

Un buen valor, es nuestra mejor posición para las empresas que operan con el exterior, y necesitan **obtener un muy buen servicio y de confianza.**

---

*Courtesy of Affari Group srl, Buenos Aires

VOCABULARIO

abogar (gu)	to defend	el mayoreo	wholesale
además	what's more	el menudeo	retail
al alcance	within reach	mercadeo	marketing
alentar (ie)	to encourage	o sea	that is to say; in other words
atreverse (a)	to dare (to)		
la autarquía comercial	economic independence	el papeleo	paperwork
		perjudicar (qu)	to be detrimental
la balanza comercial	balance of trade	por si mismas	on their own
la barrera	barrier	el producto terminado	manufactured product
bautizar (c)	to baptize		
la brújula	compass	proliferar	to spread
el cabildeo	lobbying	propiciar	to cause, favor
carecer (zc) (de)	to lack	proporcionar	to provide
conciliar	to moderate	quimera	illusion
contemplar	to consider	la red	network
convenir (irreg.)	to agree	la Ruta	
la declaración aduanera	customs declaration	...del Ámbar	the Amber Road
de modo que	as a result	...de la Seda	the Silk Road
los derechos de autor	copyright; royalties	la sazón	seasoning
desalentar (ie)	to discourage	ser (irreg.) palpable	to be obvious
desbordar	to overwhelm	ser (irreg.) posible	to be possible
elaborar	to produce	siquiera	even
el/la embajador(a)	ambassador	tomar en cuenta	to take into account
el empaque	packaging	transitar	to travel
encadenar	to connect	trocar (qu)	to barter
estar (irreg.) en tela de juicio	to be called into question	la ventaja	advantage
		...absoluta	absolute advantage
el etiquetado	labeling		
fitosanitaria	phytosanitary	...comparativa	comparative advantage
fluvial	river		
la maquila	factory at U.S./ Mexico border	...competitiva	competitive advantage
el marfil	ivory	vigilar	to keep watch over
materias primas	raw materials	la zona franca	tax-free area

Capítulo 6 — La mercadotecnia y la publicidad

Un anuncio atrae a la gente a comprar la nueva hamburguesa que ofrece Burger King en México, D. F.

Al establecerse la estructura de la empresa y su razón social, la administración tiene que estudiar la forma de hacer llegar sus productos o servicios al público consumidor a través de la **mercadotecnia** y la **publicidad.** De acuerdo al Diccionario de la Real Academia Española, la mercadotecnia, o marketing, es el «conjunto de principios y prácticas que buscan el aumento del comercio, especialmente de la demanda». La publicidad, conforme a la misma fuente, es el «conjunto de medios que se emplean para **divulgar** o extender la noticia de las cosas o los hechos»; también se la define como la «divulgación de noticias o **anuncios** de carácter comercial para atraer a posibles compradores, espectadores, usuarios». En la actualidad sería muy difícil para cualquier compañía sobresalir en una economía de libre mercado sin apoyarse en la mercadotecnia y la publicidad, pues la meta de un negocio es producir y vender u ofrecer bienes y servicios. Para esto se hace necesario contratar a empresas que se especialicen en la mercadotecnia y la publicidad, las cuales estudian el mercado al que se desea llegar y usan los medios precisos para dar a conocer los productos o servicios de sus clientes, y para crear una demanda. La publicidad tiene como objetivo persuadir al consumidor, por medio de mensajes y anuncios comerciales, para que **se incline** a comprar un producto o un servicio que ofrece una empresa. Esta práctica la llevan a cabo todas las compañías pequeñas, medianas o grandes, aunque la importancia de la mercadotecnia y publicidad es mayor cuanto más grande es la empresa y cuanto más intensa es la competencia con otras organizaciones que ofrecen los mismos bienes y servicios.

En este capítulo Ud. va a:

- Aprender sobre el origen de la mercadotecnia y la publicidad y su relación con la venta y distribución de bienes y servicios
- Aprender vocabulario y conceptos relacionados con la mercadotecnia, la publicidad y sus funciones
- Emplear expresiones de uso diario en el ámbito de la mercadotecnia y la publicidad
- Adquirir conocimientos sobre la mercadotecnia y la publicidad en Hispanoamérica
- Comparar las actitudes hacia la mercadotecnia y la publicidad en las culturas estadounidense e hispana
- Aprender sobre la mentalidad del consumidor hispano al enfrentarse a la publicidad masiva en los Estados Unidos

INTRODUCCIÓN

Antes de leer

Tenga en cuenta las siguientes preguntas al leer la **Lectura preliminar.**

1. ¿Qué son la mercadotecnia y la publicidad?
2. ¿Puede Ud. explicar la diferencia entre mercadeo y anuncios?
3. ¿Por qué nacieron la mercadotecnia y la publicidad como una necesidad económica?
4. ¿Cómo se define la frase «bombardeo publicitario»?
5. ¿Podría explicar la relación entre la empresa, la mercadotecnia, la publicidad y el consumidor?
6. ¿Cúal es la importancia de la mercadotecnia y la publicidad en las sociedades de hoy día?

Lectura preliminar

La mercadotecnia y la publicidad: Historia y función

La publicidad comienza en la antigua Grecia con los **pregoneros** cuando imperaba un alto grado de **analfabetismo.** Antes de la invención de la imprenta, los pregoneros se paraban en las esquinas anunciando a gritos[1] tanto las noticias como **las mercancías.** Más que persuadir, el objetivo de estos primeros mensajes comerciales era informar sobre acontecimientos importantes. La primera publicidad impresa en inglés apareció en Inglaterra alrededor de

———
[1]a... *shouting*

1472, pegada en la puerta de una iglesia anunciando un libro religioso. La palabra publicidad emergió por vez primera en 1655 donde fue usada en la Biblia para **advertir** o prevenir algo, y ya en el año 1660 era utilizada por todos como **encabezamiento** para dar información de tipo comercial.

A mediados del siglo XIX, en los Estados Unidos se inicia el desarrollo de la industria publicitaria y desde entonces se le da mayor importancia como resultado del desarrollo social y tecnológico que trajo la Revolución Industrial. Por su parte, los anuncios asumieron el rol de informar y educar. A principios del siglo XX, el volumen total de la publicidad ascendió a 500 millones de dólares, frente a apenas 50 millones en 1870. En 1911 se escribió el primer **código de ética** de publicidad, el cual adoptó el **lema:** «La verdad en la Publicidad».

Las bases económicas sobre las que descansan la mercadotecnia y la publicidad actuales se iniciaron durante la Revolución Industrial debido a la producción masiva de productos y a la necesidad de entregarlos **eficazmente.** Algunos historiadores sostienen[2] que estos dos conceptos son resultado de la evolución económica, comercial, técnica y financiera, así como de los acontecimientos sociales, ideológicos y culturales de las sociedades modernas. Durante la segunda mitad del siglo XIX se empezó a vivir un bombardeo publicitario, que continúa hasta ahora, en el cual los anuncios tenían como meta informar al público consumidor de la existencia de nuevos artículos o servicios que mejorarían y harían más fácil su forma de vivir. Actualmente, por ejemplo, las empresas que ofrecen servicios de conexión a Internet y telefonía luchan constantemente por convencer a sus clientes de que la telefonía digital, a través de Internet, es más barata y de igual o mejor calidad comparada con la telefonía convencional. El aumento en la manufacturación de productos requiere tener que crearles una demanda. A partir de mediados del siglo XX la televisión juega un papel muy importante en la publicidad. El auge en la demanda de productos y servicios durante los años siguientes a la Segunda Guerra Mundial fue satisfecho con grandes aumentos de la producción; sin embargo, las empresas tenían que mantener sus niveles de producción y ventas para seguir siendo rentables. En aquel momento la mercadotecnia a escala masiva se «inventó», aunque sólo fue en los años 60 que el término se introdujo de manera formal. En esta década y durante la baja en la economía estadounidense de los años 70, se vio un cambio drástico que puso más énfasis en la publicidad de ventas agresivas. También se dice que el concepto de mercadotecnia fue adoptado totalmente por las empresas en la década de los 80. Como una clara consecuencia de ésta, en los años 80 las empresas de los Estados Unidos gastaron alrededor de 120,000 millones de dólares por concepto de publicidad.

Como ya se mencionó, la mercadotecnia es el estudio de los mercados y de las necesidades y deseos de los consumidores por ciertos productos o servicios; el objetivo es entrar al mercado, conquistarlo y permanecer en él. La meta de la compañía es crear una demanda por sus bienes o servicios en cierta región para tener una presencia comercial y ser reconocida por los consumidores. Las empresas pueden **encargarse** de promover sus productos por medio de la relación que tengan con sus clientes y sus proveedores, y utilizando la publicidad a través de todos los medios de comunicación disponibles. Es decir que una misma empresa puede producir, promover y entregar sus productos y servicios a los clientes en un plazo de tiempo razonable.

---

[2]*maintain*

Después de leer

Ahora, regrese a la sección **Antes de leer** y conteste las preguntas. ¿Qué aprendió Ud. sobre la mercadotecnia y la publicidad? Compare sus respuestas con un compañero/una compañera.

LECTURA DE COMERCIO

Vocabulario básico

aliarse (me alío)	*to form an alliance*	**la herramienta**	*tool*
el analfabetismo	*illiteracy*	**inclinarse**	*to prefer*
el anuncio	*advertisement*	**el lema**	*slogan*
la campaña publicitaria	*ad campaign*	**la marca**	*brand*
el código de ética	*code of ethics*	**la mercadotecnia**	*marketing*
divulgar (gu)	*to circulate; to make known*	**la mercancía**	*merchandise*
		el muro	*wall*
el encabezamiento	*heading*	**el poder adquisitivo**	*buying purchasing power*
encargarse (gu)	*to deal with; to be in charge*	**el pregonero**	*town crier; street vendor*
estar (*irreg.*) **dispuesto/a**	*to be prepared, willing*	**la publicidad**	*advertising*
		sobresalir (*irreg.*)	*to stand out*

A. Práctica del Vocabulario básico

Después de estudiar el **Vocabulario básico,** complete las siguientes oraciones con la palabra o frase apropiada.

campañas publicitarias	**inclinarse**	**pregoneros**
un conjunto	**el lema**	**sobresalir**
divulgar	**las marcas**	**el vínculo**

1. La mercadotecnia y la publicidad son _____ de técnicas que crean, promueven y venden un producto o servicio.
2. Los anunciadores de televisión son la versión moderna de los antiguos _____ que _____ productos y servicios para el consumidor.
3. A través de la mercadotecnia y la publicidad las empresas crean _____ que las identifican y las ayudan a _____ de entre otras compañías.
4. _____ de los productos puede ser lo primero que capte la atención del consumidor.
5. _____ provocan que los clientes se _____ a usar ciertos productos o servicios.
6. _____ entre una empresa y sus campañas publicitarias es de gran importancia.

B. Expresiones de la lengua

Estudie las expresiones y complete las siguientes oraciones.

Expresiones de la lengua			
fijar	to set, solidify	servirse (i, i)	to use
poner (irreg.) en marcha	to set in motion	tener (i, i) a mano	to have on hand
		tener (irreg.) a su alcance	to have within reach
por otra parte	on the other hand		

1. Las empresas deben _____ un plan de acción para anunciar sus servicios.
2. Es importante para una compañía _____ una campaña publicitaria para crear una demanda por sus productos.
3. _____ las metas de la empresa, se inician los estudios de mercado.
4. Todos los consumidores _____ servicios y productos que ofrecen las empresas.
5. Las compañías _____ de la mercadotecnia para estudiar los hábitos de compra de ciertos consumidores.
6. _____ , la publicidad usa todos los medios de comunicación disponibles para promover bienes y servicios.

Lectura

La mercadotecnia y la publicidad

La mercadotecnia debe pasar por varias fases, pero las dos que **sobresalen** son la fase estratégica y la fase de mezcla o «mix». En la primera fase la administración de la empresa analiza las oportunidades que existen en un mercado determinado. Es decir, el estudio de los hábitos de compra, las necesidades del público por un producto o servicio y la edad y el **poder adquisitivo** de los compradores potenciales. Además se consideran el tipo de competencia o futuros competidores con diferentes bienes y servicios, las regulaciones y políticas de la región o el estado, las características culturales (como el idioma y la religión) y la infraestructura existente para la producción y distribución de los productos. La infraestructura se refiere a carreteras, aeropuertos, vías de ferrocarril, puertos marítimos y fluviales, así como servicios sociales y públicos. Con todos estos elementos a la mano, la empresa va de lo general a lo particular; o sea, se identifica primero con un grupo de consumidores específico al que se puede dirigir el bien o servicio.

La otra fase de suma importancia se conoce como «mix» o mezcla, que son las cuatro P's del mercadeo: Producto, Precio, Plaza y Promoción. El Producto obviamente representa el bien tangible o el servicio intangible que el público consumidor puede comprar para satisfacer sus necesidades o deseos. El Precio toma en cuenta la demanda que existe por el producto o servicio, lo que el público **está dispuesto** a pagar por él y los precios de los competidores. Al **fijar** el precio se consideran tanto los costos de producción como los de

(continúa)

logística y distribución del producto. En fin el precio debe ser tal que pueda ser accesible para el cliente y **redituable** para la compañía. La Plaza es el lugar o el conjunto de lugares donde se comercializa el producto o servicio y tiene que contar con los medios para una distribución efectiva. Así, el producto puede llegar al cliente lo más rápido posible y en buenas condiciones. La Promoción es responsable de usar todos los medios posibles para que el público consumidor se entere de la disponibilidad del producto o servicio.

La mercadotecnia es un verdadero trabajo de grupo. En una empresa de mercadotecnia, todas las áreas de la organización trabajan juntas para desarrollar técnicas para conocer las necesidades de los consumidores. A base de los resultados se toman medidas para cubrir las necesidades que descubran. Para ayudar a las compañías a obtener ganancias, estas empresas tienen que saber cómo, dónde, cuándo y qué necesita el público para elevar la demanda por un bien o servicio. Las empresas especializadas en mercadotecnia y publicidad son un factor imprescindible en el mundo moderno y millones de organizaciones dependen de ellas para triunfar. La publicidad forma parte integral de la mercadotecnia y por lo mismo no puede separárselas. En la publicidad se usan todos los medios de comunicación disponibles para hacer llegar los anuncios y comerciales al consumidor: televisión, radio, Internet, periódicos, revistas, **panfletos,** correo postal y electrónico, **afiches, vallas, pancartas** y **pantallas** de televisión en calles y avenidas. La publicidad es más compleja de lo que se piensa, pues integra disciplinas y conocimientos sobre otras ciencias sociales tales como la sicología, la sociología, la probabilidad y la estadística, la economía, la antropología y las relaciones públicas. El éxito de un artículo o servicio depende de las agencias de publicidad que están en constante competencia por crear nuevos diseños, prototipos y **campañas publictiarias** que representen los gustos del consumidor común; de esta forma se aumentan la demanda, las ventas y, por supuesto, las ganancias monetarias. Hoy en día hay empresas para las cuales la mercadotecnia y la publicidad son más importantes que la producción misma de un producto. El lema y la **marca,** por ejemplo, son esenciales para poder tener éxito. Aunque es muy fácil confundir una marca con su publicidad, en realidad estos son dos conceptos muy diferentes. La periodista Naomi Klein, conocida por su crítica de la globalización corporativa, explica que debemos considerar «la marca como el significado esencial de la gran empresa moderna, y la publicidad como un vehículo que se utiliza para transmitir al mundo ese significado». Por ejemplo, una marca como Nike, con el logo de la flecha y el lema de «Just do it» (con sus diferentes traducciones a muchos idiomas), ya es conocida en todo el mundo. Esta empresa, en particular, se dedica a la mercadotecnia: investigación de mercados y medios, planeación y estrategias de publicidad. Esto incluye promoción de productos, compra de espacios publicitarios, diseños de ropa y zapatos deportivos y dirección de arte para comerciales. Nike deja el proceso de producción a **intermediarios** que manufacturan sus productos a través de maquiladoras alrededor del mundo.

En conclusión, lo que sucedía durante la segunda mitad del siglo XIX y gran parte del XX, cuando la producción masiva era de vital importancia para la supervivencia de las empresas, ha cambiado por completo. Hoy en día Nike, Reebok, Gap, Calvin Klein y algunas otras como Coca-Cola pasan mucho tiempo planeando sus estrategias de mercadotecnia y publicidad. Los anuncios o comerciales de éstas y de muchas otras empresas son cada vez más complejos y **llamativos,** llenos de color, música y otras características persuasivas que influyen en el público sobre los beneficios, la calidad y el buen precio de los productos para que éste los consuma.

En años anteriores la mercadotecnia y la publicidad no tenían en Hispanoamérica el mismo impacto e importancia que en otros países más desarrollados, como, por ejemplo, en los Estados Unidos. Sin embargo, en tiempos recientes han empezado a funcionar de la misma manera que en otros países del mundo. La constante competencia entre empresas exige que éstas busquen la mejor manera de vender sus productos y servicios. Una empresa que se ha mantenido a la **vanguardia** en este aspecto es Bimbo, una compañía mexicana que nació en 1945. Bimbo se ha ido modernizando e internacionalizando y ahora tiene operaciones en los Estados Unidos, Centroamérica y Sudamérica, Asia y Europa del Este. Para lograr esto, Bimbo **se alió** con otras empresas similares o las compró. Un aspecto muy importante de su éxito ha sido los estudios de mercadotecnia y publicidad que ha llevado a cabo. Bimbo realiza estudios de mercado en cada país para saber qué desean los consumidores; de esta forma se ha dado cuenta que aquellos productos con un alto valor nutricional (como los que tienen fibra) son de mayor demanda. Por ejemplo, una de las investigaciones de mercado concluyó que a los jóvenes en México y Centroamérica les gustan los sabores ácidos y picantes. Otro estudio mostró que los mexicanos consumían dos sándwiches por persona a la semana, mientras que en los Estados Unidos la cifra era más alta. Bimbo puso en marcha en México la campaña de publicidad «haz sándwich» para mostrar que los sándwiches se pueden preparar rápidamente y consumir en cualquier momento. Para esta campaña Bimbo contrató a futbolistas profesionales para que aparecieran en sus anuncios en televisión, radio, revistas, prensa, autobuses y todo tipo de **rotulación.** Éste fue un esfuerzo de mercadotecnia que no se había hecho antes y permitió que la empresa aumentara sus ventas.

Para desarrollar estrategias de promoción en el exterior, Bimbo se basó en estudios realizados por los expertos en mercadotecnia estratégica y publicidad, los cuales indicaron que a muchos mexicanos residentes en los Estados Unidos les encanta consumir los productos que podían adquirir en su **patria.** Por esa razón, Bimbo empezó la producción del Pan de Muertos* y la Rosca de Reyes,† teniendo un gran éxito comercial entre la población mexicana e hispana en general.

*Pan de Muertos es un pan dulce que se hace en México para el Día de los Muertos.
†La Rosca de Reyes es un pan dulce que se hace en varios países hispanos para el Día de los Reyes (Epifanía).

Actividades

A. ¿Qué recuerda Ud.?

Conteste las siguientes preguntas sobre la **Lectura de comercio.** Luego, compare sus respuestas con las de sus compañeros de clase.

1. Mencione los objetivos específicos de un estudio de mercado.
2. ¿Cree Ud. que es más importante el producto que la mercadotecnia y la publicidad? ¿Por qué?
3. ¿Qué tipo de información necesita una empresa de mercadotecnia para crear la demanda por un producto?
4. ¿Por qué es tan importante la publicidad de un artículo o servicio?
5. Según la lectura, ¿qué cambios ha habido recientemente en muchas empresas multinacionales?
6. Explique la necesidad de la mercadotecnia y la publicidad en las sociedades modernas.
7. ¿Hay diferencias entre los Estados Unidos y los países hispanos con respecto a la mercadotecnia y la publicidad? A su modo de ver, ¿cuáles son las diferencias que más sobresalen? Explique por qué.
8. Brevemente explique la importancia de los logos y las marcas.

B. Vocabulario

Complete las oraciones usando el vocabulario que se encuentra en las lecturas anteriores.

1. Si una empresa desea introducir un nuevo producto, debe hacer un estudio de _____ a través de la infraestructura.
2. Dos características importantes de un estudio de mercado son los _____ y las _____ por un producto o servicio.
3. Para determinar el precio de un producto se toman en cuenta los costos de _____, la _____ y los medios de _____.
4. La Plaza tiene como fines _____ y la _____ de los bienes y servicios.
5. Las metas de una agencia de publicidad son _____, _____ y _____.
6. Las _____ y los _____ son la forma en que se reconocen ciertos productos.

C. En sus propias palabras

Explique los siguientes conceptos en sus propias palabras.

1. mercadotecnia
2. publicidad
3. producción masiva
4. promoción
5. marcas
6. campaña publicitaria
7. estudio cultural
8. infraestructura
9. lema
10. oferta y demanda

ACTIVIDADES INTERACTIVAS

A. Situaciones

Paso 1 Haga un estudio de mercado para poner en práctica sus conocimientos sobre la mercadotecnia y la publicidad. Su estudio debe incluir aspectos culturales, regulaciones estatales, permisos, infraestructura, medios de comunicación y todo lo relacionado con la introducción de un producto o servicio a una región o país.

ASPECTOS CULTURALES	ASPECTOS LEGALES	INFRAESTRUCTURA

Paso 2 Con un compañero / una compañera, conversen sobre la idea de introducir un bien o un servicio en un lugar específico. Después, haga el papel de dueño de un negocio mientras su compañero/a hace el papel de representante de una compañía de mercadotecnia y publicidad. Hablen sobre el tipo de consumidor que desean alcanzar —de lo general a lo particular— seleccionando un segmento de la sociedad. Presenten el trabajo final a la clase para su aprobación.

Paso 3 Con un compañero / una compañera, desarrollen una campaña de publicidad. Su campaña debe incluir información como el lema, el logo, la marca y el tipo de anuncios o comerciales que van a usar. Luego, presenten sus ideas a la clase.

B. Una visita a una agencia de publicidad

Ud. quiere familiarizarse con la forma en que algunas empresas de mercadotecnia y publicidad operan en el extranjero y los servicios que ofrecen. Lea la siguiente información sobre dos empresas —una en Argentina y otra en Bolivia— y haga las actividades que aparecen en la siguiente página.

OYSTER GROUP: COMUNICACIÓN, MARKETING, SOLUCIONES	STUDIOS 3640 ARTES VISUALES Y COMUNICACIÓN
Esta empresa argentina, con sede en Bueno Aires, se dedica, como lo dice su nombre, a la comunicación y solución de problemas de marketing. Oyster Group cuenta entre sus clientes más importantes a Chevy, Gillette, Philips, Siemens, Pepsi, Kraft, Air Madrid y muchos más. De acuerdo a Oyster Group, la empresa cuenta con una estructura capaz de simplificar los proyectos y al mismo tiempo reducir eficientemente los costos sin sacrificar la calidad del trabajo. La empresa desarrolla diferentes trabajos de publicidad: artes gráficas, radio y televisión; desarrollo de marcas y empaques, así como de promociones de ventas. La comunicación y la creatividad son, de acuerdo a Oyster Group, dos características fundamentales para el éxito de las empresas.	Esta empresa boliviana lleva a cabo trabajos relacionados con la publicidad y el marketing, la identidad corporativa, diseño gráfico e industrial, arte visual y dibujos animados. Ésta es una empresa pequeña que trata de abrirse paso en el mundo de la mercadotecnia y la publicidad en Bolivia. De acuerdo a Studios 3640, ellos escuchan las necesidades de sus clientes para traducir sus objetivos en mensajes claros e imágenes originales que impacten al público consumidor. Entre sus clientes se encuentran empresas como: Fundación Veritas, South American Express, Fondo Financiero, Quality Print y Embotelladora Río Fuerte.

1. Para una empresa nueva, con un presupuesto limitado, ¿cual compañía de mercadotecnia y publicidad sería más conveniente y por qué? ¿Qué servicios serían los más adecuados?

2. Compare los servicios de las empresas Oyster Group y Studios 3640 con los de algunas empresas parecidas en los Estados Unidos. ¿Qué diferencias existen? ¿Cuál empresa le parece más interesante? ¿Cuáles serían los servicios más convenientes para una empresa multinacional?

3. Las empresas de mercadotecnia de diferentes países manejan sus campañas y sus clientes de la forma en que mejor les conviene. Por ejemplo, Studios 3640, en su mayoría, tiene clientes nacionales con distintos intereses. Visite la página Web de otras compañías de mercadotecnia y publicidad y busque información más completa sobre los servicios que brindan a sus clientes. Cuando tenga la información, vaya a otra empresa en un país hispanoamericano y observe las diferencias y semejanzas que existen entre los servicios que ofrecen. Finalmente, compare su información sobre estas empresas en Hispanoamérica o España con las de los Estados Unidos y compártala con la clase.

C. En la red

Paso 1 En grupos de tres, busquen información en la red sobre Leo Burnett Chile Publicidad, Sancho BBDO y Daniel Franco y Asociados. Usen como guía las siguientes preguntas para preparar un informe que compartirán con la clase.

1. ¿Qué tipo de información incluye las páginas Web de estas empresas? Dé ejemplos.
2. ¿Cuál es el origen de cada de las empresas?
3. ¿Cuáles son los objetivos de cada de estas empresas en sus propios países y en otros países?
4. ¿Qué servicios ofrece cada una?

Paso 2 En general, ¿cuáles son las diferencias y las semejanzas entre los servicios que ofrecen estas empresas?

Translation: Fountain of Eternal Youth. 9 KM. (Just for Jeep)

Muchas empresas buscan maneras creativas, como este anuncio de Jeep, para atraer a nuevos clientes.

HACIENDO HINCAPIÉ

La siguiente lectura es un ensayo escrito por Rebeca Bouchez Gómez con respecto al abuso de la publicidad en la ciudad de Xalapa, México y la forma en que la publicidad ha cambiado la imagen de la ciudad. Lea con cuidado el fragmento del ensayo y busque en un diccionario las palabras que no comprenda para que después exprese su opinión sobre los temas de discusión.

Panorama real

«Cocalapa o el abuso de la publicidad en Xalapa» (*selección*)
por Rebeca Bouchez Gómez

En 1976, en el mes de septiembre en la galería independiente La Alianza, hoy Marie Louise Ferrari, situada en la calle de Alfaro, se presentó una singular exposición: *Cocalapa* de Peter North, arquitecto austriaco y recién **avecindado** en Xalapa por aquellos años, hoy destacado maestro en la escuela Gestalt de diseño.

Cocalapa, muestra única en México, mostraba la preocupación de un arquitecto, dos artistas plásticas,[1] Marie Louise Ferrari y Mira Landau, y una promotora cultural, Rebeca Bouchez, que impulsaron este proyecto para mostrar el proceso de **deterioro** de la imagen urbana que sufría Xalapa en la década de los años 70, en especial el hoy Centro Histórico.

En 1976, el municipio de Xalapa apenas tenía 110.000 habitantes. La vida cotidiana[2] en la ciudad se desarrollaba mayormente en el centro. No existían

---

[1]artistas... *fine artists*   [2]*daily*

(continúa)

las plazas comerciales, los cines estaban en el centro, la vida económica, social, cultural, religiosa, deportiva y política se realizaba en el Centro Histórico.

La exposición Cocalapa mostraba el ayer, el hoy y la mañana de un mismo espacio, gracias a la percepción y creatividad de Peter North, quien seleccionó fotos antiguas de Xalapa, tomó fotos actuales de esos espacios ya intervenidos por los anuncios publicitarios y realizó acuarelas[3] planteando el abuso de la publicidad; en especial de un refresco de cola que en esa época promovía pintar de manera **gratuita** las **fachadas** con su imagen de marca. Muchos propietarios sucumbieron a tal oferta y el resultado fue muy agresivo para la ciudad y sus habitantes.

Esta exposición se ambientó con grabaciones[4] del ruido de las bocinas[5] de los vehículos, de la música de los negocios establecidos y de los vendedores de la calle; así, el visitante era atrapado entre la contaminación visual que se mostraba en los **muros** y auditiva gracias a la reproducción que estaba en el ambiente, asimismo, se presentaron varios maniquíes con pelucas arregladas con tubos[6], que en esa época las señoras usaban y lo increíble era que salían a la calle con ellos, situación que llamó mucho la atención de North.

Hoy, a treinta años de distancia, el futuro que mostraba Cocalapa es una terrible realidad, se ha vuelto una constante el **incumplimiento** a los **reglamentos** municipales, el mal gusto[7] y, en general, el abuso de la publicidad de todo tipo (comercial, política, religiosa) ha tomado su espacio en nuestra ciudad, ante la indiferencia de miles de xalapeños que ya no ven, sólo miran su ciudad sumida[8] en un caos visual, auditivo, y que cada día se aleja más[9] de ser una ciudad hospitalaria[10] y hermosa.

---

[3]*watercolors*   [4]*recordings*   [5]*horns*   [6]*pelucas... wigs set with rollers*   [7]*mal... bad taste*   [8]*plunged*   [9]*se... gets farther away*   [10]*hospitable*

A. Después de leer. Conteste las siguientes preguntas sobre el **Panorama real.**

1. ¿Por qué se impulsó el proyecto «Cocalapa» de Peter North?
2. ¿Cómo era la vida de Xalapa en 1976?
3. ¿Qué se mostró en la exposición «Cocalapa»?
4. ¿Qué logró una compañía de refrescos que hicieran los vecinos de Xalapa? ¿Qué le pereció a Ud. esa campaña publicitaria?
5. ¿Cuál es la realidad hoy día en Xalapa?
6. ¿De qué forma Xalapa representa el futuro de muchos pueblos y ciudades del mundo?

B. Temas de discusión

- La publicidad y la contaminación ambiental
- Las empresas que ofrecen publicidad gratuita
- La publicidad como motor de cambio social
- El abuso de la publicidad y la desobediencia a las leyes locales
- El control de la publicidad

Un anuncio de Coca Cola pintado en la pared de un edificio en Bolivia, como los que aparecieron en los edificios de Xalapa

CONTEXTO CULTURAL

Antes de leer

Conteste las siguientes preguntas antes de leer la entrevista que aparece a continuación. Después, compare las respuestas con las que darán Ud. y sus compañeros al final.

1. ¿Puede Ud. definir el término «sensibilidad cultural»?
2. ¿Es necesario para las empresas de mercadotecnia y publicidad considerar la «sensibilidad cultural»?
3. ¿Existe una forma «general» de crear publicidad?
4. ¿Hay algún tipo de publicidad que sea más agresiva que otra?
5. ¿Puede describir la publicidad para ciertos grupos étnicos o de culturas diferentes a la suya?

Protocolo cultural

Entrevista a la Licenciada Esther Salazar

La licenciada Esther Salazar trabaja en el departamento de Mercadotecnia y Publicidad del grupo Norsan Media en Charlotte, Carolina del Norte. La Licenciada Salazar es originaria de Monterrey, México, donde obtuvo la licenciatura en Mercadotecnia en el Instituto Tecnológico y de Estudios Superiores de Monterrey.

1. **¿Qué es la empresa Norsan Media y cuáles son algunos de los aspectos más importantes de la empresa en relación con la mercadotecnia y la publicidad?**
   Norsan Media es una empresa propiedad de Norsan Group, grupo corporativo con base en Atlanta, Georgia, desde hace más de veinte años.

(continúa)

Sin embargo las operaciones de Norsan Media se realizan en Charlotte, Carolina del Norte. Actualmente, Norsan Media es la unidad de negocio del grupo enfocada en los medios de comunicación, cuyo principal objetivo es comunicar, informar y entretener a la comunidad hispana en los mercados crecientes del sureste de Estados Unidos. Desde hace más de cuatro años, Norsan Media se encuentra presente en los mercados de Jacksonville, Florida, con el periódico *Hola Noticias* y con varias estaciones de radio en Florida, Tennessee, Carolina de Norte y Carolina del Sur.

En relación a los aspectos más importantes de la mercadotecnia y la publicidad en la empresa, éstos forman parte de la operación diaria tanto en el radio como en el periódico, siendo fundamentales para el crecimiento de nuestra empresa como el de nuestros clientes. La publicidad es el medio por el cual comunicamos a nuestro mercado los servicios y/o productos que ofrecemos con el fin de crear presencia e incrementar nuestras ventas. Por el lado de la mercadotecnia, nosotros tenemos el objetivo de conocer las necesidades de nuestros clientes, sus preferencias y las tendencias del mercado. Así podemos ofrecerles un mejor producto y/o servicio para satisfacer sus necesidades a través de mejores precios, paquetes promocionales, servicio al cliente y la mejor programación en el radio y el mejor contenido en el periódico.

2. **¿Para qué otro tipo de empresa crea publicidad Norsan Media?**

Uno de los beneficios y servicios que Norsan Media ofrece a sus clientes es ayudarlos a crear un anuncio publicitario para radio y/o periódico que sea efectivo, lo anterior a través del personal encargado y capacitado tanto en producción de radio como en diseño gráfico. El anuncio tiene que tener un texto y una idea creativa que comunique lo que el cliente está ofreciendo como su ventaja competitiva. Además se necesita una programación dentro de la estación y una **pauta** específica para que cumpla con el principio de la repetición y frecuencia en los medios de comunicación para lograr una publicidad efectiva. Dentro de nuestra lista de clientes contamos con todo tipo de servicios y productos locales y nacionales. Cualquier negocio que desee anunciarse con nosotros es para quien creamos publicidad.

3. **¿Por qué existe tanto interés en el mercado hispano de parte de estas empresas?**

Actualmente el mercado hispano es el mercado con mayor crecimiento nacional en los Estados Unidos, siendo el grupo minoritario más grande del país, desplazando ya al afroamericano. El poder adquisitivo de este mercado y su presencia son los principales motores que impulsan a las empresas a comunicar sus servicios y/o productos a este mercado en crecimiento. Por otro lado, hay dos tipos de clientes que se anuncian con nosotros: las grandes cadenas nacionales como McDonald's y Burger King, y los negocios locales, muchas veces creados por los mismos hispanos inmigrantes.

4. **¿Observa Ud. diferencias en el manejo de la publicidad entre México, por ejemplo, y los Estados Unidos?**

Los principios básicos de la publicidad son los mismos en México como en los Estados Unidos: la regla de la idea creativa, la frecuencia, la programación o pauta de las **herramientas** publicitarias colocadas en los medios de comunicación más rentables y efectivos, la planeación y la estrategia. Sin embargo, lo que marca la diferencia es la cultura, la forma de comunicar, el mercado a quien se dirige esa publicidad, los procedimientos para crearlo. Las reglas que cada asociación publicitaria implementa en cada país también son diferentes. Como modelo, podemos ver que en México está prohibido que en un anuncio publicitario se mencione a un competidor directo; por el contrario, en los Estados Unidos se observa que los anuncios comparativos son frecuentes y parte de la «guerra publicitaria» de las empresas. Pepsi, por ejemplo, se compara directamente con Coca-Cola; Budweiser con Heineken; Subway con McDonald's; y así sucesivamente.

5. **En su opinión personal, ¿considera Ud. que la mercadotecnia y la publicidad son tan fuertes en Hispanoamérica como en los Estados Unidos? ¿Las empresas hispanoamericanas «creen» en la publicidad? ¿O cómo reaccionan ante esta idea?**

En los últimos años las empresas en Latinoamérica han ido cambiando su forma de ver la publicidad, creyendo más en los beneficios que les puede proporcionar. Sin embargo, la cultura de la publicidad de las empresas en los Estados Unidos ha recorrido un camino más largo. De esa manera vemos que muchas compañías ya cuentan con un departamento de marketing o publicidad; por el contrario, en México, por mencionar un ejemplo, ese proceso apenas está tomando efecto y alcanzando su máximo valor. Aún hay empresas en México que no creen en la publicidad, pero eso ha ido cambiando conforme se ha ido incrementando la fuerza de los medios de comunicación y conforme las empresas se han dado cuenta de la importancia de la mercadotecnia.

6. **¿Hay alguna diferencia en el manejo de la mercadotecnia y la publicidad para el consumidor anglosajón y el hispano? ¿Cuáles son las diferencias más significativas?**

Los objetivos y los principios básicos de la mercadotecnia y la publicidad son los mismos, tanto así que Philip Kotler* se conoce en los Estados Unidos, y en el resto del mundo, como uno de los grandes iniciadores de este movimiento. Sin embargo, la gran diferencia es decidir qué herramientas del marketing se van a utilizar para cada mercado y de qué manera se va a dirigir la comunicación —todo es cultural. Por eso la importancia de conocer bien el mercado para saber qué es lo que va a ser más efectivo para cada uno de ellos, y eso es la mercadotecnia.

Las principales diferencias que se encuentran en la publicidad dirigida al mercado hispano y la publicidad dirigida al mercado anglo están en el idioma. Para que una publicidad sea efectiva, es muy importante comunicarla en su idioma; por otro lado los gustos y preferencias son diferentes. Las formas de comprar, los productos que el público prefiere, el humor, la cultura y las actividades son completamente diferentes. Por ejemplo, algunos de los valores más importantes del hispano son

---

*Philip Kotler es economista, especialista en mercado y profesor de Marketing en Kellogg School of Management (Northwestern University).

(continúa)

la familia y el compañerismo, entonces muchas campañas publicitarias creadas por grandes empresas incluyen esos valores en su comunicación para que el mercado sienta que se los están comunicando directamente.

7. **¿Existen algunas formas especiales de publicidad en los Estados Unidos para atraer al comprador hispano?**

Las principales adaptaciones que las empresas en los Estados Unidos están realizando para atraer al comprador hispano son diversas. Primero comienzan por tener personal bilingüe que los ayude a atender el mercado en su idioma. Estudian y conocen el mercado y después se crea publicidad en español contratando a los medios de comunicación hispanos tales como radio, periódico, impresos, entre muchos otros y desarrollando campañas dirigidas exclusivamente a ese mercado. Por ejemplo, Home Depot acaba de **lanzar** una campaña completa dirigida al sector hispano que involucra impresos, radio y televisión. En conjunto con Univisión hay un portal en Internet que ofrece al hispano diferentes consejos para renovar su casa con la ayuda de Home Depot. De la misma manera, empresas como Bank of America, McDonald's y KFC están realizando actividades similares para atraer a este segmento del mercado.

8. **¿Qué tipo de sensibilidad cultural existe, por ejemplo, con la publicidad de Norsan Media hacia el mercado hispano?**

La sensibilidad de la cultura del mercado de habla hispana en la empresa es bastante clara y notoria, trabajamos diariamente con hispanos tanto en nuestro equipo de trabajo como con nuestros clientes. Tratamos de entender el mercado para poder ofrecer a los clientes una publicidad que sea efectiva, y para que eso suceda es importante que sepamos cuáles son sus preferencias. En Norsan Media laboramos directamente con una empresa nacional que se dedica a la medición de ratings y a realizar estudios de mercado que nos indican las preferencias y tendencias de nuestros radioescuchas. De esta manera podemos **brindar** la mejor programación posible y tener una buena audiencia que ayude en conjunto con la campaña que nuestros clientes colocan al aire. Es así como en Norsan Media trabajamos para entender al mercado hispano y poder ofrecer a nuestros clientes, radioescuchas y lectores, los mejores medios de comunicación y también los más efectivos.

9. **¿Por qué existe publicidad en español en los Estados Unidos? ¿Cómo se justifica?**

La razón principal es el crecimiento de la comunidad hispana en los diferentes mercados más grandes en el país, iniciando por estados como California y Texas, seguidos de Illinois, Florida, Nueva York, Georgia y Nevada. Actualmente el mercado hispano es el grupo minoritario más grande en los Estados Unidos y con un poder adquisitivo bastante atractivo para las empresas. Al darse cuenta que este mercado representa un potencial muy significativo, muchas compañías se han dado cuenta que la mejor manera de comunicar sus servicios y/o productos es a través de publicidad en su idioma. Durante el año 2007, por ejemplo, la inversión en publicidad dirigida al mercado hispano en los Estados Unidos creció un tres por ciento, de 5.63 a 5.78 mil millones de dólares según Nielsen.

Después de leer

Paso 1 Responda a las siguientes preguntas. Luego, compare sus respuestas con las de un compañero / una compañera y discútanlas con la clase.

1. De acuerdo a las respuestas que Ud. dio al principio y las de la licenciada Salazar, ¿cuáles cree que son las diferencias culturales más importantes entre la publicidad para el cliente norteamericano y el consumidor hispano?

2. ¿Cree Ud. que la «sensibilidad cultural» es importante para las empresas norteamericanas? ¿Por qué sí o no?

3. ¿Cómo caracterizaría Ud. las diferencias culturales entre los consumidores hispanos y los norteamericanos?

4. ¿Qué opina sobre la publicidad en español en los Estados Unidos? ¿Se justifica que haya anuncios en este idioma?

5. ¿Cree Ud. que solamente una persona nativa de un país puede llevar a cabo una campaña de publicidad para personas de su mismo origen? Explique.

6. ¿Qué consejos les daría Ud. a los publicistas extranjeros que desean llevar a cabo campañas de publicidad en Hispanoamérica?

Paso 2 Entreviste a una persona que haya trabajado o estudiado en el extranjero en alguna empresa de mercadotecnia y publicidad y compare sus respuestas y experiencias con las de la licenciada Salazar.

EN EL MUNDO DE LOS NEGOCIOS

Presentaciones profesionales

En el mundo de los negocios es importante sentirse cómodo/a al hablar delante de sus colegas, clientes y gerentes hispanohablantes. Haga una presentación oral para sus «colegas» usando uno de los temas que aparecen a continuación. Ud. es libre de escoger otro tema si lo desea, previa consulta con su profesor. Asegúrese que las fuentes de información que Ud. consulte sean confiables. La presentación debe hacerse en PowerPoint™ y como si se tratara de una presentación profesional.

Temas:

- Las empresas de mercadotecnia y publicidad con más presencia en los Estados Unidos
- El crecimiento de las empresas de mercadotecnia y publicidad en los países hispanos
- Nuevas estrategias de las empresas de mercadotecnia y publicidad en los Estados Unidos para atraer clientes hispanos
- Ventajas y desventajas de la mercadotecnia y publicidad

Redacción comercial

Es importante saber comunicarse por escrito en las situaciones profesionales. Escoja uno de los siguientes ejemplos y escriba una carta profesional según el modelo.

1. Envíe una carta al gerente de una empresa de mercadotecnia y publicidad solicitando sus servicios para comercializar un producto o

servicio. No se olvide de mencionar el producto o servicio y todas sus características.

2. Redacte una carta de presentación en la que ofrezca sus servicios como empresa de mercadotecnia y publicidad. Mencione cuáles son sus características más importantes, en qué tipo de servicios se especializa, qué clase de proyectos ha realizado y los clientes con los que cuenta en la actualidad.

3. Envíe un memorando a través del correo electrónico a otros empleados de la empresa donde trabaja para informarles de una reunión para discutir una campaña de publicidad. Incluya toda la información y datos que crea necesarios.

MODELO:

La siguiente es una carta de presentación de una agencia de comunicación.

outside the box
media workshop

Av. Abedules No. 388, Col. Los Pinos
Zapopan, Jal. C.P. 45120
Tel. (33) 38133053
www.otb.com.mx

Guadalajara, Jal. 27 de marzo de 2008

At´n Lic. Jorge Santiago Uribe
Gerente de Abastecimiento Pacífico-Noroeste
PEPSICO INTERNATIONAL

Outside The Box Media Workshop, ubicada en el municipio de Zapopan en Jalisco, tiene el agrado de dirigir a Usted la presente Carta de Presentación con el fin de estrechar relaciones comerciales con su empresa, ofreciéndole lo mejor de nuestros servicios.

Somos una agencia de comunicación fundada a principios del 2007 que le ofrece asesorías, productos y servicios creativos para dar a conocer su negocio. Nos especializamos en la elaboración de diagnósticos que nos permitan utilizar estrategias adecuadas para crear proyectos comunicativos de calidad y alta funcionalidad según las necesidades de su mercado o institución.

Una comunicación efectiva es vital para generar confianza en los posibles clientes, es por esto que ponemos a sus órdenes nuestros servicios cuyas principales actividades son: publicidad, branding e identidad corporativa. Le invitamos a ver nuestro sitio web en **www.otb.com.mx** y visite nuestro portafolio donde se encuentran algunos de los trabajos que hemos realizado.

Sirva la presente como un primer paso, en lo que confiamos, llegará a ser una productiva relación de negocios.

Reciba un respetuoso saludo y quedo a sus órdenes para cualquier duda que pueda surgir al respecto.

Atentamente

LCC Miguel Antonio Aguirre Haro
Director

VOCABULARIO

el acontecimiento	*event*	**llamativo/a**	*eye-catching*
advertir (ie)	*to inform; to warn*	**la marca**	*brand*
el afiche	*poster*	**la mercadotecnia**	*marketing*
aliarse (me alío)	*to form an alliance*	**la mercancía**	*merchandise*
el analfabetismo	*illiteracy*	**el muro**	*wall*
el anuncio	*advertisement*	**la pancarta**	*banner*
avecindarse	*to reside; to settle*	**el panfleto**	*pamphlet*
brindar	*to offer, provide*	**la pantalla (de televisión)**	*(television) screen*
la campaña publicitaria	*ad campaign*	**la patria**	*native country*
el código de ética	*code of ethics*	**la pauta**	*guideline*
deterioro	*deterioration*	**el poder adquisitivo**	*buying/purchasing power*
divulgar (gu)	*to circulate; to make known*		
eficazmente	*efficiently*	**poner (irreg.) en marcha**	*to set in motion*
el encabezamiento	*heading*	**por otra parte**	*on the other hand*
encargarse (gu)	*to deal with; to be in charge*	**el pregonero**	*town crier; street vendor*
estar (irreg.) dispuesto/a	*to be prepared, willing*	**la producción masiva**	*mass production*
la fachada	*facade*	**la publicidad**	*advertising*
fijar	*to set, solidify*	**redituable**	*profitable*
gratuita	*free*	**el reglamento**	*regulation, rule*
la herramienta	*tool*	**la rotulación**	*signage*
inclinarse	*to prefer*	**servirse (i, i)**	*to use*
el incumplimiento	*non-fulfillment*	**sobresalir (i, i)**	*to stand out*
el intermediario	*intermediary*	**tener (i, i) a mano**	*to have on hand*
lanzar (c)	*to launch*	**tener (irreg.) a su alcance**	*to have within reach*
el lema	*slogan*	**la valla**	*billboard*
		la vanguardia	*forefront*

Capítulo 7

La sociedad de consumo

Una tienda de Walmart en México

La expresión «**sociedad de consumo**» hace referencia a un conjunto de realidades económicas, sociales y culturales que caracterizan al capitalismo contemporáneo. La sociedad de consumo consiste en relaciones de dependencia mutua entre los consumidores y los productores de bienes y servicios. Los fabricantes dependen de los consumidores para poder vender sus productos en grandes cantidades y, a su vez, los consumidores exigen artículos nuevos y tienden a exigirlos con mayor frecuencia. El desarrollo de nuevos bienes y servicios está directamente relacionado con los avances tecnológicos y con las necesidades creadas por la vida contemporánea. Pero los **patrones** de compra, consumo y **desecho** que caracterizan a la sociedad de consumo están estrechamente ligados a la duración, la utilidad y la calidad de los productos. Por lo tanto, la sociedad de consumo funciona como un sistema de producción y consumo que **se retroalimenta** de manera continua: a mayor consumo, mayor producción; y a mayor producción, mayor consumo.

En este capítulo, Ud. va a:

- Adquirir conceptos relacionados con la sicología y el comportamiento del consumidor
- Reconocer los patrones de compra, consumo y desecho que prevalecen en la sociedad de consumo
- Estudiar el ciclo de vida de los productos y las razones de la obsolescencia

- Tomar conciencia de las consecuencias sociales, culturales y ambientales de la sociedad de consumo
- Comparar las actitudes hacia el consumo en las culturas estadounidense e hispana

INTRODUCCIÓN

Antes de leer

Tenga en cuenta las siguientes preguntas al leer la **Lectura preliminar.**

1. ¿Qué es la sociedad de consumo?
2. ¿Cuáles son los comportamientos del consumidor típico?
3. ¿Cuáles son algunos ejemplos de productos necesarios y productos innecesarios?
4. ¿Por qué el consumo ha creado una crisis ecológica para el planeta?
5. ¿Por qué se habla tanto de los efectos deletéreos de las tarjetas de crédito?
6. ¿Qué sabe Ud. sobre las crisis que han creado los desperdicios?

Lectura preliminar

La sociedad de consumo

Todos los seres humanos somos consumidores. Para poder vivir y gozar de buena salud todas las personas necesitan respirar, alimentarse, asearse,[1] vestirse y dormir para poder recuperarse física y mentalmente. El aire y el agua puros, los alimentos, las prendas de vestir, los elementos de aseo personal y un lugar de descanso son las mínimas necesidades materiales de todo ser humano. El sicólogo norteamericano Abraham Maslow clasificó las necesidades humanas según su importancia, definiendo una **jerarquía** de necesidades materiales y espirituales: fisiológicas, de seguridad, de amor y afiliación, de estima y de realización personal. Las necesidades materiales se satisfacen mediante el consumo (pagado o no pagado) de bienes y servicios, según las circunstancias de tiempo y de lugar. Por ejemplo, la necesidad de respirar aire puro se puede satisfacer en el campo abierto, donde al aire limpio es muy abundante y gratis; sin embargo, no es fácil consumir aire puro en algunas ciudades densamente pobladas y muy contaminadas, como son la Ciudad de México o Santiago de Chile. La necesidad insatisfecha de respirar aire limpio motivó a un ingenioso empresario a crear un nuevo producto: oxígeno concentrado y **enlatado** bajo presión con diferentes colores, olores y sabores.

No hay duda que respirar aire limpio es una necesidad. Pero, ¿es necesario respirar aire con olores y sabores? ¿Cuál es la diferencia entre una necesidad y un deseo? Para entender la sociedad de consumo hay que acudir a la sicología,

---
[1]*keep clean*

(continúa)

la cual distingue las necesidades, los deseos y las adicciones. Una necesidad es una **carencia** física o un sentimiento de falta o privación. Por ejemplo, expresiones como «tengo mucha sed» o «tengo mucho frío» revelan necesidades. Sin embargo, cuando una necesidad se dirige a un objeto en particular, el sentimiento de necesidad se transforma en un deseo. Por ejemplo, la necesidad de respirar aire limpio se convierte en un deseo cuando ese sentimiento se dirige específicamente a un **envase** de color verde que contiene oxígeno con olor y sabor a limón. Por otra parte, cuando la satisfacción de un deseo mediante un objeto concreto se convierte en una obsesión permanente que provoca comportamientos compulsivos, el deseo se convierte en una adicción, aunque el consumo del objeto ya no satisfaga una necesidad real. Las adicciones son **patologías** y dan lugar a graves **trastornos sicológicos** y conductas antisociales. **Cabe aclarar que** los objetos de las adicciones pueden ser productos o servicios **lícitos** o **ilícitos;** el alcoholismo (consumo de bebidas embriagantes), la drogadicción (consumo de drogas psicotrópicas) y la adicción a Internet (consumo de servicios de telecomunicaciones) son algunos ejemplos patológicos.

El comportamiento del consumidor es un área fascinante donde el mercadeo y la mercadotecnia se encuentran con la sicología y otras ciencias sociales para estudiar los patrones de compra y de consumo de las personas. Pero el estudio de las preferencias de los consumidores y de su relación con la producción de bienes y servicios es **el terreno** de la microeconomía. La famosa Ley de Say (o Ley de los Mercados) describe esa relación entre el consumo y la producción. Formulada por el economista francés Jean-Baptiste Say, uno de los economistas clásicos, esta ley suele resumirse así: la oferta de productos crea la demanda. Say escribió en el *Traité d'Economie politique* de 1803 que «un producto terminado ofrece, desde ese preciso instante, un mercado a otros productos por todo **el monto** de su valor. En efecto, cuando un productor termina un producto, su mayor deseo es venderlo, para que el valor de dicho producto no permanezca improductivo en sus manos. Pero no está menos **apresurado** por **deshacerse del** dinero que le provee su venta, para que el valor del dinero tampoco quede improductivo. Ahora bien, no podemos deshacernos del dinero más que motivados por el deseo de comprar un producto cualquiera. Vemos entonces que el simple hecho de la formación de un producto abre, desde ese preciso instante, un mercado a otros productos.»

La Ley de Say no significa que todo producto lanzado al mercado ya tenga garantizada su venta, lo cual sería **inverosímil;** lo que la Ley quiere decir es que todos los productos terminan siendo intercambiados por otros productos, aunque ese intercambio ocurra gracias a la intervención del dinero. Éste es el principio fundamental de la sociedad de consumo: todos los bienes y servicios se producen y se venden con el fin último de comprar otros bienes y servicios. Por lo tanto, el funcionamiento de un sistema económico capitalista depende del círculo perfecto que existe entre la producción y el consumo.

A partir de la Revolución Industrial, los avances tecnológicos puestos en manos de los trabajadores hicieron posible la manufactura de cantidades muy grandes de un mismo producto. La **producción en serie** facilitó los procesos industriales y los hizo más eficientes. Como resultado, la oferta de productos estandarizados aumentó significativamente y los trabajadores de las diferentes industrias podían gastar sus salarios en comprar esos productos para su consumo. Así se multiplicaron los productos de consumo masivo que satisfacen necesidades básicas de todos los **hogares.** Entretanto, el desarrollo de los medios de comunicación provocó el surgimiento de la publicidad comercial, las marcas registradas, los logotipos y los eslóganes que distinguen los productos.

¿Qué es una marca? En pocas palabras, hoy se puede decir que una marca es la «personalidad» de un producto. La marca es un conjunto de palabras, nombres, símbolos e ideas que asocian el producto con la empresa y también con ciertos **atributos,** por ejemplo, cualidades, países e incluso ciertas personas. En su polémico libro *No Logo,* la periodista canadiense Naomi Klein cuenta la historia de las marcas, explicando cómo pasaron de ser nombres distintivos de las fábricas, a convertirse en instrumentos de comunicación masiva utilizados para influenciar al consumidor. De meros símbolos para la identificación de un producto, las marcas han pasado a ser instrumentos de manipulación sicológica para generar deseos, particularmente entre los consumidores jóvenes. Klein critica a las grandes compañías propietarias de marcas reconocidas (por ejemplo, de ropa deportiva y bebidas gaseosas) pues esas empresas suelen usar sus marcas para conducir a los jóvenes hacia ciertos patrones repetitivos de consumo que aseguren compras futuras. Klein argumenta que hoy en día las grandes empresas multinacionales consideran más importante el mercadeo y la publicidad de sus marcas que la misma manufactura de los productos, ya que generalmente encargan la manufactura de sus propios productos a fábricas **ubicadas** en países con salarios menores y estándares laborales inferiores. Klein concluye con una severa crítica de la globalización de la producción y de los mercados.

La Ley de Say explica el funcionamiento de una sociedad de consumo en el corto plazo, pero no nos permite entender la dinámica de la sociedad de consumo en el largo plazo. Ya se afirmó que los productos tienen un nombre y una personalidad, pero para comprender la dinámica de la sociedad de consumo es necesario introducir otros conceptos del mercadeo y la mercado-tecnia: la vida útil y el ciclo de vida de los productos.

Todos los productos, considerados genéricamente, tienen un ciclo de vida que se divide en cuatro **etapas:** «introducción» (**lanzamiento** y **recuperación** de la inversión); «**madurez** temprana» (estandarización y aumento de las ventas); «madurez tardía» (disminución de las ventas y aumento de la competencia); y «decadencia» (pérdida del mercado ante nuevos productos y **obsolescencia**). La duración de cada una de esas etapas depende de varios factores, entre ellos los avances tecnológicos, el surgimiento de competidores que ofrecen productos sustitutos o semejantes, la expiración de las patentes de invención y la evolución de las preferencias de los consumidores.

Cada producto, considerado individualmente, tiene una duración media según sus características. Por ejemplo, una barra de jabón tiene una duración de unas pocas semanas, dependiendo de la frecuencia de su uso; un coche puede funcionar durante décadas, dependiendo de su **calidad,** del uso y mantenimiento que se le dé. Los productos desechables, en cambio, tienen una vida útil momentánea. Por lo tanto, la duración media de un producto es una estimación de su vida útil, al final de la cual el producto debe ser desechado y **reemplazado** porque ya no se puede reparar. Existe entonces una contradicción entre la necesidad de las empresas de mantener y aumentar sus niveles de ventas, por una parte, y la **exigencia** de calidad y mayor duración de los productos por parte de los consumidores. Ésa es la tensión esencial en la sociedad de consumo.

Después de leer

Ahora, regrese a la sección **Antes de leer** y conteste las preguntas. ¿Qué aprendió Ud. sobre la sociedad de consumo? Compare sus respuestas con un compañero / una compañera.

Un centro comercial de Buenos Aires, Argentina

LECTURA DE COMERCIO

Vocabulario básico

el atributo	*attribute, quality*	**el lanzamiento**	*launch*
la calidad	*quality, value*	**el logotipo**	*logo*
la carencia	*lack*	**la madurez**	*maturity*
el consumo	*consumption*	**el monto**	*sum*
dar (*irreg.*) **lugar a**	*to give rise to*	**obsolescencia**	*obsolescence*
		el patrón	*pattern*
el desecho	*waste*	**la producción en serie**	*mass/serial production*
deshacerse (*irreg.*) **de**	*to get rid of*		
		la recuperación	*recovery*
la etapa	*stage*	**reemplazado/a**	*replaced*
(i)lícito/a	*(il)legal*	**la sociedad de consumo**	*consumer society*
la jerarquía	*hierarchy*		

A. Práctica del Vocabulario básico

Después de estudiar el **Vocabulario básico,** complete las siguientes oraciones con la palabra o frase apropiada:

calidad   una jerarquía   la producción
una carencia   los logotipos   en serie
desperdicios   una marca

1. _____ permite qué el proceso de manufactura sea más eficiente.
2. Las necesidades humanas se organizan en _____ según su importancia.
3. A mayor consumo, mayor _____.
4. _____ también puede asignársele a un país cuando lo asociamos con ciertas ideas, simbolismos, valores y productos.
5. El consumo de gran cantidad de productos produce muchos _____ que se tienen que desechar.
6. Algunos productos de muy mala _____ necesitan repararse constantemente.
7. _____ de varios artículos de lujo son reconocidos en todo el mundo.
8. No siempre se manufactura un producto porque exista _____ de ese producto.

B. Expresiones de la lengua

Estudie las expresiones y complete las siguientes oraciones.

Expresiones de la lengua			
a partir de	*from*	**(no) hay**	*there is (no)*
cabe aclarar	*it's important to*	**duda que**	*doubt*
que	*point out*	**pasar de ser**	*to become*
dar lugar a	*to give rise to*	**por otra parte**	*on the other hand*

1. Las marcas _____ nombres distintivos de las fábricas hasta convertirse en instrumentos de comunicación masiva.
2. _____, la comunicación masiva se utiliza para influenciar al consumidor.
3. _____ la Revolución Industrial se comenzó la manufactura de grandes cantidades de un mismo producto.
4. Las adicciones _____ grandes serios problemas sicológicos.
5. _____ los objetos de las adicciones pueden ser productos o servicios lícitos o ilícitos.
6. _____ respirar aire limpio es una necesidad humana.

Lectura

Consumir y consumir: ¿Una realidad hispanoamericana también?

Al repasar las estadísticas sobre el consumo mundial, el 80 por ciento de la población —unos 816 millones en los países desarrollados— son **asiduos** consumidores de bienes y servicios. En contraste con esta cifra se encuentran los países en vías de desarrollo cuyo consumo llega al 17 por ciento de la población, o sea, unos 912 millones de sus habitantes. Según un estudio hecho por el economista chileno Juan Carlos Andrade Araya, entre los países latinoamericanos de mayores ingresos per cápita se hallan los siguientes datos: el 30 por ciento de la población de México está sobreendeudada; los argentinos son los más endeudados del mundo; Chile y Brasil, aunque su población puede consumir más en relación a su ingreso, todavía sufren de alto endeudamiento personal. Consumir más allá de lo necesario es un fenómeno característico de los tiempos modernos entre los segmentos de la población mundial con mayor poder adquisitivo. A pesar de que este dato excluye a las poblaciones con menos poder de compra, existe una tendencia entre estos grupos a imitar a las clases más **pudientes** en los comportamientos sociales representativos del consumir. Esta tendencia ha tomado fuerza en Hispanoamérica a consecuencia de la expansión mundial de los mercados y las industrias, estilos y rutinas que acompañan dicha expansión. Que esta actividad parezca estar en decadencia o no, debido a la crisis económica mundial, es algo que quedará claro en el futuro.

El consumir de forma **suntuaria,** como costumbre y aspiración de muchas poblaciones mundiales, es un producto de la modernización que trajo el siglo xx. Durante muchos siglos la aristocracia y los mercaderes eran los únicos que tenían acceso al consumo de objetos superfluos. Con la mecanización del proceso de manufactura, la tecnología y la globalización que llegó a su **apogeo** en el siglo xx, se facilitó el acceso a la acumulación excesiva de productos innecesarios y surgió la formación de un nuevo sistema de vida cultural y social. Además del aumento y diversidad del número de tiendas y servicios —mayormente las cadenas estadounidenses— que comenzaron a establecerse en los países hispanoamericanos, el crédito se facilitó por medio de las tarjetas y de los múltiples sistemas que ayudan a financiar las compras. Estas innovaciones comenzaron a llegar **paulatinamente** en los años 70 cuando a nivel mundial ocurrió la transición de comprar para llenar una necesidad funcional a comprar respondiendo al valor atractivo del objeto. Se inició una época de grandes reformas durante la cual se liberaron las diferencias entre la **jerarquía** económica del mundo y la jerarquía social. Como medio de diferenciación se le añadió a la jerarquía social la exigencia del gastar y **ostentar** lo que se posee. Se siguió este proceso con que no solamente era necesario consumir sino comprar artículos de lujo cada día más caros, privilegio en el pasado de las clases **acomodadas.** Como resultado, el que no podía comprar los artículos auténticos **se amparaba** en los pirateados.

Las grandes cadenas, especialmente las que ofrecen productos a bajo costo, se han **difundido** mundialmente propiciando las compras de lo necesario, además de lo innecesario y fácilmente desechable. Tomando en cuenta las particularidades locales, el nuevo orden económico y social se ha propagado en Hispanoamérica teniendo como consecuencia transformaciones en la mentalidad y en los hábitos y prácticas relacionados con el consumo.

Las tarjetas de crédito juegan un papel muy importante en el desarrollo de la sociedad de consumo como se le conoce hoy día. Al facilitar el crédito, los consumidores empezaron a tener acceso a productos cuyos precios, por encima de su poder de compra, ya no les eran inalcanzables. A la tarjeta se le añadieron otros planes de compra como el «layaway», en que se facilitan los pagos hasta que el monto del artículo se salde y el consumidor lo puede reclamar. En fin, las empresas han condicionado a los consumidores a creer que lo que compran va a ser fácil de pagar. Esto lo han logrado mediante los cupones de **rebaja,** las grandes campañas en la televisión y la radio y la llegada de las tiendas por descuento. También ofrecen la supuesta eliminación de los intereses por periodos de doce o venticuatro meses, además de continuas ventas de **remate,** rebajas, «sale» y gangas. En México, aunque «en la actualidad existen 24 millones de tarjetas de crédito, y que de forma permanente ofrecen promociones a meses sin intereses, su uso ha disminuido». Estas promociones prometen la tarjeta «sin necesidad de papeleo» y de forma rápida. El uso sigue bajando porque los intereses que cobran los bancos son muy altos, además de los altos costos del «manejo de cuentas» y los usuarios se arriesgan a perder sus pertenencias en caso de **morosidad** o **desfalco** de los pagos.

En cuanto a los cambios sociales éstos han llegado a muchos de los países hispanoamericanos a través del *mall* y *shopping centers* cuyas visitas han substituido en muchos lugares la tradicional reunión en la plaza o parque central del pueblo o ciudad. El «mall»—limpio, ordenado, climatizado y donde el consumidor se siente protegido—está pasando a convertirse en el centro social preferido de la familia entera. Además de ir de compras, la gente va a estos lugares a encontrarse con amigos, a comer, a caminar o nada más para ser vista. Los centros comerciales también brindan cines, actividades musicales, exhibiciones de nuevos productos y ferias de salud. Otro cambio efectuado por la influencia del marketing estadounidense ha sido la modificación de muchas costumbres tradicionales. Ahora nuevas costumbres como «Halloween» se observan en algunos de los países hispanos.

El crecimiento en el consumo de bienes y servicios ha **imperado** en las costumbres de Hispanoamérica, lo cual según principios capitalistas asegura el progreso de las naciones. Basado en estos principios, en algunas instancias de crisis se le alienta al público que consuma, como le pidió el presidente Bush al pueblo estadounidense unos días después de los ataques del 11 de septiembre de 2001. En cambio, como consecuencia de la contracción de la economía estadounidense que surgió a partir de la crisis financiera de 2008, se espera que las poblaciones de las naciones de Occidente más afectadas se vean obligadas a consumir menos y a ahorrar más. De igual manera, al reducirse la demanda de las economías más avanzadas por las materias primas y otros **insumos** provenientes de Hispanoamérica, el efecto de contracción también se está sintiendo en la región. Esto afecta el poder adquisitivo de las poblaciones y se espera que el consumo se reduzca en proporciones considerables.

¿Qué cree Ud. que quiere decir este anuncio sobre el consumismo de hoy día?

Actividades

A. ¿Qué recuerda Ud.?

Conteste las siguientes preguntas sobre la **Lectura de comercio.** Luego, compare sus respuestas con las de sus compañeros de clase.

1. Enumere las etapas del ciclo de vida de un producto.
2. Explique la tensión esencial de la sociedad de consumo.
3. A su modo de ver, ¿cuáles son los elementos positivos y negativos de la sociedad de consumo?
4. ¿Por qué en algunos países de Hispanoamérica un por ciento muy bajo de la población usa las tarjetas de crédito?
5. ¿Qué es la Ley de Say?
6. Explique brevemente las consecuencias económicas de comprar solamente para llenar una necesidad.
7. ¿Qué es la jerarquía social y qué papel juega el consumo en la transformación de ésta?
8. Explique brevemente la importancia de las tarjetas de crédito en una economía basada en el continuo consumo.

B. Vocabulario

Complete las oraciones usando el vocabulario que se encuentra en las lecturas anteriores.

1. La sociedad de consumo consiste en relaciones de dependencia mutua entre los consumidores y los productos de _____ y servicios.
2. Las necesidades materiales se satisfacen mediante el _____ de los productos que necesitan los clientes.
3. Una necesidad insatisfecha puede llevar a un empresario a crear un nuevo _____.
4. El estudio de las preferencias de los consumidores y de la relación con la producción de bienes y servicios es el terreno de la _____.
5. Cuando una compañía termina un producto desea _____ inmediatamente.
6. La venta de un producto abre el _____ a la venta de otros productos.
7. Los productos se intercambian por medio de la intervención del _____.
8. Las _____ como Coca-Cola y Nike han pasado a ser en el mundo de hoy instrumentos de comunicación masiva que influyen en el consumidor.

C. En sus propias palabras

Explique los siguientes conceptos en sus propias palabras.

1. productos suntuarios
2. poder adquisitivo
3. desechos
4. las tarjetas de crédito
5. duración media de un producto
6. lanzamiento
7. recuperación
8. ciclo de vida de un producto
9. la producción en serie
10. cupones de rebaja

ACTIVIDADES INTERACTIVAS

A. Situaciones

Paso 1 Haga una comparación entre los siguientes grupos de palabras para poner en práctica sus conocimientos sobre la sociedad de consumo.

CONCEPTOS	DIFERENCIAS
vida útil de un producto / ciclo de vida de un producto	
lanzamiento de un producto / recuperación	
decadencia / obsolescencia	
duración media / vida útil	
ventas / calidad	
logotipo / marca	
consumo suntuario / las necesidades básicas	
consumir / ahorrar	
centro social / costumbres tradicionales	
la crisis económica / los hábitos de compra	

Paso 2 Con un compañero / una compañera preparen un plan de acción para lanzar un nuevo producto en un país hispanoamericano. Escoja el país y el producto e investigue si el producto puede tener un atractivo en el mercado local. Si ya circula entre los consumidores, averigüen qué tipo de competencia existe. Investiguen cuáles son sus opciones y qué agencias pueden ayudarlos a desarrollar su plan. Después, haga el papel de empresario mientras su compañero/a hace el papel de consejero. Al revisar todos sus documentos y sus ideas, su compañero/a debe decidir si tiene un buen plan para lanzar el producto.

Paso 3 A uno de sus amigos le gusta comprar artículos de marca, pero ha decidido cambiar sus hábitos para poder ahorrar dinero. Con un compañero / una compañera, investiguen cuáles serían las mejores opciones para comprar productos que sean buenos substitutos de los productos de marca a los que estaba acostumbrado. Hagan una lista de consejos para su amigo para ayudarlo a gastar menos.

B. Un «Día sin compras» en Argentina

Ud. quiere familiarizarse con los movimientos mundiales que se están organizando contra el consumismo desmedido. Consulte la red y lea sobre estos temas. Luego, lea la siguiente información sobre una celebración que se llevó a cabo en Tucumán, Argentina, llamada «Día sin compras» y haga las actividades que aparecen a continuación.

Día internacional contra el consumismo

por Adela Álvarez, representante de Ecosalud-Movimiento Agua y Juventud Argentina

El último sábado de noviembre se celebra el Día Sin Compras, oportunidad que merece una reflexión sobre la sociedad de sobreproducción y sobreconsumo en la que estamos inmersos, y hacer una llamada de atención a la destrucción humana y ambiental que ocasiona este patrón de comportamiento.

Esta iniciativa tiene su origen en 1992, en Canadá. Un trabajador del mundo de la publicidad —Ted Dave— fue quien desde su lugar de trabajo lanzó la idea contra el contante bombardeo del sobreconsumo. Su lema fue: «lo bastante es suficiente». También Kalle Lasn, de origen estonio, con similar iniciativa dice «el exceso de consumo es la madre de todos los problemas ecológicos». También en Norteamérica y Europa están apareciendo asociaciones cuyo objetivo es precisamente que la gente consuma menos para vivir mejor.

Afortunadamente en forma creciente, la religión del crecimiento como panacea es descreída en cuanto se resta el daño ambiental a las cuentas de resultados. Al respecto el Instituto Nacional Holandés de Salud Pública y Protección Ambiental publicó recientemente la Perspectiva Nacional Anual del Medio Ambiente. Tal parece que la compra de más y más productos hace imposible alcanzar objetivos ambientales.

Definitivamente, el modelo de consumo en el que estamos instalados contribuye de forma decisiva al mantenimiento de una situación social y ambiental poco o nada sostenible, en el que los medios de comunicación de masas representan un papel fundamental, pues actúan como cajas de resonancia[1] de la publicidad. La situación resulta especialmente dramática en la TV, cuya dependencia de los anunciantes es prácticamente completa, y nos vende continuamente la idea de que la felicidad se logra en un mundo virtual al que acceder a través de nuestra tarjeta de crédito, lanzando sobre los ciudadanos la consabida[2] ofensiva consistente en repetir hasta la saciedad,[3] especialmente cuando se celebra algún día en especial, mensajes de paz, de amor, y, sobre todo, de consumo. A nuestras obligaciones de ser felices, bondadosos, solidarios, entrañablemente[4] familiares, alegres y divertidos, se une la más sagrada de todas, la de comprar. Mensajes que son captados religiosamente por los buenos consumidores, aquellos que no preguntan, ni se preguntan por el origen, modo de producción, ni el destino de lo que compra. Usar y tirar

---

[1]cajas... *sounding boards*   [2]*usual*   [3]*revulsion*   [4]*intimately*

es la consigna, sin importar en la generación de toneladas de residuos, ni los recursos naturales y energéticos que demandó esa producción. A pesar que nos resulta complicado descubrir el origen de nuestros alimentos, de nuestros vestidos, de decenas de objetos cotidianos, cuando se sospecha que mucho, lo mejor, procede de los lugares donde falta de todo, muchas veces preferiríamos seguir en la ignorancia.

Al respecto cabe mencionar una de las mayores campañas internacionales a comienzos de la década de los 90 para que la firma Nike abandonara **la mano de obra infantil** que fabricaba sus zapatillas con **jornadas** de hasta 70 horas en Indonesia, India y Pakistán haciendo «nikes» en plantas **insalubres.** Se tomó una cierta conciencia que los productos baratos que devorábamos en las tiendas occidentales podían ser fruto de explotación laboral y ambiental. Ahora, el mundo consumista da un alivio a las grandes marcas inundando de productos «todo a cien» elaborados con ingredientes de baja calidad para ofrecerlos al mejor precio. En otros casos nos venden productos que no pasarían los estándares de calidad estrictos. Finalmente, sucumbimos al *Made in China* donde la mano de obra quizás no es infantil, pero es en régimen de esclavitud. Sin darnos cuenta, comprando productos de bajo costo y de «todo a cien» estamos perpetuando que el planeta se vea envenenado por la contaminación global. La producción de bienes baratos para el primer mundo conlleva que en las áreas de producción chinas y del sudeste asiático, pero también en Latinoamérica y Norte de África, se paguen salarios de miseria, no se otorguen derechos laborales y se mantengan en régimen de esclavitud a los trabajadores. Los niños se venden como esclavos para trabajar en canteras[5] o en minas y, en el caso de las niñas, como sirvientas domésticas. Seiscientos millones de niños viven en la pobreza, con apenas acceso —o sin él— a servicios de salud, educación y se mantengan oportunidades de futuro. Se estima que 56 millones morirán y 75 millones de niños continuarán sin tener acceso a la educación. Por lo que la clave[6] está en la actitud que tenemos los ciudadanos frente al consumo. Por cada producto de «todo a cien» o para ser exactos de «bajo coste» fabricado en China estamos contribuyendo a todas estas cifras de desolación infantil y degradación ecológica que normalmente no están al alcance de nuestros ojos. Valga en esta oportunidad un excelente aforismo de Epicuro: «Nada es suficiente para quien lo suficiente es poco». Y, además, insistió en que detenerse cuando se alcanza lo suficiente es una de las condiciones básicas para poder disfrutar de la vida. Sin duda porque cuando lo consigues ganas una gran cantidad de tiempo, para la libertad y para el ocio creativo.

Con las decisiones de cada día, principalmente respecto al consumo, todos contribuimos a que nuestra sociedad sea más o menos justa y, por lo tanto, cada uno

Un centro comercial antes de la Navidad

---

[5]*quarries*   [6]*key factor*

(continúa)

tiene su parte de responsabilidad social. La sociedad de consumo debe graduarse en conducta ética. La llamada de la **sostenibilidad** no es más que el respeto a la comunidad humana y al entorno **medioambiental** de cada uno de los procesos productivos, a fin de no **agotar** los recursos y respetando los derechos humanos.

Si el paradigma del hombre moderno es el hiperconsumismo, que sea la austeridad con la limitación a lo absolutamente necesario el paradigma del nuevo modelo productivo. Si esto parece utópico es algo que sabrán nuestros descendientes.

1. ¿Qué es el «Día Sin Compras» y por qué se celebra?
2. Según el artículo, ¿cuál debe ser la conducta ética apropiada tanto de los consumidores como de los productores?
3. ¿Cómo se define en la lectura la sostenibilidad?
4. ¿Quién comenzó el movimiento social de rechazo del consumismo y por qué?
5. ¿Cómo se traduciría al inglés «lo bastante es suficiente»? Dé otra versión en español.
6. ¿Por qué el comprar productos baratos contribuye a que no se cumpla con la responsabilidad social con otras poblaciones del mundo que viven en condiciones de pobreza?

C. En la red

En grupos de tres, busquen información en la red sobre la sociedad de consumo en un país de Hispanoamérica. Cada persona debe escoger un país distinto. Usen como guía las siguientes preguntas para preparar un informe que compartirán con la clase.

La sociedad de consumo en general

1. Indique si hay grandes diferencias sociales en el país y en qué se basan éstas. ¿Cómo llegó a esa conclusión?
2. ¿Qué dicen los periódicos, artículos del Internet y de revistas sobre las necesidades básicas de las poblaciones del país?
3. Según los datos demográficos que encontró, ¿dónde cree Ud. que compra la mayoría de la gente?
4. ¿Cuáles son los centros comerciales más importantes del país? Busque bajo «mall», centro comercial, plaza o «shopping center».

Paso 2 En general, ¿cuáles son las diferencias y semejanzas entre los países que Uds. estudiaron?

HACIENDO HINCAPIÉ

La siguiente lectura es una selección de un ensayo escrito por Andrés Oppenheimer, sobre el consumismo de productos estadounidenses en México, y sobre los efectos en la sociedad que trae consigo el consumismo y las nuevas costumbres que se adoptan en la vida de un país. Lea con cuidado el ensayo y busque en un diccionario las palabras que no comprenda para que después conteste las preguntas que le siguen y exprese su opinión.

Panorama real

«Long Live Mexico» (selección)*
por Andrés Oppenheimer

…Es domingo por la tarde, y los pasillos del gigantesco centro de compras Perisur de esta ciudad están repletos de gente. Los padres de familia se pasean en sus trajes de jogging Adidas y zapatillas de tenis Reebok, mientras sus mujeres devoran con la mirada **las vidrieras** donde están expuestas las últimas prendas sport recién llegadas de Estados Unidos.

Mientras caminan, algunos llevan en la mano una Coca-Cola, en vasos de cartón con el emblema de McDonald's. Otros van comiendo papitas chips de Cheerios, mientras sus niños corretean por todos lados, tratando cada tanto de arrastrar a sus padres a las salas de juegos de video. Por los altoparlantes[1] de los corredores se escucha el ultimo hit de Willie Nelson, el astro[2] del *country music* del país del norte…

«Las familias mexicanas solían reunirse los domingos por la tarde en casa de los abuelos, con los tíos, primos y los niños de todos», me señaló Guadalupe Loaeza, la conocida escritora y crítica social, en su casa de esta ciudad. «Ahora van a los malls, como en Miami». Para Loaeza, no hay mucho que festejar[3] en esta nueva costumbre de los mexicanos de pasarse el fin de semana en las tiendas. «Estamos importando el modo de vida norteamericano, que está destruyendo nuestras mejores tradiciones, como la unidad familiar», se lamentó la escritora.

Éstos no son asuntos triviales en México, un país cuyo pueblo no deja de recordar constantemente a los visitantes la pérdida de gran parte de su territorio a manos de Estados Unidos en el siglo pasado. Desde la revolución mexicana de 1910–1917, la política, la literatura y las artes mexicanas han estado impregnadas por una fuerte dosis de antiyanquismo.[4] Esto es en parte una reacción lógica contra el país que ha usurpado una buena parte del territorio nacional, pero también se debe a décadas de «propaganda oficial, impulsada por un partido gobernante que se ha amparado en la retórica «revolucionaria» para perpetuarse en el poder en nombre de su supuesta defensa de los valores nacionales…»

Aunque la influencia norteamericana se ha hecho sentir en México desde hace décadas, se ha vuelto más visible desde que el presidente Carlos Salinas de Gortari tomó posesión del cargo en 1988. Desde el comienzo de su presidencia, Salinas permitió la importación de cada vez más productos del país del norte, en un esfuerzo por aumentar la competitividad y reducir los precios de los productos nacionales.

---

[1]*loudspeakers* [2]*star* [3]celebrar [4]*anti-Americanism*

*Excerpted from "Long Live Mexico", a column by Andrés Oppenheimer. © 1993, The Miami Herald. Distributed by Media Services.

(continúa)

Muy pronto, la importación de productos norteamericanos se convirtió en una avalancha. Los supermercados de la capital fueron prácticamente inundados de productos *made-in-USA*. Y los centros comerciales como Perisur comenzaron a transformar la geografía urbana del país. Al principio, las grandes tiendas fueron erigidas[5] en las afueras[6] de las ciudades. Luego vinieron las tintorerías[7] y los *drug stores* que se construyeron a su lado. Pronto, se construyeron nuevas **urbanizaciones** alrededor de los flamantes[8] centros comerciales. Así como las catedrales e iglesias habían sido en el pasado el centro de las ciudades mexicanas, los centros comerciales se han convertido en **el eje** alrededor del cual se erigen los nuevos barrios residenciales. Igual que los suburbios en Estados Unidos...

Grandes rótulos de neón de McDonald's, Burger King, Arby's, Kentucky Fried Chicken, Subway y Domino's Pizza empezaron a aparecer casi de la noche a la mañana en las principales avenidas del país. Las cadenas de *fast-food* norteamericanas se convirtieron en un éxito inmediato. Incluso en las ciudades mas tradicionales, como Guadalajara, donde la vida social hasta hace poco **giraba en torno a** la misa del domingo y el paseo por la plaza central, los restaurantes de comida rápida son los nuevos lugares «in». Su repentina[9] popularidad ha desplazado algunas costumbres centenarias, que muchos definían como parte del ser mexicano. Por ejemplo, los cumpleaños de los niños en sus casas, y las piñatas que allí tenían lugar, parecen condenados a convertirse en cosa del pasado.

«Es triste decirlo, pero mis hijos no quieren hacer su fiesta de cumpleaños a menos que la hagamos en McDonald's», me contó con melancolía Zaida Frías, una madre de tres niños en Guadalajara. «La tradición de la piñata está muriendo, porque la mayoría de los McDonald's no las tienen»... Hasta los mexicanos que comen en sus casas están cambiando sus hábitos alimenticios. En muchas familias de clase media, las tortillas de maíz, la comida típica mexicana desde los días de los aztecas, están siendo reemplazadas rápidamente por el pan, un producto hasta hace poco casi exótico en este país. «En casa, mi esposo y yo seguimos comiendo tortilla todos los días, pero mis hijos ni las tocan», me dijo Frías mientras caminábamos por el centro de Guadalajara. «Lo único que quieren es sándwiches».

Algunos mexicanos de clase trabajadora también están abandonando su dieta de frijoles y tortillas de maíz para comer pan. Según algunos expertos, esto está disminuyendo su nivel de proteínas. Un informe publicado el año pasado por el periódico *Unomasuno* citó a expertos según los cuales el consumo de frijoles disminuyó 43,3 por ciento en la última década, y el de tortillas de maíz casi un 2 por ciento, a pesar del crecimiento de la población.

Según Monsiváis,[*] la influencia norteamericana está yendo mucho más allá de los hábitos de consumo. El año pasado, el escritor notó con asombro como, por primera vez, niños disfrazados comenzaron a golpear la puerta de su casa pidiendo golosinas la noche de Halloween. Gran parte de la capital mexicana estaba celebrando la tradicional noche de brujas, una costumbre norteamericana que hasta hace poco tiempo era prácticamente desconocida aquí.

---

[5]*built* [6]*outskirts* [7]*dry cleaners* [8]*brand-new* [9]*sudden*
[*]Carlos Monsiváis es un escritor y periodista mexicano, famoso por sus crónicas (*columns*) y ensayos políticos.

A medida que el Halloween gana cada vez más adeptos, la tradicional celebración mexicana del 2 de noviembre, el Día de los Muertos, está desapareciendo. Tanto es así, que el gobierno mexicano ha comenzado a intervenir para mantenerla viva con actividades **patrocinadas** por el Estado. «Las tradiciones mexicanas están cada vez mas confinadas a los museos cuando el gobierno y los antropólogos tienen que meterse para proteger el Día de los Muertos, es una señal de que ya es demasiado tarde», reflexiona Monsiváis…

El año pasado, por ejemplo, las salsas picantes mexicanas sobrepasaron al *ketchup* como el condimento más vendido en Estados Unidos, según Packaged Facts, una firma neoyorquina de investigaciones de mercado. Y aunque muchos McDonald's en México todavía no hacen piñatas, algunos McDonald's en Los Angeles están comenzando a promocionarlas como gancho[10] para que los mexicanoamericanos hagan allí sus fiestas infantiles…

Quizá los optimistas tengan razón, y a largo plazo los mexicanos terminen ganando la batalla, dejando profundas huellas[11] en la sociedad norteamericana. Pero caminando por el *shopping center* de Perisur, y mirando a las parejas de mexicanos caminando con sus trajes de jogging Adidas, no puedo dejar de pensar que Estados Unidos está ganando el *primer round.* En lo bueno y en lo malo.

---

[10]*hook*   [11]*footprints*

A. **Después de leer.** Conteste las siguientes preguntas sobre el **Panorama real.**

1. ¿Qué escena de comportamiento moderno describe el autor?
2. ¿Qué está destruyendo ese comportamiento moderno y por qué? ¿Qué costumbres se están perdiendo?
3. ¿Por qué la realidad que se describe en la lectura es una paradoja histórica?
4. ¿De qué culpa el autor al ex presidente de México Calos Salinas de Gortari? ¿Por qué?
5. ¿Está Ud. de acuerdo con la conclusión al final de la selección? ¿Por qué sí o por qué no?
6. ¿Cree Ud. que la influencia de la cultura Mexicana en los Estados Unidos es cada día más fuerte? ¿En qué áreas de la vida? Dé ejemplos concretos.

B. **Temas de discusión**

- Las consecuencias culturales y sociales en México de la presencia de tiendas procedentes de los Estados Unidos
- Los cambios en las costumbres y tradiciones de México
- Los cambios en los hábitos de consumo y en los comercios locales
- La preocupación entre los pensadores mexicanos con la transformación del mundo y lo que esto significa en la percepción de la identidad nacional

CONTEXTO CULTURAL

Antes de leer

Conteste las siguientes preguntas antes de leer la entrevista que aparece a continuación. Después, compare las respuestas con las que darán Ud. y sus compañeros al final.

1. ¿Puede Ud. explicarle a un compañero / una compañera qué es la sociedad de consumo?
2. ¿Por qué cree Ud. que la gente compra tanto?
3. ¿En qué países cree Ud. que se encuentran las poblaciones que más compran?
4. ¿Cree Ud. que en el mundo de habla hispana se compra menos o se compra más que en los Estados Unidos, por ejemplo? Explique por qué.
5. ¿Cómo ha afectado la sociedad de consumo al medioambiente?
6. ¿Cree Ud. que hay conciencia de protección al medio ambiente en Hispanoamérica? ¿Por qué sí y por qué no?

Protocolo cultural

Entrevista al Dr. Humberto Valencia

El Profesor Humberto Valencia recibió el doctorado en Administración de empresas (Marketing) de Georgia State University en el 1982. Desde 1987, el Dr. Valencia es Profesor de Marketing en Thunderbird School of Global Management. Actualmente es Vicerrector de Educación a Distancia y Director Ejecutivo del Programa Global MBA para Gerentes Latinoamericanos, un programa de educación virtual, que se ofrece en los Estados Unidos y varios países de Hispanoamérica. El Dr. Valencia es un experto en marketing internacional y en el mercado hispano en los Estados Unidos. Ha publicado dos libros y más de veinticinco artículos académicos y ha dictado varios seminarios para alumnos y ejecutivos. También ha dirigido proyectos de consultoría para las empresas IBM, Kraft/General Foods, Proctor & Gamble, Bayer, Dow Brands, Kodak, Univisión, AFLAC y Woolworth, entre otras.

1. **Defina en general la sociedad de consumo.**
    La sociedad de consumo es una sociedad que le gusta consumir productos y que busca nuevos productos en forma regular; que está entusiasmada por probar cosas nuevas, inventos nuevos, tecnologías nuevas y generalmente es una sociedad que tiende a ser de la clase económica superior de la economía de un país.

2. **¿El impulso de la sociedad de consumo viene de los consumidores o de los productores?**

Yo creo que viene de ambos. Los consumidores están interesados en nuevos productos, pero obviamente en los casos de la tecnología, por ejemplo, no puede predecir perfectamente cuáles van a ser esos nuevos productos que van a salir en el futuro. La tecnología tiene que adelantarse y lanzar productos que podrían ser de interés de ellos como se vayan produciendo, por ejemplo, los chips. Antes, las computadoras existentes que producía la IBM eran monstruos que llenaban edificios completos de muchos metros cuadrados. Hoy en día, son muy pequeñas, pero la capacidad de los chips es mucho mayor. La parte de la tecnología que avanza nos permite la capacidad que tenemos en los celulares, en las computadoras y en los televisores y en muchos otros productos. Pero también los consumidores son los que acogen las nuevas tecnologías, los nuevos productos que salen al mercado y que eventualmente hacen que se siga innovando en esas categorías de productos.

3. **¿Cree Ud. que la sociedad de consumo y la tecnología acortan el ciclo de vida de los productos?**

Es una tendencia general. No sólo los consumidores buscan nuevos productos para estar a la moda, o para sentirse que tienen lo último en la tecnología, lo más rápido, lo más veloz, ya sea en el caso de automóviles o sea en el ahorro de energía o en los televisores planos,[1] por ejemplo. Pero también tiene mucho que ver con la tecnología y cómo avanza esta tecnología de acuerdo a las invenciones que salen al mercado.

4. **¿Cómo se caracteriza la sociedad de consumo en general?**

La característica principal para participar en la sociedad de consumo es tener la capacidad económica para hacerlo. Tienes que tener el dinero para poder comprar esos nuevos productos y participar. En Latinoamérica hay muchas personas que sobreviven con uno o dos dólares al día. Difícilmente este segmento de la sociedad se pueda acoger a lo que llamaríamos la sociedad de consumo al estilo de los Estados Unidos. Como complemento a lo que estoy diciendo, hay un gran porcentaje de la población, ya sea un 10 por ciento en México, un 30 por ciento en Perú, o un 50 por ciento en Bolivia, aproximadamente, que son poblaciones que ni tan siquiera tienen acceso a electricidad o a agua potable. La sociedad de consumo también tiene mucho que ver con tener educación para entender los nuevos productos. Hoy en día no es simplemente como antes que prendías el televisor apretando un botón y con otro le cambiabas los canales, ahora hay que leerse un manual de entrenamiento para entender cómo se prende el equipo y cómo se organiza para utilizarlo. Otra característica de la sociedad de consumo en la actualidad es el acceso al Internet porque a través del Internet, un área nueva en el mercado, nos enteramos de lo que está pasando, y en dónde estamos comprando cada día más. En Latinoamérica se está utilizando más y más, pero el uso todavía es inferior al de los Estados Unidos.

---

[1]*flat-screen*

(continúa)

5. **Dadas las diferencias en los niveles de ingreso y en los niveles de educación, ¿cuáles son las diferencias claves entre la sociedad de consumo en Hispanoamérica y en los Estados Unidos?**

   La diferencia más importante sería el poder adquisitivo de cada uno de los dos grupos. En Hispanoamérica existe gente con mucho, mucho dinero, pero es un porcentaje muy pequeño. En los Estados Unidos ese porcentaje es mucho más grande; en Europa es también bastante grande, así como en Japón. Eso sería la diferencia más importante sin desacreditar[2] o restarle[3] mérito al porcentaje de gente que tiene mucho poder adquisitivo en Latinoamérica. Pasa lo mismo en la educación. El porcentaje de población que tiene una educación superior, universidad o grado en los Estados Unidos es mucho mayor. De la población adulta de este país —quiere decir personas de 25 años en adelante— el 20 por ciento tiene un título de maestría y un 40 por ciento tiene un título universitario. Los porcentajes en Hispanoamérica son bastante inferiores a estos números.

6. **¿Cuál es el papel del crédito de consumo instrumentado por las tarjetas de crédito en la sociedad de consumo?**

   Vivimos en un mundo donde la gente ya menos y menos paga con dinero en efectivo. Las tarjetas de crédito y las de débito son medios comunes dentro de la sociedad de consumo, que es otro segmento que también está «bancarizado». Por bancarizado me refiero a personas que tienen por lo menos una cuenta bancaria, ya sea una cuenta de cheques, una cuenta de ahorros o quizás una cuenta de crédito. Es a través de este medio que la gente empieza realmente a participar en la sociedad de consumo porque para comprar algunos artículos, por ejemplo, una «laptop» que te cuesta $1.500,00–$2.000,00, o su equivalente en moneda local, la gente no camina con ese tipo de dinero en **efectivo,** especialmente con el miedo que hay de que te puedan robar o que te puede pasar algo peor por traer esa cantidad de dinero. De este modo la tarjeta de crédito es muy importante. Recordemos que el porcentaje de personas bancarizadas en Hispanoamérica es un porcentaje relativamente pequeño. En Perú, aproximadamente un tercio[4] de la población económicamente activa tiene por lo menos una cuenta bancaria.

7. **Si la proporción de consumidores que tiene acceso a servicios financieros es relativamente baja en Hispanoamérica, ¿cuáles son las perspectivas con respecto a la expedición y el uso de tarjetas de crédito?**

   El hecho que la proporción sea pequeña te da mucha oportunidad de crecimiento y efectivamente este número está creciendo rápidamente. En Argentina en el 2007, creció el número de personas con crédito y cuentas bancarias un 60 por ciento. En Venezuela creció un 100 por ciento. Son números muy interesantes de crecimiento. Hay mucha oportunidad para las tarjetas de crédito y para las tarjetas de débito, que poco a poco se está moviendo más. Hay oportunidades de crecimiento muy fuertes porque una pequeña parte de la población tiene ese tipo de tarjetas.

---

[2]*discredit*   [3]*take away*   [4]*third*

8. **¿Cree que el crédito de consumo, mediatizado[5] por la tarjeta, reduce la capacidad de ahorro de los hispanoamericanos, o esto se debe a otras razones culturales, y cuáles serían éstas?**

En parte tiene que ver en el sentido de que si tienes una tarjeta de crédito, se te hace mucho más fácil comprar algún artículo. No lo piensas dos veces; sacas la tarjeta y lo pagas. Hacen el pago mucho más fácil que si tuvieras que hacerlo al contado.[6] Sin embargo, las tasas de ahorro[7] se deben a muchos otros factores independientes a las tarjetas de crédito. Por ejemplo, el monto de dinero que ganan las personas, la inflación es otro factor y también así como en los países desarrollados las tasas de crédito están afectando el nivel de consumo de las personas. En el sentido de que las personas están haciéndose de deudas bastante cuantiosas, utilizando mucho el crédito disponible. ¿Cómo ha cambiado el consumismo? La sociedad de consumo ha ido creciendo según ha ido creciendo el **producto interno bruto (PIB)** de los países y también el producto interno bruto más importante que es el de los individuos. Ahora ganan un poco más; mientras crece económicamente un país también crece la sociedad de consumo y hay más y más personas que ingresan a tener cuentas bancarias e ingresan a la sociedad de consumo del futuro.

9. **¿Qué papel juegan las marcas en las sociedades hispanoamericanas?**

Las marcas juegan un papel importante porque eventualmente son las marcas las que demuestran que tú has llegado a tener esa capacidad de consumo y más importantes son las marcas que se pueden demostrar públicamente. Hay productos que los consumes en privado como la pasta dental y en ese caso no importa tanto si usas una marca mundial, o reconocida, una marca local, una marca que se ofrece a un precio de descuento en los supermercados. Sin embargo, en la ropa, en los relojes, en ese tipo de artículos que pueden ser vistos por la gente, es más importante el valor de las marcas porque tú lo puedes demostrar. En Hispanoamérica, las marcas son muy importantes para las personas que las venden: los gerentes de marcas, obviamente, o los gerentes de marketing, así como para las empresas que desarrollan lo que en inglés se llama el *«brand equity»*. No sé si haya una buena traducción al español, pero es algo como el valor de la marca. El *«brand equity»* lo que eventualmente representa es lo que cuesta un nombre como Coca-Cola, y cuánto cuestan esas ocho letras sin poner ningún producto, ningún servicio, nada más que esas ocho letras frente al consumidor; o tres letras, como en el caso de IBM. Éstas son dos de las marcas que a nivel mundial tienen mayor valor simplemente como marcas y exclusivamente como marcas.

10. **La relación entre la sociedad de consumo y el efecto sobre el medio ambiente, debido a la basura que se produce, ¿es un asunto que preocupa a los hispanoamericanos? ¿Por qué sí o por qué no? ¿Cómo manejan este problema?**

Como utilizamos más el medio ambiente, o sea los árboles para producir papel, o sea el algodón para producir prendas, o sea los metales

---

[5]*influenced*   [6]hacerlo… *pay for it in cash*   [7]tasas… *savings rates*

(continúa)

para producir computadoras, o automóviles, o lo que sea, más rápido estamos utilizando el medio ambiente. Por eso el reciclaje de los productos es muy importante. No nos olvidemos que hay muchos productos que no son tan fácilmente reciclables y hay muchos productos que lo que producen es simplemente basura. Por ejemplo, el vidrio. El vidrio demora millones de años para desecharse completamente, o deshacerse completamente. Tenemos baterías de teléfonos celulares, automóviles y computadoras que utilizan ciertos químicos e ingredientes que son muy dañinos para el medio ambiente y algunas de estas baterías contaminan los pozos de agua[8] que eventualmente también nos alimentan o nos dan de beber. Todo esto es un ciclo que tenemos que manejarlo muy bien. Creo que la sociedad de consumo acelera ese tipo de deshechos dañinos por lo cual necesitamos más reciclaje. Ahora está emergiendo una conciencia más responsable de parte de los consumidores que prefieren consumir productos verdes, los cuales ecológicamente son amigables con el ambiente.[9] Los consumidores están más conscientes de este tipo de producto. Está entrando la conciencia de los vegetales que son cultivados sin el uso de fertilizantes e insecticidas y los frutos orgánicos, lo que era más una moda de los países desarrollados. Ese tipo de conciencia está llegando a Latinoamérica y muchas empresas hoy en día son ecológicamente responsables con el medio ambiente y hay quienes prefieren pagar un poco más por los productos de esas empresas.

---

[8]pozos… *groundwater*   [9]amigables… *environmentally friendly*

Después de leer

Paso 1 Responda las siguientes preguntas. Luego, compare sus respuestas con las de un compañero / una compañera y discútanlas con la clase.

1. De acuerdo a las respuestas que Ud. dio al principio y las que ofreció el Dr. Valencia, ¿cuáles cree que son las diferencias más importantes entre la actitud hacia el consumo entre los estadounidenses y los hispanoamericanos?

2. ¿Cuál es la relación entre el consumo y el nivel de educación de los consumidores y cómo esto afecta el consumo de los productos tecnológicos?

3. ¿Por qué el porcentaje de la gente que usa tarjetas de crédito varía tanto entre los países de Hispanoamérica?

4. ¿Qué valor tienen las marcas y logotipos para el consumidor en Hispanoamérica?

5. ¿Piensa Ud. que en Hispanoamérica se pueda fácilmente implementar la venta de los productos verdes? Explique y justifique su respuesta.

6. ¿Qué opina de la contestación que dio el Dr. Valencia acerca de los pocos usuarios de bancos entre la población de Hispanoamérica?

7. ¿Qué piensa Ud. de la baja tasa de ahorro en el mundo hispanoamericano y a la vez el aumento del consumo? ¿Es este comportamiento común en el mundo de hoy? Explique.

8. Describa las acciones que debe tomar un país para superar la contaminación del ambiente. ¿Piensa Ud. como el Dr. Valencia que ya se está viendo esa conducta en Hispanoamérica? ¿Por qué sí o por qué no?

Paso 2 Entreviste a una persona que haya trabajado en el marketing o en una compañía de tarjetas de crédito y compare sus respuestas y experiencias con las del Dr. Valencia.

EN EL MUNDO DE LOS NEGOCIOS

Presentaciones profesionales

En el mundo de los negocios es importante sentirse cómodo/a al hablar delante de sus colegas, clientes y gerentes hispanohablantes. Haga una presentación oral para sus «colegas» usando uno de los temas que aparecen a continuación. Ud. es libre de escoger otro tema si desea, previa consulta con su profesor. Asegúrese que las fuentes de información que consulte sean confiables. La presentación debe hacerse en PowerPoint™, como si se tratara de una presentación profesional.

Temas:

- Actitudes típicas ante el consumo en un país de Hispanoamérica
- Los cambios permanentes que ha ocasionado la sociedad de consumo a nivel global
- Ventajas y desventajas para una sociedad de optar por una estrategia «verde» en su consumo y sistemas de producción
- Las consecuencias negativas y positivas de la sociedad de consumo

Redacción comercial

Es importante saber comunicarse por escrito en las situaciones profesionales. Escoja uno de los siguientes ejemplos y escriba una carta profesional según el modelo.

1. Escriba un memorando en que anuncia una estrategia «verde» para eliminar los desperdicios en su tienda.

2. Escriba un correo electrónico a los empleados de su sección en el que les anuncia las actividades de apertura de una nueva tienda de su compañía en el centro comercial más lujoso de la ciudad.

3. Escriba una carta a un banco para reclamar cargos equivocados en su tarjeta de crédito.

La siguiente es una carta en la cual una empresa telefónica le responde a un cliente.

Telefónica
Miércoles, 30 de enero de 2008

Estimado cliente:

Nos dirigimos a Ud. respondiendo a su reclamo sobre el Abono de Servicio/s formulado el día 10/01/2008, con el propósito de informarle el resultado de las revisiones realizadas, donde hemos verificado que no se produjeron irregularidades, confirmando así que los importes han sido correctamente facturados.

Si a la fecha de recepción de la presente nota la factura objetada no ha sido abonada, por favor, le solicitamos efectuar el pago en cualquiera de los medios habilitados a tal fin.

De permanecer impaga la factura en trato pasados los 30 (treinta) días corridos de la fecha de vencimiento procederemos según lo señalado en los artículos 44 a 48 del Reglamento General de Clientes del Servicio Básico Telefónico.

Sin otro particular, saludamos a Ud. muy atentamente.

Walter Grondona

Walter Grondona
Gcia Gestión de Reclamos

VOCABULARIO

acomodado/a	*well-off*	**el lanzamiento**	*launch*
agotar	*to use up*	**el logotipo**	*logo*
ampararse (en)	*to seek protection (in)*	**la madurez**	*maturity*
a partir de	*from*	**la mano de obra infantil**	*child labor*
el apogeo	*height*	**medioambiental**	*environmental*
apresurado/a	*rushed*	**el monto**	*sum*
asiduo/a	*frequent*	**la morosidad**	*default*
el atributo	*attribute, quality*	**(no) hay duda que**	*there is (no) doubt*
cabe aclarar que	*it's important to point out*	**obsolescencia**	*obsolescence*
		ostentar	*to flaunt*
la calidad	*quality, value*	**pasar de ser**	*to become*
la carencia	*lack*	**la patología**	*sickness*
el consumo	*consumption*	**el patrón**	*pattern*
dar (*irreg.*) **lugar a**	*to give rise to*	**patrocinado/a**	*sponsored*
el desecho	*waste*	**paulatinamente**	*gradually*
el desfalco	*embezzlement*	**por otra parte**	*on the other hand*
deshacerse (*irreg.*) **de**	*to get rid of*	**la producción en serie**	*mass/serial production*
difundir	*to spread*	**el producto interno bruto (PIB)**	*gross domestic product (GDP)*
el efectivo	*cash*		
el eje	*axis, core*	**pudiente**	*wealthy*
enlatado/a	*canned*	**la rebaja**	*discount*
envase	*bottle, container*	**la recuperación**	*recovery*
la etapa	*stage*	**reemplazado/a**	*replaced*
la exigencia	*demand*	**el remate**	*clearance*
girar en torno a	*to revolve around*	**retroalimentarse**	*to feed back*
el hogar	*household*	**la sociedad de consumo**	*consumer society*
(i)lícito/a	*(il)legal*	**la sostenibilidad**	*sustainability*
imperar	*to prevail*	**suntuario/a**	*extravagant*
insalubre	*unhealthy*	**el terreno**	*field*
el insumo	*comsumable*	**el trastorno (sicológico)**	*(psychological) disorder*
inverosímil	*implausible*	**ubicado/a**	*located*
la jerarquía	*hierarchy*	**la urbanización**	*housing development*
la jornada	*work week*	**la vidriera**	*shop window*

Capítulo 8

Los recursos humanos

La oficina de recursos humanos está encargado de reclutar, entrevistar y contratar a nuevos empleados.

Los recursos humanos son un elemento imprescindible en la estructura de cualquier empresa. Se puede definir los recursos humanos como el departamento u oficina de una empresa u organización que se responsabiliza del orden de su capital humano y todo lo relacionado con él. Es decir, los recursos humanos son la parte de la empresa que obtiene, desarrolla, mantiene y conserva la cantidad y calidad de sus **empleados** y **obreros;** o sea, de todos aquellos individuos involucrados en alcanzar las metas de la compañía para la cual trabajan. Entre las actividades que más sobresalen en el departamento de recursos humanos están **el reclutamiento** de empleados, conforme a la complejidad o sencillez de la empresa, la toma de decisiones, la capacitación y la adopción de prácticas que los empleados o miembros de la organización llevarán a cabo. En tiempos modernos se cuenta con la participación de los recursos humanos en las decisiones gerenciales ya que se considera una división clave en la realización de las metas estratégicas de las organizaciones.

En este capítulo Ud. va a:

• Aprender sobre los departamentos de recursos humanos y su función
• Aprender vocabulario y conceptos relacionados con los recursos humanos

- Emplear expresiones de uso diario en el ámbito de las relaciones laborales
- Adquirir conocimientos sobre las actividades de los recursos humanos en Hispanoamérica
- Comparar las actitudes hacia los recursos humanos en las culturas estadounidense e hispana
- Aprender acerca de la mentalidad clave del empleado hispano sobre los recursos humanos y las relaciones laborales

Antes de leer

Tenga en cuenta las siguientes preguntas al leer la **Lectura preliminar.**

1. ¿Cuál es la importancia de los recursos humanos en una empresa?
2. ¿Cómo y por qué nació la idea de crear una oficina de recursos humanos?
3. ¿Cuál es la conexión entre la mano de obra y los recursos humanos?
4. ¿Cómo decide una empresa qué perfil debe tener un candidato para un puesto nuevo y el método de contratar a un empleado para ese puesto?
5. ¿Podría explicar la relación entre recursos humanos a escala local y en el ámbito global?
6. ¿Por qué los recursos humanos tienen un papel importante en la sociedad multicultural contemporánea?

Lectura preliminar

Los recursos humanos

Durante siglos, la naturaleza del trabajo se concentró en el sector primario de la economía: la agricultura, la ganadería, la pesca y la extracción de minerales. Durante este tiempo el proceso de **contratar** a un trabajador o empleado era bastante simple. La economía se basaba casi exclusivamente en una relación entre el dueño y **el personal** que consistía de **peones, jornaleros** y **criados.** Todo esto, sin embargo, comenzó su paulatina transformación estructural con la llegada de la Revolución Industrial del siglo XIX. Durante esta época, las **aportaciones** de la ciencia y la educación al comercio hicieron posible la mecanización de muchas labores. Al mismo tiempo, el ambiente **insalubre** del **hacinamiento** en las fábricas y talleres, los gases y **desperdicios** malsanos, la presencia de aparatos y motores, además de la mala alimentación en general, produjeron un **entorno** laboral que ponía en peligro la vida de los

(continúa)

trabajadores. Esto precipitó la creación del departamento del **bienestar** del trabajador, predecesor a las oficinas de recursos humanos, que se ocupaba de ayudar a los trabajadores en asuntos que tenían que ver con vivienda, salud o educación y no con las operaciones de la empresa.

El siglo XIX fue testigo del estudio y análisis sobre el capital humano por parte de autores clásicos como Adam Smith, Karl Marx, David Ricardo, Lewis y Hirschman. Estos autores escribieron con relación a las habilidades intrínsecas de la fuerza laboral y las ventajas de la especialización del trabajo en un producto o servicio específico. También trataron temas como el capital humano como factor decisivo en el desarrollo y progreso que va a determinar los diferentes grados de desarrollo en el mundo. El consenso, entre estos teóricos de la economía, era que el capital humano es uno de los factores de más importancia para el progreso y crecimiento económico de un país. Existe, obviamente, una relación entre los sistemas de educación y el desarrollo de los recursos humanos. Aunque las ideas de estos escritores influyeron en la forma en que gobiernos y empresas se administraban, no fue hasta la tercera década del siglo XX que los recursos humanos fueron objeto de más atención.

El progreso de un país o empresa se registra en el éxito de la actividad económica. Para mantenerse al frente de la competencia, la innovación y la creatividad son de vasta importancia para cualquier organización. Esto hace que el departamento de recursos humanos dedique un gran esfuerzo en **la contratación** y en la retención del personal indicado de modo que se cumpla con los objetivos de la compañía. También las empresas se ven obligadas a crear un ambiente de trabajo agradable para que sus empleados y obreros se sientan a gusto y refuercen su lealtad y colaboración hacia ellas. Por ejemplo, tratan de evitar todo tipo de acoso sexual y discriminación laboral.

La oficina de recursos humanos **está al pendiente** de los cambios del mercado. De esa forma puede modificar sus estrategias de capacitación del personal o de reestructuración de **la plantilla,** en caso necesario, y así mantener una fuerza laboral competitiva. En la globalización del mundo comercial actual, donde las innovaciones son una constante, el departamento de recursos humanos es responsable de la administración del capital humano y apoya la capacitación de personal que el mercado vaya exigiendo. Para ser competitivos, un país o una empresa debe tener una plantilla entrenada en los últimos avances tecnológicos y administrativos. Es decir, están obligados a capacitar, preparar y tener en cuenta las necesidades de sus empleados para asegurarse de que tienen el capital humano necesario para alcanzar sus metas.

El desarrollo y aplicación de programas y cursos de capacitación constante son trascendentales tanto para los nuevos empleados como para aquellos que ya han formado parte de la plantilla por algunos años. La empresa debe asegurarse que sus empleados, técnicos y obreros están a la vanguardia y que tienen los conocimientos necesarios para **el puesto** que **desempeñan** dentro de sus respectivos departamentos. Obviamente este proceso ayuda al desarrollo personal del empleado y se refleja en el progreso interno de la empresa, aumentando así la productividad y calidad del trabajo.

El propósito de los recursos humanos no debería variar mucho de una corporación a otra sin importar el tamaño. En el caso de las empresas pequeñas o medianas (PYME) y de las multinacionales, es el deseo fundamental de la administración del capital humano es atraer, mantener y motivar a la fuerza laboral tomando en cuenta que es el activo más importante de cualquier empresa.

La oficina de recursos humanos, entonces, como parte integral en el proceso de tomar decisiones en la empresa y en su estructura, debe involucrarse profundamente en los planes de ésta para el futuro. O sea, surge un número de preguntas que el departamento de recursos humanos debe responder en un momento determinado. ¿Se planea una expansión o división nueva? ¿Habrá una demanda de más o menos puestos de trabajo en un futuro próximo? ¿Cuál es el estado financiero de la empresa para contratar más empleados u obreros? ¿Cuál es la situación actual de la empresa con respecto al mercado local, nacional y global?

La administración y planificación de los recursos humanos analiza los puestos de trabajo de una empresa y su visión de cada uno de ellos con relación a su función dentro de la organización. Por esta razón, la oficina de recursos humanos está en contacto, en todo momento, con los otros departamentos de la empresa, y así puede comprender mejor las necesidades de la compañía. Bajo esta premisa se evalúan las necesidades laborales de la compañía y se toman las medidas necesarias para la contratación de personal. Para una eficaz administración de la fuerza laboral, el área de recursos humanos analiza y **actualiza** constantemente la situación de los empleados. Se toma en cuenta, por ejemplo, el sexo, porque si la plantilla tiene un porcentaje alto de mujeres en edad de procrear, es un dato que debe considerarse. También se considera la edad, y si hay empleados a punto de jubilarse, se toman las medidas necesarias para su reemplazo. Además, hay que pensar en las condiciones de salud en caso de que un empleado u obrero tenga que **estar de baja** por enfermedad. Y si un empleado valioso tiene aspiraciones que la empresa no puede satisfacerle, entonces se buscan mecanismos para retenerlo, estudiando el caso de personal eventual para determinar si se prolonga o finaliza definitivamente su contrato.

En cuanto a la contratación de un empleado nuevo, antes de determinar si es necesario hacerlo, la oficina de recursos humanos hace un análisis del puesto vacante junto con el departamento que tiene el puesto abierto. En caso de que el puesto sea para un obrero o un técnico especializado, el diagnóstico incluye las actividades del puesto, los tipos de herramientas o maquinaria que se usan para el trabajo y las calificaciones técnicas o específicas necesarias para hacerlo. Por ejemplo, ¿se deben tener ciertos certificados para el puesto? ¿Se requiere algún nivel de entrenamiento o educación formal? También es necesario entender el comportamiento personal y profesional requeridos para el puesto: las horas o **el horario** de trabajo, el salario y **el paquete de prestaciones.** En caso de que la contratación sea para llenar un puesto administrativo, la oficina de recursos humanos debe tener muy claro cuáles son los requisitos necesarios para ocuparlo. Es decir, grado de **escolaridad** (licenciatura, maestría, doctorado, etcétera), dominio de idiomas, manejo de sistemas de computación (PowerPoint, Excel, Microsoft, etcétera), experiencia en puestos anteriores y disponibilidad para viajar en caso necesario. Con toda esta información y descripción del puesto vacante, el departamento de recursos humanos conoce mejor las necesidades de éste y puede valorar al candidato más apropiado.

(continúa)

Un grupo de gente asiste a una feria de trabajo en San José, Costa Rica.

A partir de este momento la oficina de recursos humanos se da a la tarea de publicar el puesto a través de diferentes medios: periódicos, revistas especializadas, **bolsas de trabajo** en diferentes organizaciones, Internet, televisión, etcétera. Dicha búsqueda se puede realizar también dentro de la misma empresa en caso de que haya un empleado que tenga interés y las calificaciones necesarias para cubrir **la vacante.** Para esto último el puesto puede ser publicado dentro de la empresa usando el Intranet o algún otro medio disponible. De cualquier modo, el anuncio incluye toda la información pertinente: el título del puesto vacante, la descripción de las tareas, los requisitos y cómo solicitarlo (por ejemplo, si es necesario un **curriculum vitae**). Se puede estipular si el salario es fijo o si será de acuerdo a la experiencia y preparación escolar del candidato.

Una vez publicado el puesto vacante, la oficina de recursos humanos empieza a recibir **las solicitudes** y curriculum vitae de los aspirantes al puesto. De este momento en adelante será responsabilidad de esta oficina, junto con el departamento que necesita llenar la vacante, decidir qué candidatos tienen las calificaciones **idóneas** de acuerdo a las necesidades de la empresa. El proceso de selección será muy variado pues en algunos casos habrá de dos hasta cuatro entrevistas, dependiendo de la complejidad del puesto y la gente involucrada en la contratación. Si hay más de un candidato que reúna todas las características necesarias, la empresa puede mantener en sus archivos la información del candidato que no contrate para una vacante en el futuro.

Otra de las tareas primordiales del departamento de recursos humanos es la administración de los sueldos, salarios, incentivos y prestaciones en general. En el pasado el enfoque radicaba solamente en el pago de sueldos y salarios, las prestaciones de ley y las que ofrecía la empresa misma. Dependiendo del país y la empresa, las prestaciones de ley incluyen: seguro médico para el empleado y su familia, vacaciones y días feriados pagados, reparto de utilidades y **aguinaldos.** Hoy en día los recursos humanos abarcan mucho más que antes. Para competir con otras empresas y atraer a los candidatos o empleados más calificados, muchas compañías ofrecen incentivos que van allende del salario y las prestaciones tradicionales. Es decir, una empresa puede brindar prestaciones extras tales como bonos por puntualidad, **becas** para los empleados y su familia inmediata, **vales de despensa,** seguro de gastos médicos mayores y servicio de **comedor.** También, dependiendo del nivel del empleado, se pueden ofrecer coche e incentivos económicos o en especie (viajes, regalos, etcétera) para quienes se dediquen a las **ventas.**

No hay duda de que los recursos humanos son parte vital de una empresa pues abarcan todas las estrategias de la organización, sus políticas, planificación y coordinación en combinación con su fuerza laboral. Es la responsabilidad del departamento de recursos humanos apoyar el desarrollo y capacitación del personal para alcanzar las metas y las necesidades de la empresa.

Después de leer

Ahora, regrese a la sección **Antes de leer** y conteste las preguntas. ¿Qué aprendió Ud. sobre los recursos humanos? Compare sus respuestas con un compañero / una compañera.

LECTURA DE COMERCIO

Vocabulario básico

actualizar (c)	*to update*	**el hacinamiento**	*overcrowding*
la aportación	*contribution*	**el horario**	*schedule*
el bienestar	*well-being, welfare*	**el paquete de**	*benefits package*
la bolsa de	*employment*	**prestaciones**	
trabajo	*bureau*	**la plantilla**	*workforce*
la contratación	*hiring, contracting*	**el puesto**	*position, job*
contratar	*to hire*	**el reclutamiento**	*recruitment*
el criado	*servant*	**los recursos**	*human*
desempeñar	*to hold, perform (a job)*	**humanos**	*resources*
		la solicitud	*application*
el desperdicio	*waste*	**el vale de**	*supermarket*
el entorno	*environment*	**despensa**	*voucher*
la escolaridad	*schooling*		

A. Práctica del Vocabulario básico

Después de estudiar el **Vocabulario básico,** complete las siguientes oraciones con la palabra o frase apropiada.

aportaciones	el horario	puestos
bolsas de trabajo	los paquetes de	el reclutamiento
contratar	prestaciones	recursos humanos
	la plantilla	

1. En los planes de crecimiento se considera _____ de trabajadores a través de diversos anuncios _____.

2. Las empresas toman en cuenta muchos factores antes de _____ a un nuevo empleado.

3. Hoy día muchos _____ requieren la aptitud de hablar un idioma extranjero, sobre todo en los negocios internacionales.

4. Las empresas hacen _____ a los planes de jubilación de sus empleados a través de la nómina quincenal o semanal.

5. Muchas empresas multinacionales se cobijan bajo políticas de gobiernos locales para abusar de _____.

6. Los _____ pueden incluir seguros de vida y médico, planes de jubilación y tiempo de vacaciones.

7. El departamento de _____ apoya la capacitación del personal, según el mercado lo vaya exigiendo.

8. La tabulación de sueldos y _____ de ocho horas al día son políticas establecidas por los gobiernos en el siglo XX.

B. Expresiones de la lengua

Estudie las expresiones y complete las siguientes oraciones.

Expresiones de la lengua

así como	*as well as*	**la mayoría de**	*the majority of*
de acuerdo a	*in accordance with*	**por consecuencia**	*as a result*
en caso de que	*in case*	**sobre todo**	*above all*

1. Un buen empleado, _____ , añade valor a la empresa para la cual trabaja.

2. _____ tiempo las metas estratégicas de la empresa involucran directamente a la oficina de recursos humanos.

3. El poco reconocimiento de la fuerza laboral en Hispanoamérica retrasó, _____ , el desarrollo de las oficinas de recursos humanos.

4. Los cursos de capacitación son parte vital del crecimiento profesional del empleado _____ las prestaciones que se ofrecen.

5. Todas las empresas manejan una estructura salarial para sus empleados y obreros _____ sus puestos y calificaciones.

Lectura

Los recursos humanos en los Estados Unidos e Hispanoamérica

La renovación estructural de las empresas ha llevado el papel de la oficina de recursos humanos a un nivel que no se había visto antes; es una responsabilidad relativamente nueva. Durante los últimos años del siglo XIX y los inicios del siglo XX, después de la Guerra Civil y antes de la Primera Guerra Mundial, se conocía el concepto de educación vocacional, la cual proveía a las empresas de mano de obra con ciertas calificaciones o habilidades, ya fueran administrativas o manuales. Con el rápido crecimiento industrial de los Estados Unidos se hizo necesario exigir empleados y obreros más capacitados para trabajar tanto dentro como fuera de las empresas. Es decir, ya no se podía depender solamente de la educación vocacional sino que se requería de diferentes y mejores conocimientos.

La Segunda Guerra Mundial actuó como un parteaguas[1] en la sociedad norteamericana; por un lado hubo un incremento en los niveles de manufactura de productos dedicados al conflicto bélico[2] y por otro lado nació la necesidad de entrenar a nuevos empleados y obreros para tomar el lugar de aquéllos que tuvieron que alistarse en el ejército. Esta nueva capacitación fue vital pues **la mayoría de** los puestos fueron ocupados por mujeres que no habían formado parte de la fuerza laboral, lo mismo que personas de edad avanzada e inexpertas.

El concepto moderno de los recursos humanos llegó a ser importante durante la década de 1930. Inmediatamente después de la Segunda Guerra Mundial los **sindicatos** norteamericanos fueron importantes y estratégicos para la nueva fuerza laboral. Con el aumento de trabajadores especializados llegaron demandas específicas como prestaciones, cafeterías y programas de salud. Las empresas se vieron obligadas a crear departamentos de administración de personal.

Durante los años 40 y 50 el papel de los recursos humanos creció como resultado de varios incidentes. La vuelta a casa de miles de soldados al fin del conflicto bélico provocó la modificación de la oferta laboral y el aumento de la producción de bienes. Aunado a esto, como se ha estudiado con anterioridad, hubo un explosivo crecimiento del la mercadotecnia y publicidad. El contexto de los recursos humanos se reinventó y su importancia se incrementó. Las oficinas de recursos humanos empezaron a trabajar con más profundidad en los tipos de prestaciones que ofrecían a los empleados y obreros, la tabulación de salarios, las relaciones que tenían los empleados con la gerencia y la estrategia en cuanto a la fuerza laboral.

A partir de los años 60 y 70 el gobierno norteamericano implementa nuevas leyes y políticas laborales, lo que profundiza aun más la importancia de los departamentos de recursos humanos. El nuevo contexto demandaba interés en cuestiones sociales y legales relacionadas con la igualdad de derechos, control de sueldo, seguridad al empleado y al desempleado, así como situaciones ambientales dentro del trabajo. De esta manera la función de los recursos humanos ha alcanzado niveles vitales para el éxito de cualquier empresa.

Los cambios en el ambiente corporativo de los años 80 se vieron representados por adquisiciones por empresas grandes de algunas más pequeñas, además de muchas fusiones entre compañías para ser más fuertes y competitivas. Aunque aparentemente las oficinas de recursos humanos no tenían tanta importancia como los departamentos de finanzas y contabilidad, su valor seguía creciendo por su participación en funciones legales, políticas de control sobre los empleados y su capacidad para solucionar problemas del personal.

---

[1]*breaking point* [2]conflicto... *war*

(continúa)

Los años 80 en los Estados Unidos también trajeron cambios en la fuerza laboral. Había más diversificación y mezcla de géneros, razas y edades en muchas organizaciones. Más mujeres y grupos minoritarios empezaron a competir por puestos de trabajos a todos niveles. Los ejecutivos de recursos humanos reforzaron su importancia dentro de las empresas pues eran quienes manejaban todo lo relacionado a este nuevo fenómeno laboral.

Hoy en día las responsabilidades de los departamentos de recursos humanos son de alto grado para cualquier empresa. Todas las compañías compiten por los mejores candidatos. La habilidad para atraer, motivar y retener a los mejores empleados y obreros es una de las tareas principales de las oficinas de estos departamentos. Entre otras de estas tareas, mantienen **cazatalentos** en universidades de **renombre,** tienen relaciones con consejeros de carreras y con académicos en las universidades para encontrar empleados bien preparados y altamente capacitados.

En cuanto a Hispanoamérica, ha habido una fuerte influencia de teorías y empresas extranjeras en la marcha hacia la creación de departamentos de recursos humanos formales. Por razones políticas, económicas y sociales, la concepción formal de los recursos humanos empezó mucho más tarde que en los países industrializados.

En la época de la posguerra el mundo se estaba recuperando de años de depresión económica, de inestabilidad y destrucción de recursos. En Hispanoamérica la situación no tenía por qué ser distinta. Muchos de los países hispanoamericanos, a través del siglo xx, se caracterizaron por su inestabilidad política, social y económica, **afianzados** por altos grados de corrupción a todos los niveles, ya fueran políticos o comerciales. Hispanoamérica trataba, sin embargo, de entrar a un mundo cada vez más competitivo para mejorar sus economías dentro de un planeta en vías de globalización.

A principios del siglo xx un significante número de naciones hispanoamericanas dependieron totalmente de sus recursos naturales y de la agricultura como **puntales** de las economías nacionales. No existía apoyo gubernamental e institucional para el desarrollo de los recursos humanos y la situación no mejoraba con la llegada de multinacionales que invertían en estos países.

Los Estados Unidos ya se habían convertido, para esta época, en el gigante comercial del continente. Hispanoamérica servía como una tierra con vastas oportunidades de inversión y explotación de mano de obra barata, recursos naturales abundantes e incentivos económicos para invertir. En los Estados Unidos la fuerza laboral tenía un peso reconocido como parte esencial del ambiente comercial; en muchos países hispanoamericanos, sin embargo, la fuerza laboral era considerada solamente el vehículo con el cual se llegaba a cristalizar los sueños comerciales de las grandes empresas extranjeras. Por ejemplo, en algunas partes de Hispanoamérica, durante la primera mitad del siglo xx, la poderosa *United Fruit Company* tenía control sobre muchas de las funciones políticas y económicas de países como Guatemala y Colombia. Esta situación, por consecuencia, resultaba en la falta de desarrollo económico de estos países y, por supuesto, influía en el desarrollo de la fuerza laboral. Si en los Estados Unidos los sindicatos tenían peso en los departamentos de recursos humanos dentro de muchas empresas, en Hispanoamérica la formación de sindicatos era bastante menor pues empresas como la *United Fruit Company* lo impedían. El escaso reconocimiento al valor de la fuerza laboral resultó en la falta de impulso del sector de recursos humanos dentro del ambiente comercial en muchos países hispanoamericanos.

El papel que desempeña la oficina de recursos humanos tiene impacto en la producción, la ejecución de las metas y el logro del éxito empresarial. El hecho de que en Hispanoamérica no se **robusteciera** el desarrollo de los recursos humanos hizo que las economías sufrieran. De alguna manera las estructuras políticas y sociales marchaban en contra de la evolución del sector laboral. Como resultado de sucesos históricos, políticos, comerciales y sociales, muchas empresas extranjeras fueron nacionalizadas y los gobiernos locales trataron de crear departamentos de bienestar para empleados y obreros. El concepto de oficina de recursos humanos no había recibido la debida atención y ahora se trataba de recuperar el terreno perdido. La fuerza laboral que antes fue tratada como un recurso **prescindible,** ahora empezaba a recibir más y mejores prestaciones establecidas por los gobiernos: horarios de trabajo de ocho horas al día, tabulación de sueldos, capacitación y entrenamiento para ciertos puestos administrativos y técnicos y, sobre todo, ayuda social para viviendas, escuelas y servicios médicos.

Desafortunadamente, los intentos fueron unos y los resultados otros. A pesar de estos esfuerzos e intenciones, se desarrollaron los sistemas de educación, entrenamiento y desarrollo social de forma muy lenta. Como se ha mencionado antes, un país o una empresa es tan fuerte como su plantilla. Los recursos humanos y sus oficinas son necesarios para que la fuerza laboral florezca,[3] y haya lugar para un desarrollo económico y reforma social sostenibles. Sin esto, la economía nacional o empresarial fracasará. Las empresas hispanoamericanas y extranjeras que invierten en el continente saben de la necesidad por mantener un departamento de recursos humanos fuerte que cobije[4] una fuerza laboral capacitada, especializada y con posibilidades de mejorar. La inversión en la capacitación, entrenamiento específico, salud y alimentación es vital para el desarrollo de un país.

En general, Hispanoamérica se ha visto influenciada por las prácticas de recursos humanos en otros países, sobre todo a través de las empresas extranjeras que ahí invierten. Cabe aclarar que muchas empresas nacionales, norteamericanas y de otras naciones, llevan a cabo prácticas de contratación que en otros países serían base de **demandas civiles.** Por ejemplo, muchas oficinas de recursos humanos, privadas y gubernamentales, realizan exámenes de embarazo[5] a mujeres candidatas para un puesto, o despiden a mujeres que están embarazadas. Además, exigen cierto límite de edad para un puesto, llevan a cabo estudios socioeconómicos de algunos candidatos, piden que algunas mujeres tengan «buena presentación y sean guapas» y anuncian que un puesto es exclusivamente para ser ocupado por un hombre o una mujer. Aunque las empresas hispanoamericanas han evolucionado en muchos aspectos por medio de sus oficinas de recursos humanos, todavía existen prácticas discriminatorias en cuanto al género y la edad, por mencionar dos. **El hostigamiento sexual** y de otras índoles, es un problema al que todavía se enfrentan tanto la sociedad norteamericana como la hispanoamericana.

Toda la dinámica global de competitividad a bajo coste ha provocado cambios contractuales en Hispanoamérica donde empresas locales y extranjeras

----

[3]*flourish* [4]proteja [5]*pregnancy tests*

(continúa)

han cambiado sus prácticas de contratación. En la actualidad, los empleados **eventuales** o **a medio tiempo** se han convertido en el sostén laboral de muchas organizaciones. En la mayoría de los casos, estos empleados solamente reciben prestaciones de ley, y sus contratos de trabajo se renuevan al menos cada tres meses, de acuerdo a la necesidad de la compañía. Estas mañas[6] de contratación de recursos humanos prevén que los empleados adquieran **la planta permanente** con la misma rapidez que sucedía en el pasado. Hace años, las empresas otorgaban la planta a sus empleados u obreros después de un periodo de prueba que podía ir de tres a seis meses. En la actualidad, en algunos países, un empleado puede trabajar como eventual hasta por más de 10 años sin recibir ningún tipo de prestación extra. Esto, obviamente, resulta en beneficios económicos sustanciales para las empresas que no tienen que pagar sueldos altos, reparto de utilidades y liquidaciones en caso de que las haya. Las empresas estatales han dado marcha atrás y se han perdido algunos de los beneficios que se mencionaron antes. Esta práctica de contratación eventual no debería de existir, pues son precisamente estas corporaciones las que deberían de **velar por** el bienestar de los empleados y ciudadanos de sus países.

En el pasado, empleados oriundos[7] del país dueño de la empresa trasnacional se trasladaban al extranjero a ocupar puestos gerenciales. Con la globalización han llegado cambios en la manera en que se reclutan los gerentes de todos los niveles. Se conocen tres tipos. El reclutamiento etnocéntrico es aquél que recluta para los puestos de los directivos y cargos claves exclusivamente de cierta etnia. Ésta era la expatriación clásica de gerentes y directivos, ya no tan común. Si faltaba talento humano en el país anfitrión, se importaba de **la casa matriz,** como, por ejemplo, de los Estados Unidos, Inglaterra o Suecia.

El reclutamiento policéntrico se trata de buscar talento humano en los países destinos de las grandes empresas. Ahora en los países en vías de desarrollo se puede contratar a gerentes y personal calificado cuyos orígenes son locales.

El reclutamiento geocéntrico, sueño de la tecnocracia perfecta, implica reclutar el mejor talento humano, altamente calificado, y si es necesario traerlo de cualquier lugar del mundo.

---

[6]*tricks* [7]*originating*

Actividades

A. ¿Qué recuerda Ud.?

Conteste las siguientes preguntas sobre la **Lectura de comercio.** Luego, compare sus respuestas con las de sus compañeros de clase.

1. Enumere los tipos de reclutamiento de la gerencia global y por qué éstos son tan importantes.
2. ¿Qué es el hostigamiento sexual y la discriminación laboral? ¿Qué se ha hecho en los Estados Unidos para erradicarlos? ¿y en Hispanoamérica?

3. ¿Por qué considera Ud. que las empresas extranjeras llevan a cabo prácticas de contratación que en sus países serían ilegales?

4. ¿Cuáles son las formas de capacitación de personal con las que Ud. está familiarizado?

5. En cuanto a la contratación de personal, ¿cuáles serían las diferencias más notables entre los Estados Unidos e Hispanoamérica?

6. ¿Por qué las oficinas de recursos humanos se han convertido en parte fundamental de cualquier empresa?

7. ¿Qué motiva a las empresas y los departamentos de recursos humanos a contratar a empleados eventuales?

8. ¿Es posible comparar las prestaciones que ofrecen las empresas estadounidenses en los Estados Unidos a las que ofrecen estas mismas empresas en otros países?

B. Vocabulario

Complete las oraciones usando el vocabulario que se encuentra en las lecturas anteriores.

1. El _____ aumenta cuando las fuentes de trabajo mudan sus operaciones a otros países.

2. Entre las _____ de ley que ofrecen las empresas están las vacaciones, seguros médicos, becas y vales de despensa.

3. El empleado _____ renueva contratos cada tres o seis meses.

4. En el presente muchas empresas ofrecen _____ continua a sus empleados para mantener la competitividad.

5. El reclutamiento de tipo _____ implica reclutar el mejor talento sin importar su país de origen.

6. Ya no es tan común que personas nativas de un país dueño de una industria sean los _____ en las operaciones en el extranjero.

C. En sus propias palabras

Explique los siguientes conceptos en sus proprias palabras.

1. recursos humanos
2. capacitación
3. mano de obra
4. empleado eventual
5. reclutamiento
6. planta permanente
7. paquete de prestaciones
8. hostigamiento
9. vacante
10. diversidad laboral

ACTIVIDADES INTERACTIVAS

A. Situaciones

Paso 1 Haga un estudio de anuncios de vacantes para poner en práctica sus conocimientos sobre los departamentos de recursos humanos a escala local, nacional o global. Ud. debe buscar en Monster, un periódico de un país hispano-americano en línea, y otros servicios en español que sean parecidos. Organice la información de los anuncios según los aspectos culturales particulares que Ud. identifique: las prestaciones y beneficios que ofrecen; los tipos de anuncios que encuentre (profesionales, de servicio, gubernamentales, local, nacional, global, etcétera) y los requisitos para el puesto, salario o sueldo y cualquier otro aspecto que le pareció distinto a lo que Ud. conoce. Compárelos con los anuncios de vacantes que encuentra en los Estados Unidos.

Paso 2 Con un compañero / una compañera, escriban el anuncio para un vacante en un país hispano utilizando las ideas de los anuncios que estudiaron y la investigación que hicieron. No olviden de incluir el nombre de la compañía, el título del puesto y su descripción. Presenten el trabajo final a la clase.

Paso 3 Con un compañero / una compañera, preparen una lista de las preguntas para entrevistar a los candidatos de un puesto en su compañía. Comparen su lista con las de otros compañeros de clase. Mejoren su lista con las ideas que aprendió al conversar con el grupo. Después de terminar la lista final, practique con su compañero/a. Ud. puede hacer el papel de entrevistador(a) y su compañero/a puede hacer el papel de candidato para el puesto. Después intercambian los papeles y continúan con la conversación.

¿Qué tipo de preguntas son comunes en una entrevista?

B. Una visita a Johnson & Johnson Colombia

Ud. quiere familiarizarse con la forma en que algunas oficinas de Recursos Humanos operan en el extranjero y los servicios que ofrecen. Lea la siguiente información y consulte la página Web de Johnson & Johnson Colombia para hacer las actividades que aparecen a continuación.

Johnson & Johnson*

Un puntaje de 82% en el índice de compromiso, reportaron los cerca de 700 colaboradores de la compañía Johnson & Johnson en Colombia que respondieron la encuesta bianual que realiza la compañía en todo el mundo. Esta calificación le mereció a la operación colombiana ocupar el sexto lugar entre los cerca de 200 países en los que hace presencia la multinacional.

«Este es un resultado muy bueno y es la evidencia que respalda el compromiso de nuestros colaboradores con la compañía», asegura Roxana Padilla, la gerente de la división de consumo de Johnson & Johnson para Colombia y los países Andinos, quien reconoce que las responsabilidades de la compañía enfocadas a honrar su compromiso con sus clientes, colaboradores, la comunidad y sus accionistas, han generado fuertes lazos y admiración por la compañía.

La ejecutiva explica que, además de políticas salariales competitivas, una fuerte inversión en capacitación de sus colaboradores, una comunicación fluida y la participación en programas de responsabilidad social, el desarrollo de carrera es percibido dentro y fuera de la compañía como un atractivo adicional, pues ofrece oportunidades que no se enmarcan en un territorio específico.

«Además de ser una de las diez corporaciones más grandes del mundo en cuidado de la salud, Johnson & Johnson es la número uno en diversidad, pues vincula colaboradores de todo género, raza y religión», explica la gerente en Colombia. Esto se convierte en un atractivo fundamental para empleados talentosos, quienes buscan oportunidades de ascenso. La gerente de Johnson & Johnson destaca que, a nivel internacional, existe un alto número de colombianos que hoy ocupan posiciones destacadas dentro del organigrama de esta multinacional. Pero no sólo los beneficios que internamente ofrece la compañía han despertado el apego por parte de sus colaboradores. También aspectos como el reconocimiento que tiene la compañía por sus campañas mundiales a favor de la niñez o de las mujeres son motivo de orgullo para sus empleados, que tienen una razón adicional para sentirse en un buen sitio para trabajar.

---

*© Dinero.com from http://www.dinero.com/noticias=caratula/johnson=johnson/63589.aspx

1. ¿Qué reconocimiento recibió la Johnson & Johnson de Colombia?

2. ¿Qué beneficios profesionales y ocupacionales les promete la compañía a sus empleados y colaboradores? ¿Cómo demuestra la compañía su responsabilidad y compromiso con el bienestar de una sociedad?

3. Ciertas compañías administran sus oficinas de recursos humanos de forma distinta. La división de consumo de Johnson & Johnson para Colombia y los países Andinos, tiene un compromiso con sus empleados y así lo expresa el artículo que acaba de leer. Busque otras empresas en la red que se dediquen a actividades comerciales en Hispanoamérica y compárelas en todos sus aspectos: oportunidades de desarrollo, ofertas de empleo, beneficios para los empleados y otros.

C. En la red

Paso 1 En grupos de tres, busquen información en la red sobre oficinas de recursos humanos de una empresa en Hispanoamérica. Busquen, por ejemplo, en las páginas Web de Coca-Cola, Pepsi Cola, PEMEX, Honda, etcétera. Usen como guía las siguientes preguntas para preparar un informe que compartirán con la clase.

1. ¿Qué tipo de información incluye las páginas Web? Dé ejemplos.
2. ¿En qué secciones se divide la página Web de la compañía?
3. ¿Cuáles son las metas de la oficinas de recursos humanos de la empresas que encontró?
4. ¿Qué prestaciones les ofrece a los empleados?

Paso 2 En general, ¿cuáles son las diferencias y semejanzas entre las oficinas de recursos humanos que Uds. estudiaron?

HACIENDO HINCAPIÉ

La siguiente lectura es una selección de una novela escrita por el colombiano Fernando Soto Aparicio. La selección se trata de la contratación de personal y la falta de recursos humanos dentro de una empresa extranjera que invierte en Hispanoamérica a principios del siglo XX. Lea con cuidado la selección y busque en un diccionario las palabras que no comprenda para que después exprese su opinión en los temas de discusión.

Panorama real

La rebelión de las ratas (selección)
por Fernando Soto Aparicio

Rudecindo miró con curiosidad por la ventana que dejaba penetrar luz a la oficina de personal. Era amplia, con sillones de cuero negro. Una muchacha estaba colocada delante de una máquina, y su ruido se escuchaba uniforme, igual. Sentado ante un escritorio reluciente un señor rubio, colorado, con anteojos de aros de carey,[1] parecía conversar con el amigo aquel que lo precediera en su entrevista. Gesticulaban uno y otro. El rubio llamó a la muchacha que en la esquina del cuarto trabajaba, y ella habló con el corpulento conocido de Rudecindo. Éste salió cerrando la puerta con tal fuerza que hizo temblar los cristales.

Rudecindo dio, en la madera, dos golpecitos que apenas si pudo escuchar, tan débiles habían sido y tan fuertes eran los latidos de su corazón.

—*Come in!*

Oyó la voz gruesa, ruda, detrás de la puerta. ¿Qué quería decir aquello? ¿Lo rechazaban?

----
[1]*tortoiseshell*

Golpeó de nuevo, con más fuerza.

—Siga.

Esta vez hablaba la muchacha.

Abrió la puerta y entró. Creyó que había muerto hacía centenares de años, y que llegaba el momento del juicio final. Los asientos adquirieron apariencia de rocas, de pedazos enormes de carbón. El extranjero se redujo a un ser alado[2] con larga cola, con dos cachos erguidos[3] sobre la cabeza. La muchacha fue remplazada por un ángel. Oyó las trompetas bíblicas sonando por todo el valle de Josafat...

—*Speak, speak quickly!*

Trató de calmarse. Pasó su mano por la frente sudorosa. La camisa se le había pegado a la piel, causándole una horrible picazón.[4] Sus ojos estupidizados fueron del jefe a la muchacha, alta, delgada, muy morena, que continuaba escribiendo ante la máquina sin haber reparado[5] siquiera en él.

—*What are you doing here? What do you want?*

La muchacha dejó de trabajar y se encaró[6] con Rudecindo. Hubiera preferido verse en un lago lleno de caimanes[7] y de serpientes. Temía desde pequeño a las mujeres bonitas, perfumadas y bien vestidas.

—¿Qué quiere usted?

—Yo... yo... sumercé,[8] vengo a que me den trabajo. ¿Trabajo? *Work? What are you able to do?* —¿Qué sabe hacer? —Pues, señorita, darle al azadón,[9] a la piqueta[10]...

—*What?* —bramó[11] el rubio jefe de personal.

La muchacha le informó de lo dicho por Rudecindo, en pocas palabras. El hombre lo miró con desconfianza, como valorando[12] las fuerzas de su magro[13] cuerpo. Luego habló aparte con ella, pero [Rudecindo] Cristancho no entendió lo que decían.

—¿Quiere trabajar en «La Pintada»? Es una mina que sufrió hace poco un derrumbe.[14] Una cuadrilla de diez obreros se encargará de levantar las rocas y reconstruir el túnel, hasta dejarlo nuevamente en servicio.

—Sí, sumercé. En lo que sea.

—¿Y cuánto quiere ganar?

—Tengo mi esposa y dos hijos... Y mi mujer espera...

Tragó saliva. Pensó que había estado a punto de «meter la pata».[15]

—Se pagan cuatro pesos con cincuenta centavos al día.

—Ah, bueno, muy bien, muy bien.

—Empezará a trabajar desde mañana. A las siete en punto tiene que estar en la mina. El capataz[16] le dará órdenes y debe obedecerle.

—Sí, señorita. Entonces me voy...

—Espere. Tiene que firmar el contrato.

—Pero...

—No hay objeción alguna.

—*Keep silent!*— gritó el jefe de personal, dando un formidable puñetazo[17] sobre la mesa.

---

[2]un... *a winged creature* [3]cachos... *horns sticking up* [4]*itch* [5]haber... *having noticed* [6]se... *turned to face* [7]*alligators* [8]su merced (aracaísmo para dirigirse a una persona de nivel social más alto) [9] *mattock (for digging)* [10]*pickax* [11]*he bellowed* [12]*assessing* [13]flaco [14]*collapse* [15]meter... cometer un error [16]*foreman* [17]dando... golpeando con la mano cerrada

(continúa)

Rudecindo no comprendió aquello. Pero viendo los ojos fijos y coléricos del otro, se calló. La muchacha, delante de la máquina, escribió velozmente al tiempo que le preguntaba su nombre, su edad y otras cosas por el estilo. Luego le presentó una hoja blanca, con extraños signos, y le dijo:

—Firme aquí.

—Pero sumercé, si yo no sé firmar...

—¡Caray! Bueno, ponga una cruz.[18] ¿Tiene cédula[19]?

—No... Mi esposa quería que la sacara, pero eso para qué. Yo creo...

—Ponga una cruz.

—Tome— le dio un bolígrafo que él tomó con respeto.

Trazó una enorme cruz. Luego se acercó a la mesa del jefe. —Dios se lo pague, sumercé...

—*Go out, please, go out. Son of a bitch!*

—Que se vaya, hombre. Tiene que reclamar en la portería[20] una ficha.[21] Lleve esta tarjeta para que se la den.

—Gracias, señorita.

Salió. Miró el papelito que le entregara ella. Nada dijo a sus ojos ignorantes. La portería...

—Perdone, patrón: ¿dónde queda la portería?

—Allá, al final del corredor.

A pasos rápidos se encaminó a la oficina. Estaba una muchacha sola, leyendo una revista.

—Buenos días, sumercé.

Alzó los ojos. Negros, grandes, como lagos de sombra luminosa. Rudecindo sintió miedo y la voz se le enredó[22] en la garganta hasta la agonía. —¿Viene por la ficha?

—Sí, señora.

Le quitó la tarjeta, que temblaba entre los gruesos dedos del campesino.[23] La examinó.

—El 22048. Ése es usted.

—¿Yo?

—Sí. Rudecindo Cristancho no será su nombre aquí en la Empresa. Se distinguirá con ese número 22048.

—¿Me cambian mi nombre, sumercé?

—No, no sea estúpido. Aquí tiene la ficha. Y ahora váyase.

La recibió. Una planchita[24] metálica, con número.

Todos los conocía: 2–2–0–4–8. Se llamaba así: el veintidós cero cuarenta y ocho. ¿Qué diría su mujer cuando supiera que le habían cambiado el nombre?

---

[18]*cross (since he doesn't know how to write his name)* [19]identification [20]entrada del edificio [21]*number* [22]se... *got caught* [23]*rural countryman* [24]tarjeta

A. **Después de leer.** Conteste las siguientes preguntas sobre el **Panorama real.**

1. ¿Quiénes son los personajes que aparecen al comienzo de la lectura y qué hacen en esa oficina?
2. ¿Qué pensó Rudecindo sobre las personas con las que habló en la oficina?
3. ¿Qué reacción física sufrió Rudecindo y por qué?
4. ¿Qué diferencias existen entre Rudecindo y los demás personajes?
5. ¿Cómo son las condiciones y prestaciones del trabajo de Rudecindo y por qué las acepta?
6. ¿Qué desea expresar el autor con esta escena?

B. **Temas de discusión**

- Los recursos humanos en Hispanoamérica a inicios del siglo xx.
- La necesidad de crear oficinas de recursos humanos con sensibilidad cultural.
- La mano de obra local y la falta de conocimiento sobre las leyes de contratación.
- La contratación de obreros hispanoamericanos por empresas extranjeras.
- Los gerentes de origen extranjero y su capacidad administrativa laboral.

CONTEXTO CULTURAL

Antes de leer

Conteste las siguientes preguntas antes de leer la entrevista que aparece a continuación. Después, compare las respuestas con las que darán Ud. y sus compañeros al final.

1. Defina la idea de sensibilidad cultural en la contratación de personal.
2. ¿Qué es la expansión internacional de los recursos humanos?
3. ¿Qué características debe tener un gerente de recursos humanos que trabaja en otro país?
4. ¿Sabe Ud. si en las empresas norteamericanas los empleados de recursos humanos hablan más de un idioma?
5. ¿Qué opina de las empresas que llevan a cabo prácticas de contratación contrarias a lo que las leyes dictan?
6. ¿Conoce Ud. alguna empresa que haya hecho algún tipo de discriminación laboral? Busque información sobre el tema.
7. ¿Qué tan importante es la constante capacitación cultural de empleados norteamericanos para atender a los clientes hispanos que no hablan inglés? ¿Debería suceder esto en Hispanoamérica?

Protocolo cultural

Entrevista a la Licenciada Roxana Alfonso López

La licenciada Paola Roxana Alfonso López trabaja en el departamento de Recursos Humanos en Johnson & Johnson México. La licenciada Alfonso López es originaria de México y lleva diez años trabajando en el área de Recursos Humanos. Ha trabajado en empresas como Daimler Chrysler y la empresa australiana Chips. Hace dos años y medio se desempeña como directora de la oficina de Recursos Humanos en Johnson & Johnson Consumo en la Ciudad de México.

1. **¿Cuál es la responsabilidad principal de su puesto de trabajo en Johnson & Johnson? ¿Cuántos países caen bajo su responsabilidad?**

   Tengo la responsabilidad de Recursos Humanos de seis países: Incluyen Guatemala, El Salvador, Honduras, Nicaragua, Costa Rica, Panamá y México. Todo lo manejo desde México. El centro corporativo de Centroamérica está en Panamá y la mayoría de mis viajes son a ese país. Soy responsable del reclutamiento, entrenamiento, capacitación, prestaciones y más, pero tenemos una coordinadora que nos apoya en Centroamérica. También nos apoyamos con «head hunters» en toda la parte de reclutamiento.

2. **El reclutamiento, ¿con qué retos culturales se enfrenta en cada país?**

   Varía muchísimo, porque estamos hablando de seis países. En la parte de Centroamérica nos hemos encontrado con que no tenemos gente con mucha preparación. No sé, creo que los talentos se van. Por ejemplo, los países en donde más problemas tenemos para encontrar gente con talento son Honduras y Nicaragua. En Panamá, Costa Rica y Guatemala hay mucha gente muy talentosa. Pero en Nicaragua estamos enfrentando muchas **barreras.**

3. **¿Qué es lo más importante en una entrevista en persona?**

   Para mí, mucho es el lenguaje corporal: el cómo te miran a los ojos, los ademanes,[1] los movimientos, esas cosas te dicen más. Me dicen más que lo que me diga el currículum o lo que me digan por teléfono. ¿Y la presentación personal? Sí, por supuesto. Como te saludan; como te dan la mano; ésas son cosas a considerarse.

4. **¿Cómo es el proceso de reclutamiento en líneas generales?**

   Primero es la búsqueda. Aquí en México es a base de hacer unos grupos de intercambio donde participan muchas empresas del mismo sector, del mismo ramo.[2] A estas reuniones llevamos nuestra colección de **hojas de vida.** En las reuniones se hace una lectura de vacantes. Si yo tengo vacantes lo menciono y paso a hacer mi lectura de vacantes y así continúa cada empresa. En un momento dado alguien puede decir, «aquí tengo una persona que puede tomar tu posición» y así se empiezan a intercambiar candidatos. Ésa es una fuente. La otra es recurrir a herramientas como OCC Mundial y Monster.

---

[1]*gestures* [2]*branch*

5. **¿Es necesario incluir fotografías personales en las hojas de vida? ¿Qué tal es el nepotismo o recomendación de amigos o parientes para algunos puestos?**

Sí, todavía se incluyen las fotos. No es algo a lo que nosotros en Johnson & Johnson le damos mucha importancia, pero sí se usa. En cuanto a la recomendación de amigos, en Johnson & Johnson, hacemos lo siguiente; cuando las firmas de empleo nos traen hojas de vida de amigos o de miembros de la familia, las incluimos en el proceso de búsqueda sin ningún problema. También tomamos en cuenta las recomendaciones internas.

6. **¿Cómo se relacionan los empleados? ¿Es un ambiente de trabajo relajado? ¿Qué contrastes habría con el ambiente laboral de los Estados Unidos?**

Yo creo que el ambiente laboral que se respira es cordial. Llega a ser un poco diferente de los Estados Unidos; yo lo vería más en la cultura. La gente de los Estados Unidos creo que están un poquito más en lo suyo.[3] Y aquí son más cordiales, son de hablar más, de irse a comer juntos y platicar.

7. **Ya contratada la persona, ¿qué prestaciones se les ofrecen a los empleados? ¿Qué componentes tiene un paquete de remuneración?**

Todo depende mucho del nivel del puesto, pero en términos generales lo que todos tenemos son salarios base, competitivos con el mercado. Se cuida mucho que los salarios sean competitivos. También tenemos el plan de vales de despensa para el supermercado. Se llaman prestaciones universales. El que tenemos nosotros es «Sí vale». Con ese plan puedes ir a cualquier súper para hacer la despensa.[4] En Centroamérica los empleados no tienen ese plan. Los clientes de la despensa son los empleados de México solamente. También nos dan la tarjeta para comida en varios restaurantes que están afiliados al plan. Pagas con esa tarjeta. Recibimos 35 días de aguinaldo,[5] más tiempo vacacional extra. Recibimos un aguinaldo, que es un bono de Navidad. Tenemos también lo que es la seguridad social de aquí de México. Tenemos un seguro de vida, de gastos médicos, un beneficio que se llama fondo de ahorro donde nosotros como empleados ahorramos un porcentaje y la empresa aporta el mismo monto. En algunas posiciones gerenciales, o en ventas, te dan el beneficio del coche; y tenemos un bono por productividad y bono por resultados. En Centroamérica no hay vales de despensa, ni fondo de ahorro, ni la ayuda para la comida. Las prestaciones de ley sí las tienen y son muy parecidas a las de nosotros. Tienen un seguro social, un plan de pensiones y el aguinaldo. Por ejemplo, acá hay posiciones en que tenemos coche, allá no les dan carro pero les dan una ayuda para los gastos del carro.

8. **¿Qué actividades sociales ofrece la empresa, cómo recreación, integración, capacitación?**

Hay entrenamientos a varios niveles. Lo que están promoviendo este año es hacer un equipo de fútbol para que se integren.

---

[3]en... *into their own thing* [4]hacer... *do your grocery shopping* [5]35... *bonus equal to 35 days of pay*

(continúa)

9. **¿Qué tanta rotación hay? ¿Qué tantos cambios de empleados hay? ¿Hay nuevos reclutamientos? ¿Eso ocurre con frecuencia?**

En Centroamérica hoy no. Ya hemos llegado a una estabilidad de un año y medio para acá. En México sí hemos tenido una fuerte rotación porque la empresa hizo una adquisición. Johnson & Johnson compró la parte de consumo de la Pfizer. Eso implicó que hubo mucha gente que aún cuando la dejaron en sus puestos después de la adquisición, decidió irse de la compañía.

10. **¿Qué recomendaciones les haría a los estudiantes de negocios que se disponen a buscar empleo en los países que Ud. maneja?**

La cultura de Johnson & Johnson requiere gente preparada, pero también con mucha calidad humana. Ese liderazgo viejo y autoritario ya se está terminando. Hoy día evitamos esos comportamientos. La otra recomendación es que tengan paciencia. La situación económica de los Estados Unidos ya está afectando a muchas empresas en México y Centroamérica. Ya empiezan los **recortes** de personal porque hay que reducir gastos. Por consiguiente no hay contratación.

Después de leer

Paso 1 Responda las siguientes preguntas. Luego, compare sus respuestas con las de un compañero / una compañera y discútanlas con la clase.

1. ¿Para qué tipo de empresa trabaja la licenciada Alfonso López?
2. ¿Qué responsabilidades profesionales tiene la licenciada Alfonso López?
3. ¿Cómo son las relaciones laborales y sociales entre los empleados en Johnson & Johnson México? ¿Cómo explica la licenciada Alfonso López las diferencias entre los empleados estadounidenses y los empleados hispanoamericanos?
4. ¿Qué tipo de esquema de reclutamiento y contratación utiliza la licenciada Alfonso López?
5. ¿Cómo explica la licenciada Alfonso López la dificultad de encontrar empleados en algunos países de Centroamérica?
6. ¿Qué tipos de prestaciones laborales reciben los empleados de Johnson & Johnson en México y cómo se diferencian de las prestaciones de los empleados en Centroamérica y en los Estados Unidos? Explique.
7. ¿Qué aspectos culturales sobresalen en la entrevista que le sorprendieron, que le parecen interesantes o distintos a los que Ud. ya conocía?
8. ¿A qué se debe que ahora no haya contratación en Johnson & Johnson México?

Paso 2 Entreviste a una persona que trabaje en recursos humanos. Compare sus respuestas con las de la licenciada Alfono López.

EN EL MUNDO DE LOS NEGOCIOS

Presentaciones profesionales

En el mundo de los negocios es importante sentirse cómodo/a al hablar delante de sus colegas, clientes y gerentes hispanohablantes. Haga una presentación oral para sus «colegas» usando uno de los temas que aparece a continuación. Ud. es libre de escoger otro tema si desea, previa consulta con su profesor. Asegúrese que las fuentes de información que Ud. consulte sean confiables. La presentación debe hacerse en PowerPoint,™ como si se tratara de una presentación profesional.

Temas:
- Las diferencias entre los recursos humanos entre los Estados Unidos e Hispanoamérica
- La interculturalidad y choques culturales en las relaciones laborales
- Sensibilidad cultural para ejecutivos antes de viajar a un país para administrar una empresa
- Ventajas y desventajas de las empresas multinacionales que no contratan ejecutivos locales en el extranjero

Redacción comercial

Es importante saber comunicarse por escrito en las situaciones profesionales. Escoja uno de los siguientes ejemplos y escriba una carta profesional según el modelo.

- Escriba un anuncio de un empleo en el cual su empresa busca un candidato para un puesto específico. No olvide mencionar todos los requisitos que se han visto a través del capítulo.
- Escriba una carta al personal de su empresa solicitando sugerencias, ideas y opiniones para mejorar la producción, la distribución de bienes o el servicio a los clientes.
- Escriba una hoja de vida y una carta de presentación para solicitar un empleo que encontró en una bolsa de trabajo. Incluya una copia del empleo que solicita.

El siguiente es un ejemplo de un **curriculum vitae** (hoja de vida) que se presenta al momento de enviar una solicitud de trabajo a una empresa.

CURRICULUM VITAE

Alejandra Anaya

Dirección:
Valle Allende no. 20
Col. Valle de Aragón 1ª sección
C.P. 57100
México D.F.

Teléfono:	(01 55) 56-80-04-15
Móvil:	0445526991656
Fecha de Nacimiento:	03 marzo 1978
Estado Civil:	soltera
E-mail:	aanaya98@yahoo.com

OBJETIVO:

Desarrollar y aplicar en el ámbito laborar mis habilidades y conocimientos profesionales, dirigidos siempre al cumplimiento de objetivos y encaminados al crecimiento profesional y personal, apegados a la ética profesional.

ESTUDIOS:

Preparatoria: Colegio Las Rosas 1993–1996
Universidad: Universidad La Salle 1996–2001
       Carrera: Licenciatura en Informática Administrativa
Seminario: Comercio Electrónico
       Universidad La Salle A.C. enero – abril 2002
Diplomado: Administración Estratégica
       Universidad La Salle A.C. feb. – ago. 2003

EXPERIENCIA LABORAL ACTUAL:

Petróleos Mexicanos PEMEX
Av. Marina Nacional no. 329
Col. Huasteca
Tel.: 57-22-25-00 Ext. 57673

Puesto: Coordinador de Especialidad Técnica

- Responsable del área informática de la gerencia, planeación e implementación de proyectos relacionados con la automatización y optimización del área.
- Configuración e instalación de hardware y software.
- Encargada de los procesos de contratación de servicios de capacitación para el área.
- Responsable de gestionar trámites administrativos mediante la herramienta SAP R/3.
- Diseño y desarrollo de página web para el sistema de calidad de la Dirección.
- Identificación y mapeo de procesos del área, mediante la herramienta Aris Collaborite.
- Elaboración de indicadores de medición del área, para la elaboración de programas de trabajo.

- Administración y Seguimiento de Proyectos mediante la herramienta Primavera Project Planner.
- Soporte técnico a usuarios en aplicaciones propias de la empresa.

EXPERIENCIA LABORAL ANTERIOR:

Acciones y Valores de México ACCIVAL (Banamex)

Reforma no. 398

Col. Juárez

Tel.: 12-26-09-77

Puesto: Ingeniero de Sistemas

- Soporte técnico en sitio y configuración de redes.
- Monitoreo del servicio a usuarios.
- Seguimiento y cierre de peticiones criticas para el negocio.
- Configuración e Instalación de antivirus, hardware y software.
- Elaboración de estadísticas y reportes de servicios.
- Accesoria a usuarios en cuanto al uso de aplicaciones de Microsoft y aplicaciones propias de la compañía.
- Elaboración de Manual de Procedimientos del área.
- Responsable de la compra y arrendamiento de equipo de cómputo y servicios de capacitación para la empresa.
- Responsable de liberaciones y actualización de aplicaciones.
- Responsable del alta y baja de usuarios en dominio.

CURSOS:

Primavera Project Planner.

SAP visión general de soluciones.

Administración de Proyectos.

Análisis de Procesos.

Control Estadístico de Calidad.

Participación en el encuentro de Sistemas 1999.

Participación en el encuentro de Sistemas 2000

OTROS:

Office 2000/XP, Access, Visual Basic, C++, SMS, Crystal Reports, Visio, Dreamweaver, Corel Draw, Photo Paint Shop, Primavera Project Planner, SAP, Share Point.

Sistemas Operativos:

MS-DOS, WINDOWS 2000 / NT / XP

IDIOMAS:

Inglés 80% Anglo Mexicano e Interlingua.

VOCABULARIO

actualizar (c)	to update	el horario	schedule
afianzado/a	reinforced	el hostigamiento sexual	sexual harassment
el aguinaldo	Christmas/holiday bonus	idóneo/a	suitable
a medio tiempo	part-time	insalubre	unhealthy
la aportación	contribution	el jornalero	day laborer
así como	as well as	el liderazgo	leadership
la barrera	obstacle	la mayoría de	the majority of
la beca	scholarship	el obrero	worker
el bienestar	well-being, welfare	el paquete de prestaciones	benefits package
la bolsa de trabajo	employment bureau	el peón	laborer
la casa matriz	headquarters; main office	el personal	personnel
		la planta (permanente)	(full-time) employment status
el cazatalentos	talent scout		
el comedor	cafeteria	la plantilla	staff
la contratación	hiring, contracting	por consecuencia	as a result
contratar	to hire	prescindible	expendable
el criado	servant	el puesto	position, job
el curriculum (vitae)	résumé	el puntal	mainstay
la demanda (civil)	(civil) lawsuit	el reclutamiento	recruitment
desempeñar	to hold, perform (a job)	el recorte	cutback
el desperdicio	waste	los recursos humanos	human resources
el empleado	employee	renombre	renown
en caso de que	in case	robustecer (robustezco)	to strengthen
en cuanto a	as for	el sindicato	labor union
el entorno	environment	sobre todo	above all
la escolaridad	schooling	la solicitud	application
estar (irreg.) al pendiente	to be on the lookout	la vacante	vacancy, opening
estar (irreg.) de baja	to be on sick leave	el vale de despensa	supermarket voucher
eventual	temporary	velar (por)	to look out (for)
el hacinamiento	overcrowding	las ventas	sales
la hoja de vida	résumé		

Apéndice gramatical

Los usos del presente de indicativo

Los siguientes son algunos usos especiales del presente de indicativo.

A. El presente actual. Indica una acción en el tiempo presente. Esta acción puede ser puntual o durativa.

Yo **trabajo** porque necesito ganar dinero.	*I work because I need to earn money.*
En este momento, el cliente **entra** en la tienda.	*At this moment, the client enters (is entering) the store.*

B. El presente habitual. Acción que se realiza con frecuencia.

Los sábados **me levanto** tarde.	*On Saturdays I get up early.*
Los viernes **voy** al cine.	*On Fridays I go to the movies.*

C. El presente atemporal. Acción que se desarrolla fuera del tiempo; se usa en sentencias, refranes y definiciones científicas.

Los dinosaurios son animales prehistóricos.	*Dinosaurs are prehistoric animals.*
«A quien **madruga,** Dios le ayuda»	*The early bird gets the worm.*

D. El presente histórico. Hace referencia a acciones pasadas.

Cervantes **publica** el Quijote en 1605.	*Cervantes publishes Quijote in 1605.*
Cristóbal Colón **llega** a América en 1492.	*Christopher Columbus arrives in America in 1492.*

E. El presente con valor de futuro. Anticipa acciones futuras; habitualmente se acompaña de referencias temporales futuras.

El año que viene **hay** juegos olímpicos de invierno.	*Next year there are (will be) Winter Olympics.*

F. Los verbos impersonales. No tienen un sujeto manifiesto y algunos solamente se usan en la tercera persona dándose el caso de que a veces solamente la forma singular es la única que se usa.

- Con el verbo **ser.**

Es de noche / **Es** tarde. / **Es** imposible.	*It's nighttime. / It's late. / It's impossible.*

- Con el verbo **haber.**

Hay mucha gente en la plaza.	*There are a lot of people in the plaza.*

- Con los verbos que se refieren a los fenómenos climáticos como **llover, granizar** y **nevar.**

Nieva todo el año en las montañas.	*It snows all year in the mountains.*

Práctica

A. Escriba al lado de cada oración el tipo de presente que se usa en la oración.

1. Ahora Julia llega a la escuela más temprano. _____

2. ¡Ud. se calla! _____

3. Hay mucho tráfico en la autopista. _____

4. En México llueve mucho durante el verano. _____

5. Es muy tarde para ir. _____

6. Los hermanos Wright inventan el avión en 1903. _____

7. «Mi casa es tu casa.» _____

8. Cada sábado voy a la discoteca. _____

9. La enfermera entra al cuarto para revisarme. _____

10. El próximo mes viajo para Europa. _____

B. Empareje las oraciones de la columna A con la B.

A	B
1. Mario inventa…	a. imposible ayudarlo.
2. Hay demasiado polvo…	b. DNA y glóbulos rojos.
3. Graniza cuando…	c. voy a casa de mis padres.
4. ¡Tú no…	d. llueve mucho.
5. Las células contienen…	e. el pie camina.
6. Todos los domingos…	f. tarde al trabajo.
7. Es casi…	g. en los muebles.
8. A donde el corazón se inclina…	h. algo nuevo cada año.
9. Cada día llego…	i. opines!

El presente del indicativo

A. La formación del presente del indicativo

En español, el infinitivo del verbo termina en **–ar, –er** o **–ir.** Para conjugar los verbos regulares en el presente, se añaden terminaciones personales que reflejan el sujeto que hace la acción. Estas terminaciones se añaden a la raíz del verbo.

infinitivo	raíz
caminar	camin-
comer	com-
escribir	escrib-

Los verbos regulares **–ar, –er,** e **–ir** se conjugan de la siguiente manera:

caminar

yo	camino	nosotros/as	caminamos
tú	caminas	vosotros/as	camináis
él/ella/Ud.	camina	ellos/ellas/Uds.	caminan

comer

yo	como	nosotros/as	comemos
tú	comes	vosotros/as	coméis
él/ella/Ud.	come	ellos/ellas/Uds.	comen

escribir

yo	escribo	nosotros/as	escribimos
tú	escribes	vosotros/as	escribís
él/ella/Ud.	escribe	ellos/ellas/Uds.	escriben

B. Los verbos con cambios de O → UE

Los verbos como poder muestran cambios en las vocales cuando la fuerza de pronunciación cae sobre la raíz del verbo. La raíz es la parte del infinitivo que queda al retirarse la terminación **-ar, -er** o **-ir.** Por ejemplo, en la raíz de **poder, (pod)** la **o** se convierte en **ue** de acuerdo al siguiente esquema.

poder

puedo	podemos
puedes	podéis
puede	pueden

Como se puede observar, no hay cambio en la raíz de las formas de la primera o segunda persona del plural (**nosotros** y **vosotros**). Este tipo de cambio **o → ue** ocurre también en otros verbos tales como **dormir, morir, mostrar, contar, soler, rogar, colgar** y muchos otros.

C. Los verbos con cambios de E → IE

En los verbos como **entender,** la **e** que recibe la fuerza de pronunciación se convierte en **ie** de acuerdo al siguiente esquema.

entender

entiendo	entendemos
entiendes	entendéis
entiende	entienden

Como se puede observar, no hay cambio en la raíz de las formas de la primera o segunda persona del plural (**nosotros** y **vosotros**). Este tipo de cambio **e → ie** ocurre también en verbos tales como **requerir, pensar, querer, comenzar, empezar, nevar, sentar, sentir** y muchos otros.

D. Los verbos con cambios de E → I

Un ejemplo de este tipo de verbos es el verbo **pedir**. En la raíz **ped–**, la **e** se reduce a **i** de acuerdo al siguiente esquema.

pedir

pido	pedimos
pides	pedís
pide	piden

Como se puede observar, no hay cambio en la raíz de las formas de la primera o segunda persona del plural (**nosotros** y **vosotros**). Este tipo de cambio **e → ie** ocurre también en verbos tales como **decir, repetir, servir, vestir, elegir, freír** y muchos otros.

Práctica

A. Conjugue el verbo en paréntesis.

1. María (perder) _____ siempre su dinero en Las Vegas en vez de ahorrarlo.

2. Muchos animales (morir) _____ de hambre cada año.

3. El banco no (poder) _____ procesar mi transacción.

4. Durante los fines de semana nosotros (dormir) _____ mucho.

5. Mi amiga siempre (repetir) _____ lo mismo.

6. Tú (mentir) _____ con frecuencia.

7. Nosotros no (poder) _____ asistir a la reunión con los gerentes.

8. José no (pensar) _____ nunca en lo que dice.

9. Ellas se (vestir) _____ muy bien.

10. Yo no (entender) _____ nada en la clase de finanzas.

B. Complete el diálogo usando los verbos que se dan a continuación.

1. preferir —¿Tú _____ ir al cine o al teatro?

   —Bueno, en realidad yo _____ quedarme en casa.

2. querer —Y si nos quedamos en casa, ¿qué _____ comer?

   —Yo _____ unas hamburguesas.

3. cerrar —Necesitamos apurarnos porque el restaurante _____ temprano.

   —No, no lo _____ tan temprano, es fin de semana.

4. pensar —Yo _____ que no hay necesidad de ver una película, _____ que mejor sería ir al restaurante.

C. Con un compañero / una compañera, contesten las siguientes preguntas. ¡Ojo! No se olviden de conjugar los verbos correctamente.

1. ¿En qué ciudad prefieres vivir?

2. ¿Cuántas horas duermes por lo general? ¿Y a qué hora te despiertas?

3. ¿A qué hora sirven la cena en la cafetería?

4. ¿Tú pides ayuda de otras personas cuando lo necesitas?

5. ¿Recuerdas todo lo que estudias para un examen?

6. ¿Qué te gusta hacer cuando llueve?

7. ¿A quién llamas cuando se te pierde la cartera?

D. Escriba un párrafo en una hoja de papel aparte en que Ud. explica las siguientes actividades.

1. ¿Qué hace Ud. cada mañana?

2. Hable sobre cómo maneja sus finanzas.

3. Imagínese que trabaja en un banco. ¿Cómo es un día típico en su trabajo?

4. Ud. se ha mudado a una ciudad nueva y va a un banco. Explíquele al empleado lo que desea hacer.

Verbos con cambios de ortografía

A. Los verbos «–go» Ciertos verbos añaden una **g** en la primera persona (**yo**) del presente de indicativo. El resto del verbo se conjuga de manera regular. Verbos de este tipo incluyen **decir, hacer, poner, tener, traer** y **venir.** Observe el siguiente ejemplo.

salir

salgo	salimos
sales	salís
sale	salen

B. Los verbos que terminan en –cer/–cir Los verbos que terminan en **–cer** o **–cir** (pero no **hacer, decir,** o **cocer**) al conjugarse en la primera persona (**yo**) terminan en **–zco.** El resto del verbo se conjuga de manera regular. Verbos de este tipo incluyen **agradecer, conducir, traducir** y **reducir.** Observe el siguiente ejemplo.

conocer

conozco	conocemos
conoces	conocéis
conoce	conocen

C. Los verbos que terminan en –uir Los verbos que terminan en **–uir,** la **i** se convierte en **y** en todas las formas menos **nosotros** y **vosotros.** Verbos de este

tipo incluyen **atribuir, construir, destruir, disminuir, distribuir, huir,** e **influir.**
Observe el siguiente ejemplo.

contribuir

contribuyo	contribuimos
contribuyes	contribuis
contribuye	contribuyen

D. Otros verbos irregulares

estar	**estoy, estás, está, estamos, estáis, están**
dar	**doy, das, da, damos, dais, dan**
ir	**voy, vas, va, vamos, vais, van**
oír	**oigo, oyes, oye, oímos, oís, oyen**
saber	**sé, sabes, sabe, sabemos, sabéis, saben**
ser	**soy, eres, es, somos, sois, son**
ver	**veo, ves, ve, vemos, veis, ven**

Práctica

A. Compare la información de las siguientes personas con Ud.

MODELO: Mario pone la mesa y yo... pongo los platos.

1. María sale de la casa a las ocho y yo...

2. Julia hace las cuentas diarias y yo...

3. Luis traduce para la escuela y yo....

4. Mis amigos les agradecen mucho a sus padres y yo...

5. Mi compañero/compañera de cuarto conoce a mucha gente y yo...

6. Paco reduce mucho de peso cuando hace ejercicios y yo...

B. Escriba la siguiente historia cambiando los verbos y otras palabras **en negrilla** a la forma **yo.**

Mis amigos salen para México mañana por la tarde, pero **Elías no sale** hasta pasado mañana. **Elías** antes de ir**se** al aeropuerto **conduce** al banco por la carretera principal para ir más rápido. Después del banco **regresa a su casa, pone toda su ropa** en las maletas y **pone su pasaporte en su cartera. Elías hace** unos bocadillos muy ricos para el viaje. **Los trae consigo** en el viaje porque **necesita** ahorrar dinero. Después **ve** la televisión para **entretenerse. Elías regresa de su viaje** y **trae** muchos regalos para **sus amigos.**

C. Responda a las siguientes preguntas.

1. ¿Conoces Francia? ¿Sabes a que distancia está de España?

2. ¿Traduces todo tipo de documentos? ¿Qué idiomas sabes?

3. ¿Haces reservaciones antes de ir a un restaurante? ¿Para llegar al restaurante, conduces un coche o vas caminando?

4. ¿Sales frecuentemente con tus amigos? ¿Te gusta salir con tu familia?

5. ¿Qué le dices a tu jefe cuando llegas tarde al trabajo?

6. ¿Cuándo viajas, le traes muchos regalos a tu familia? ¿Das regalos baratos o caros?

D. Conjugue el verbo en paréntesis.

1. Tú (ser) _____ una persona excepcional.

2. La reunión (concluir) _____ a las 10:00 de la noche.

3. Nunca (yo: tener) _____ dinero para comprarte nada.

4. Los Reyes Magos sólo les (dar) _____ regalos a los niños buenos.

5. Tú siempre (escoger) _____ lo que quieres.

6. Hablas muy bajito, no (yo: oír) _____ nada.

7. Mañana nosotros (ir) _____ para la capital.

E. Llene los espacios en blanco conjugando el verbo en paréntesis en la forma correcta del presente. Use los verbos irregulares y regulares que hemos estado estudiando.

Cada año nosotros (planear) _____ una fiesta en mi casa. Este año yo (ir) _____ a proveer la comida. Mis amigos (estar) _____ emocionados porque (poder) _____ traer a sus familias. Esta fiesta (ser) _____ grande. Durante todo el año yo (oír) _____ mucha música para seleccionar la que cantaremos en la fiesta. No (conocer) _____ a nadie que no le guste esta fiesta. Cada año nosotros (tener) _____ mucha comida y bebidas. Los niños que (asistir) _____ a la fiesta (hacer) _____ una dramatización de algún cuento. Ésa (ser) _____ mi parte favorita. Todos los amigos de la familia (salir) _____ de sus casas cuando ya (estar) _____ oscuro para poder prender velas y en cuanto (llegar) _____, (comenzar) _____ a bailar. La gente siempre (decir) _____ que durante la tarde toda la calle (oler) _____ bien por todas las frutas que se (hervir) _____ para el ponche y todas las velas que se (encender) _____. La realidad (ser) _____ que esta fiesta es la mejor de todas.

Ser y estar

El español tiene dos verbos que significan *to be*: **ser** y **estar**.

A. Los usos de *ser*

Para expresar donde se lleva a cabo un evento

La fiesta **es** en la casa de mi amigo.   *The party is at my friend's house.*

Para indicar la fecha y la hora

Hoy **es** el 3 de octubre. *Today's date is October 3rd.*

Con la preposición *de* para indicar origen

Anita **es** de Chicago. *Anita is from Chicago.*

Con la preposición *de* para indicar posesión

La mochila **es** de Juan. *The backpack is Juan's.*

Para expresar características inherentes de una cosa o una persona

Mi hermano **es** muy inteligente. *My brother is very smart.*

Para indicar ocupación

Esa mujer **es** profesora. *That woman is a teacher.*

B. Los usos de estar

Para expresar la posición física de una cosa

El libro **está** en la mesa. *The book is on the table.*

Para formar el presente progresivo para expresar un evento que pasa en el mismo momento.

Están presentando la idea al jefe. *They're presenting the idea to the boss.*

Para expresar una condición como el estado mental, la salud o algo diferente de lo normal.

El gerente **está** muy ocupado hoy. *The manager is very busy today.*

La niña **está** feliz porque come helado. *The girl is happy because she is eating ice cream.*

C. Los cambios de significado con *ser* y *estar*

Algunos adjetivos cambian de significado dependiendo de cuál verbo se usa. Observe los siguientes ejemplos.

Susana **es** guapa.	*Susana is pretty. (in general)*
Susana **está** guapa.	*Susana looks pretty. (today)*
El arroz con pollo **es** muy rico.	*Chicken and rice is delicious. (it always is)*
El arroz con pollo **está** muy rica.	*This (particular) chicken and rice is delicious.*
Estos profesores **son** aburridos.	*These professors are boring.*
Estos profesores **están** aburridos.	*These professors are bored.*
Fernando **es** listo.	*Ferndando is smart.*
Fernando **está** listo.	*Fernando is ready.*
Juan **es** feliz.	*Juan is a happy person.*
Juan **está** feliz.	*Juan is happy. (now)*

Práctica

A. Complete las siguientes oraciones con la forma apropiada de **ser** o **estar.**

1. Elena (ser/estar) _____ alta, rubia y delgada.

2. La biblioteca (ser/estar) _____ entre la cafetería y la librería.

3. Pedro (ser/estar) _____ de Bogotá.

4. (ser/estar) _____ las 8:00 de la tarde.

5. Hoy (ser/estar) _____ miércoles.

6. Nosotros (ser/estar) _____ muy cansados esta mañana.

7. Las ventanas (ser/estar) _____ abiertas.

8. El Sr. Ruiz (ser/estar) _____ médico.

B. Ud. está en Buenos Aires para hacer una pasantía (*internship*). Ud. les escribe un email a su familia para describir cómo es su vida en Argentina. Complete cada oración con la forma correcta de **ser** o **estar.**

Queridos padres:

Hace dos meses que yo _____ aquí en Buenos Aires y _____ muy contento. _____ una ciudad vieja y también moderna. Hay cafés, restaurantes, teatros, cines y una maravillosa vida nocturna. ¡Claro que tengo que trabajar también! _____ en un edificio con cientos de empleados. Mi jefe, Marián, _____ muy simpática, pero _____ muy exigente también. ¡ _____ aprendiendo mucho en este trabajo!

La casa donde vivo _____ cerca de la Casa Rosada y del centro de la ciudad. Enfrente de la Casa Rosada _____ la famosa Plaza de Mayo. _____ al lado de la Avenida 9 de Julio y el Obelisco también. El apartamento no _____ muy grande, pero _____ bonito. Tengo un compañero de piso que se llama Sebastián. Él _____ de México y _____ una persona muy interesante e inteligente.

¿Cómo _____ Uds.? Papá, ¿ _____ muy ocupado con su trabajo? Mamá, ¿cómo _____ la nueva computadora? ¿y mis hermanos? Todos _____ muy bien, espero. Espero que Uds. puedan venir a visitarme pronto. ¡Les va a encantar esta ciudad! Hasta pronto.

Un abrazo,
Federico

El pretérito

A. La formación del pretérito

El pretérito es el tiempo verbal que se usa para expresar acciones que han terminado en el pasado. Los verbos regulares en el pretérito se forman de la siguiente manera.

hablar

yo	hablé	nosotros/as	hablamos
tú	hablaste	vosotros/as	hablasteis
él/ella/Ud.	habló	ellos/ellas/Uds.	hablaron

comer

yo	comí	nosotros/as	comimos
tú	comiste	vosotros/as	comisteis
él/ella/Ud.	comió	ellos/ellas/Uds.	comieron

escribir

yo	escribí	nosotros/as	escribimos
tú	escribiste	vosotros/as	escribisteis
él/ella/Ud.	escribió	ellos/ellas/Uds.	escribieron

¡Ojo! Los verbos que terminan en **–car, –gar** y **–zar** tienen un cambio en la primera persona **(yo)** del pretérito.

buscar	c → qu	(yo) busqué
pagar	g → gu	(yo) pagué
empezar	z → c	(yo) empecé

Los verbos que terminan en **–ar** y **–er** que tienen un cambio de raíz en el presente no tienen este cambio en el pretérito. Sin embargo, los que terminan en **–ir** sí tienen un cambio de raíz en el pretérito.

pedir (i)

pedí	pedimos
pediste	pedisteis
pidió	pidieron

dormir (u)

dormí	dormimos
dormiste	dormisteis
durmió	durmieron

B. Los verbos irregulares en el pretérito

Aquí tiene las conjugaciones de algunos verbos de uso común que tienen formas irregulares en el préterito. Nota que **ir** y **ser** se conjugan de la misma manera en el pretérito. Es necesario usar el contexto para determinar qué verbo usar.

dar

di	dimos
diste	diste
dio	dieron

hacer

hice	hicimos
hiciste	hicisteis
hizo	hicieron

ir/ser

fui	fuimos
fuiste	fuisteis
fue	fueron

Los siguientes verbos también tienen cambios irregulares de la raíz:

decir:	**dij-**
estar:	**estuv-**
poder:	**pud-**
poner:	**pus-**
querer:	**quis-**
saber:	**sup-**
tener:	**tuv-**
venir:	**vin-**

}

- -e
- -iste
- -o
- -imos
- -isteis
- -ieron

Para más ejemplos de verbos con formas irregulares en el pretérito, vea las tablas de verbos al final del libro.

C. Los usos del pretérito

El pretérito se usa para expresar acciones que ocurrieron en el pasado y que se ven como terminadas. Observe los siguientes ejemplos.

Ana **se levantó, se vistió** y **desayunó** antes de venir a clase.	*Ana got up, got dressed, and ate breakfast before coming to class.*
Fui a Argentina el verano pasado.	*I went to Argentina last summer.*
El examen **fue** muy fácil.	*The test was easy.*

Práctica

A. Llene los espacios en blanco conjugando los verbos en el pretérito.

Esta mañana yo (despertarse) _____ a las 6:00, (lavarse) _____ los dientes y (irse) _____ a correr. Después de hacer un poco de ejercicio, (regresar) _____ a casa y (ducharse) _____. Mi compañera de cuarto Marián y yo (desayunar) _____ juntos. Marián (hacer) _____ el café y luego nosotros (decidir) _____ ir a la biblioteca para estudiar para nuestro examen de matemáticas. (Estudiar) _____ dos horas y después (ir) _____ a clase. El profesor (distribuir) _____ los exámenes y nos (dar) _____ una hora para hacer el examen. Yo (salir) _____ de la clase después de unos 45 minutos y creo que lo (hacer) _____ muy bien, ¡pero pobre Marián! Ella (decir) _____ que (sacar) _____ una nota muy mala.

B. Explíquele a un compañero / una compañera lo que Ud. hizo en una de las siguientes situaciones.

- Su viaje favorito
- Su rutina antes de venir a la clase
- Un día típico en el trabajo
- Un evento inolvidable en su vida

El imperfecto

A. La formación del imperfecto. Las terminaciones para los verbos de la conjugación **–ar** se forman agregando las letras **–aba** a la raíz. En el caso de los verbos **–er, –ir,** la terminación que se agrega es **–ía.** Estas terminaciones muestran también variaciones de acuerdo a las diferentes personas gramaticales de la conjugación. Observe los siguientes ejemplos.

caminar

yo	camin**aba**	nosotros/as	camin**ábamos**
tú	camin**abas**	vosotros/as	camin**abais**
él/ella/Ud.	camin**aba**	ellos/ellas/Uds.	camin**aban**

comer

yo	comía	nosotros/as	comíamos
tú	comías	vosotros/as	comíais
él/ella/Ud.	comía	ellos/ellas/Uds.	comían

escribir

yo	escribía	nosotros/as	escribíamos
tú	escribías	vosotros/as	escribíais
él/ella/Ud.	escribía	ellos/ellas/Uds.	escribían

B. Los verbos irregulares de imperfecto. Sólo existen tres verbos irregulares en el imperfecto: **ir, ser** y **ver.**

ir		ser		ver	
iba	íbamos	era	éramos	veía	veíamos
ibas	ibais	eras	erais	veías	veías
iba	iban	era	eran	veía	veían

C. Los usos del imperfecto. El imperfecto es otro tiempo verbal para expresar el pasado. Se usa para referirse a una acción habitual o continua en el pasado, sin especificar cuándo comenzó o terminó dicha acción. Se usa también para hacer descripciones de personas, lugares, cosas, situaciones, dar la hora en el pasado y para las descripciones del clima. Observe los siguientes ejemplos.

Acciones habituales

Cuando **estaba** en la universidad, **escribía** informes todos los días.

When I was in college, I wrote reports every day.

En el año 2002, yo **trabajaba** en una empresa que **negociaba** con compañías de la China.

In 2002, I worked at a company that did business with companies in China.

Acciones continuas

Hoy, a las 7:00 de la mañana, mi compañero de cuarto **dormía** profundamente.

At 7:00 am, my roommate was sleeping deeply.

En el momento del accidente, el conductor **hablaba** por su teléfono celular.

At the time of the accident, the driver was talking on his cell phone.

Descripciones

Eran las 12:00 de la noche y no **había** nadie en la calle. No **hacía** mucho frío pero **lloviznaba** levemente.

It was midnight and there was nobody in the street. It wasn't cold, but it was drizzling lightly.

La habitación del hotel no **tenía** aire acondicionado.

The hotel room didn't have air conditioning.

En el año 1980 mi madre **tenía** 20 años.

In 1980, my mom was 20 years old.

El hombre que **estaba** cerca de la puerta **era** alto y rubio.

The man that was near the door was tall and blond.

Observe que cuando uno describe la edad de una persona o cosa, el tiempo o la hora del día en un determinado momento en el pasado, se prefiere usar el imperfecto.

Estas descripciones con el imperfecto incluyen también los estados mentales y los sentimientos. Algunos verbos de este tipo son **querer, saber, desear, conocer** y **gustar.** Observe los siguientes ejemplos:

Miguel **quería** estudiar negocios pero no **sabía** dónde.

Miguel wanted to study business, but he didn't know where to do it.

Cuando yo **era** niño, me **gustaba** jugar al fútbol los domingos.

When I was a child, I liked to play soccer on Sundays.

Al llegar a la fiesta vi que yo no **conocía** a ninguno de los invitados.

When I arrived at the party, I saw that I didn't know any of the other guests.

Práctica

A. Llene los espacios en blanco conjugando los verbos en el imperfecto.

Cuando (trabajar) _____ en México me (gustar) _____ visitar las compañías que (producir) _____ alimentos, ya que por lo general siempre me (dar) _____ algo de probar. Yo (tener) _____ un gerente que (fijar) _____ metas muy altas para la compañía y a veces (ser) _____ muy difícil para mí tener todo listo para cuando él me lo (pedir) _____. Con el tiempo fui aprendiendo como ser más eficaz en mi trabajo y (trabajar) _____ más rápido y (tener) _____ más ayuda de los compañeros de trabajo. Cada año nos (destacar) _____ en la compañía por tener ganancias impresionantes en el departamento de exportación e importación. Yo (gozar)_____ cada día de mi trabajo porque (ser) _____ un empleado que me (destacar) _____ entre todos mis colegas.

B. Con un compañero / una compañera, imagínense que uno de Uds. es un empleado nuevo que quiere conseguir un ascenso (*promotion*) en la compañía y el otro ya lleva varios años trabajando como gerente. El empleado nuevo debe hacerle preguntas al gerente para saber qué debe hacer para llegar a ser gerente.

Preguntas posibles:

1. ¿Dónde trabajaba antes de llegar a ser gerente de la compañía?

2. ¿Cuáles eran sus metas antes de empezar a trabajar en la compañía?

3. ¿En que área de negocios trabajaba antes de llegar a ser gerente?

4. ¿Hacía negociaciones en el extranjero?

El pretérito vs. el imperfecto

A. El pretérito y el imperfecto expresan dos diferentes formas de ver el pasado. El pretérito describe una acción que tuvo un principio y un fin, mientras que el imperfecto describe una acción habitual o continua en el pasado, sin referencia específica a su principio o fin.

Ayer **estudié** mucho.
(La referencia es clara, **ayer;** la acción tuvo un principio y un fin.)

Yesterday I studied a lot.

Cuando estaba en la universidad **estudiaba** mucho.
(La acción era habitual durante el tiempo en el que el estudiante estaba en la universidad.)

When I was in college, I studied (used to study) a lot.

B. Es importante mencionar que la idea expresada puede cambiar de acuerdo al uso de los tiempos en el pasado. Observe un ejemplo.

Yo **trabajaba** para una compañía de España.
Yo **trabajé** para una compañía de España.

I worked for a company in Spain.

Nota: Cualquiera de estas oraciones es correcta. En el caso del imperfecto, la oración muestra una acción habitual en el pasado que ya no ocurre o una acción continua en determinado momento del pasado:
(*Antes*) yo trabajaba para una compañía de España; o, (*Cuando me casé*), yo **trabajaba** para una compañía de España.

En el caso del pretérito se quiere indicar que la acción tuvo un principio y un fin en un periodo específico: **Trabajé** para una compañía de España (*de 1999 al 2003*).

C. Hay varios verbos que cambian de significado dependiendo del tiempo verbal. Observe los siguientes ejemplos.

	pretérito	imperfecto
saber	**Supo** la buena noticia ayer. *He **found out** the good news yesterday.*	**No sabía** que teníamos un examen hoy. *I **didn't know** we had a test today.*
conocer	**Conocí** a mi amigo en la clase de contabilidad. *I **met** my friend in Accounting class.*	No **conocía** a nadie cuando llegó a México. *She **didn't know** anyone when she got to Mexico.*
querer	**Quiso** ir, pero no tenía tiempo. *He **tried** to go, but he didn't have time.*	Siempre **quería** esquiar en los Andes. *I always **wanted** to ski in the Andes.*
no querer	**No quisimos** ir a la fiesta. *We **refused** to go to the party.*	**No queríamos** ir a la fiesta, pero Rosa nos convinció ir. *We **didn't want to** go to the party, but Rosa convinced us to go.*

	pretérito	imperfecto
poder	Mi hermano **pudo** terminar el maratón. *My brother **managed** to finish the marathon.*	**Podíamos** verlo corriendo desde el balcón. *We could (were able to) see him running from the balcony.*
no poder	Su amigo **no pudo** terminar el maratón. *His friend **wasn't able to** finish the marathon.*	**No podía** correr bien porque le dolía la rodilla. *He couldn't (wasn't able to) run well because his knee hurt.*
pensar/creer	**Pensé/Creí** que sería divertido ir al museo esta semana. *It occurred to me that it would be fun to go to the museum this weekend.*	**Pensaba/Creía** que había cuadros de Picasso en este museo. *I thought there were Picasso paintings at this museum.*

Práctica

A. Conjugue el verbo correctamente según las reglas del pretérito e imperfecto.

Recuerde que es posible que en algunas ocasiones tanto el pretérito como el imperfecto sean correctos y se puedan usar los dos como posibles respuestas.

Hasta hace algunos años, los gobiernos latinoamericanos (llevar) _____ a cabo políticas proteccionistas bajo las cuales se (cobrar) _____ impuestos elevados a las importaciones de productos provenientes de otros países. Estas políticas (tener) _____ como fin proteger a las industrias o empresas nacionales y extranjeras. Esta práctica (dar) _____ como resultado la ineficacia de las empresas y la creación de monopolios. Esto (provocar) _____ también, que no se modernizara la infraestructura industrial. Por mucho tiempo en Hispanoamérica (predominar) _____ las empresas estatales, particularmente aquellas que (ser) _____ administradas por el gobierno federal. Ejemplos de estas empresas (ser) _____ los ferrocarriles, el correo postal, las telecomunicaciones, etcétera. Sin embargo, la apertura al comercio (provocar) _____ que algunas naciones hispanoamericanas privatizaran esas empresas y que (pasar) _____ a manos de inversionistas privados, tanto nacionales como extranjeros.

B. Escoja entre el pretérito y el imperfecto.

Cuando (fui / era) pequeño (viví / vivía) en una granja. Todos los días me (levanté / levantaba) muy temprano y (tuve / tenía) que alimentar las vacas, cerdos y caballos. Después de hacer mis quehaceres (tuve / tenía) que ir a ayudar a mi mamá a preparar el desayuno. Un día mi padre me (dio / daba) un trabajo muy importante. Este trabajo (fue / era) asistir a la escuela para que algún día yo fuera dueño de la granja. (Seguí / Seguía) su consejo y (terminé / terminaba) mis estudios básicos. (Decidí / Decidía) ir a la Universidad y estudiar negocios para ayudar mejor a mi padre a manejar su granja. En cuatro años me (gradué / graduaba) y (comencé / comenzaba) a trabajar en la granja.

Con los años, la granja de mi padre se (convirtió / convertía) en una gran compañía de productos lácteos. Cada año (producimos / producíamos) grandes cantidades de leche y la (distribuimos / distribuíamos) en todo el país. Ahora yo soy viejo y (hace / hacía) dos años le (di / daba) la compañía a mi hijo mayor, que también (estudió / estudiaba) negocios.

C. En una hoja de papel aparte, escriba una autobiografía corta en que describe cómo llegó hasta este punto de su vida. Hable de su infancia, su educación y su experiencia de trabajo. No olvide usar tanto el pretérito como el imperfecto. Al terminar, léasela en voz alta a un compañero / una compañera de la clase o haga una presentación en clase.

D. De la siguiente lista haga una investigación de Internet de una o algunas de las personas sobresalientes en el área de negocios. Después realice una serie de preguntas para entrevistar a esta persona. La entrevista deberá incluir preguntas escritas en el pretérito, imperfecto y presente.

1. Warren Buffett
2. Carlos Slim Helu
3. William Gates III
4. Lakshmi Mittal
5. Mukesh Ambani
6. Anil Ambani
7. Ingvar Kamprad
8. KP Singh
9. Oleg Deripaska
10. Karl Albrecht

Por vs. para

Para usar correctamente las preposiciones **por** y **para** es necesario aprender sus usos.

Los usos de *por*

- **Causa de una cosa o suceso**
  No fuimos a la conferencia **por** el tráfico.

  *We didn't go to the conference **because of** the traffic.*

- **Funciona como sinónimo de** *a través de*
  Caminamos **por** la plaza.

  *We walked **through** the plaza.*

- **Indica el medio o el modo**
  Mandé el cheque **por** correo.
  Viajamos **por** avión.

  *I sent the check **by** mail.*
  *We traveled **by** plane.*

- **En lugar de alguien**
  Estoy trabajando **por** mi amigo que está enfermo.

  *I'm working **in lieu of** my friend who is sick.*

- **Intercambio de algo (trueque)**
  Te cambio mi computadora **por** la tuya.

  *I'll trade you my computer **for** yours.*

- **Duración de tiempo**
  Voy a Madrid **por** dos semanas.

  *I'm going to Madrid **for** two weeks.*

- **Señala a la persona que es la causa de una acción**
  Lo hice **por** ti.

  *I did it **for** you.*

- **Medida**
  Vamos a 10 kilómetros **por** hora.
  *We're going 10 kilometers **per** hour.*

- **En busca de algo o alguien**
  Vamos a la tienda **por** leche.
  *We're going to the store **to get** milk.*

  Fue a la escuela **por** su hermana.
  *He went to the school **to get** his sister.*

b. **Los usos de** *para*

- **Con el propósito de**
  Hay que realizar exportaciones **para** crecer como compañía.
  *Exports are necessary **in order to** grow as a company.*

- **Trabajar en una empresa, jugar en un equipo o ser empleado de alguien**
  Nosotros trabajamos **para** una compañía de telecomunicaciones.
  *We work **for** a telecommunications company.*

- **Destino de un viaje**
  Voy **para** Italia la semana que viene.
  *I'm going **to** Italy next week.*

- **Destinatario de una cosa o acción**
  Este cheque es **para** el gerente.
  *This check is **for** the manager.*

- **Fecha límite**
  Las negociaciones se tienen que terminar **para** el fin del mes.
  *The negotiations have to close **by** the end of the month.*

- **Comparación entre un grupo**
  Para ser una compañía pequeña gana muy bien.
  ***For** a small company, he earns a lot.*

Práctica

A. Responda las siguientes preguntas usando la preposición **para** y escriba a un lado la regla que se aplica.

1. ¿Para qué realizan exportaciones e importaciones?

2. Escuché que vas a España. ¿Para qué vas?

3. ¿Para cuándo cerraremos el contrato?

4. ¿Para quién son estos cheques?

5. ¿Para qué compras productos extranjeros?

B. Responda las siguientes preguntas usando la preposición **por** y escriba a un lado la regla que se aplica.

1. ¿Por qué no llegaste a la conferencia?

2. ¿Por dónde pasa el barco con la mercancía que se compró?

3. ¿Cómo llegarán los inversionistas? ¿Por avión o por tren?

4. Mario se enfermó. ¿Quién está trabajando por él?

5. ¿Cuánto pagó la compañía por las nuevas computadoras?

6. ¿Por cuánto tiempo vas a China?

7. ¿Por quién supiste de este trabajo?

C. Llene los espacios en blanco con la preposición **por** o **para.**

1. Juan y Pedro salieron _____ Chihuahua a las 8:00 de la mañana _____ tren, pero pasarán _____ Guadalajara antes de llegar a Chihuahua _____ concluir un contrato con unos empresarios.

2. _____ cuando lleguen, ya será muy tarde _____ que les manden el contrato _____ fax. Es mejor que esperen hasta mañana _____ recibirlo. Van a llamar _____ teléfono primero.

3. Antes de ir a un hotel, van a un restaurante _____ comer y _____ discutir los planes del próximo día.

(*Llegan a Chihuahua.*)

4. (Juan) —Creo que debemos pasar _____ la calle San Juan antes de llegar al hotel. He escuchado que _____ allí hay muchos restaurantes muy buenos y _____ cuando terminemos de comer, será la hora de dormir.

(*Durante las negociaciones.*)

5. (Los empresarios) —Señores Juan y Pedro, estas negociaciones son _____ abrir nuevas fábricas de zapatos en países extranjeros y esperamos que _____ fin de este año podamos tener _____ lo menos diez fábricas establecidas _____ toda la Europa central.

6. (Juan) —Apreciamos el interés que ponen en nuestra compañía _____ poder ayudarlos en esto _____ la próxima semana tendremos listos todos los papeles necesarios _____ abrir las fábricas en tres de los diez países.

7. (Pedro) —Dejé los contratos en la sala anterior. Voy _____ ellos. Aquí están. Todo está listo.

(*Después de firmar los contratos.*)

8. (Juan) —Vamos a celebrar el cierre de los contratos. Hicimos reservaciones en un restaurante que está _____ la calle San Juan y un chófer va a pasar _____ nosotros en unos quince minutos.

D. Llene los espacios en blanco con la preposición **por** o **para.**

1. No llegamos al restaurante a tiempo _____ el tráfico.

2. Tengo que comprar un celular nuevo _____ las llamadas internacionales.

3. Pasamos _____ la tienda.

4. Yo juego _____ los Dodgers.

5. Mandé el anuncio _____ correo electrónico.

6. Vamos _____ la oficina principal que está _____ el centro de la ciudad.

7. Patricia está trabajando _____ una compañía de zapatos.

8. Las flores son _____ mi novia.

9. Te cambio mi bicicleta _____ tu motocicleta.

10. El informe es _____ el viernes.

11. Voy al gimnasio _____ dos horas todos los días.

12. _____ ser un niño de tres años habla muy bien.

13. Mi compañero de oficina hizo el informe _____ mí.

14. Ese coche va a más de 50 kilómetros _____ hora.

Las expresiones de tiempo con el verbo *hacer*

A. **El verbo *hacer* + el presente.** Para expresar cuánto tiempo lleva haciendo una cosa, se usa la siguiente fórmula.

Hace + *duración de tiempo* + **que** + *verbo en el presente*

Hace un año que estudio español.	*I have been studying Spanish for a year.*
Hace dos años que asisto a la universidad.	*I have been attending the university for two years.*

Para hacer este tipo de expresión negativa, sólo hay que agregar la palabra **no** antes del verbo. Observe la siguiente formula.

Hace + *duración de tiempo* + **que** + **no** + *verbo*   *en el presente*

Hace muchos años que no visito a mis abuelos.	*I have not visited my grandparents in a long time.*
Hace dos días que no como nada.	*It has been two days since I have eaten anything.*

B. **El verbo *hacer* + el pretérito.** El verbo **hacer** también puede indicar la duración que ha tomado realizar una acción, haciendo énfasis en que la acción ya concluyó (usando el pretérito). Observe la siguiente formula.

Hace + *tiempo* + **que** + *verbo en el pretérito*

Hace media hora que terminaron el examen.	*They finished the test a half hour ago.*
Hace dos años que llegué a Arizona.	*I arrived in Arizona two years ago.*

Para expresar este mismo tiempo en una forma negativa se usa el imperfecto en vez del pretérito.

Hace + *tiempo* + **que** + **no** + *verbo en el imperfecto*

Hace diez años que no visitaba Cuba.   *I had not visited Cuba for ten years.*
Hace varios años que no te había visto.   *I had not seen you for a number of years.*

Práctica

A. Cambie las siguientes oraciones usando las expresiones de tiempo con el verbo **hacer.**

MODELO: Mario y Lucía bailan.   (veinte minutos) →
        Hace veinte minutos que Mario y Lucía bailan.

1. Luis estudia violín.   (tres años)

    _____

2. Yo no veo a mis padres muy frecuentemente.   (un año)

    _____

3. Julio duerme en el sofá.   (seis horas)

    _____

4. Nosotros no comemos comida china a menudo.   (tres meses)

    _____

5. Ud. toma clases de español.   (dos años)

    _____

B. Con un compañero / una compañera responda las siguientes preguntas.

1. ¿Cuánto tiempo hace que vives aquí?
2. ¿Cuánto tiempo hace que trabajas en esta compañía?
3. ¿Cuánto tiempo hace que no ahorras nada?
4. ¿Cuánto tiempo hace que no ves a tus abuelos?
5. ¿Cuánto tiempo hace que no tienes un coche nuevo?
6. ¿Cuánto tiempo hace que estudias finanzas y contabilidad?
7. ¿Cuánto tiempo hace que no tienes vacaciones?

C. Usando las siguientes frases, haga una nueva oración con **hace** + *pretérito.*

MODELO: ir a Europa → Hace dos años que fui a Europa.

1. escribir cartas a un amigo
2. ir a la playa

3. ir al dentista

4. empezar a trabajar

5. ver a tus amigos de la preparatoria

6. comenzar a estudiar español

7. conocer a mi novio/a

8. comprar un coche nuevo

D. Escriba una nueva oración usando **hace** + *pretérito*.

1. Cocinamos la cena para la fiesta a las tres. Son las cinco.

2. Fuimos a México en noviembre. Ahora estamos en enero.

3. Mario compró un coche nuevo en el año 2000. Estamos en el año 2011.

4. Yo usé el vestido para la fiesta del sábado. Hoy es miércoles.

5. Empecé a estudiar a las 10:30 de la mañana. Son las 10:30 de la noche.

E. Con un compañero / una compañera responda las siguientes preguntas.

1. ¿Hace cuánto tiempo que empezaste a trabajar?

2. ¿Cuánto tiempo hace que no visitabas a tus abuelos?

3. ¿Hace cuánto tiempo que llegaste a esta ciudad?

4. ¿Cuánto tiempo hace que no veías la televisión?

5. ¿Hace cuánto tiempo que te casaste?

6. ¿Hace cuánto tiempo que te graduaste del colegio?

7. ¿Hace cuánto tiempo que no comías tamales?

8. ¿Hace cuánto tiempo que dejaste de fumar?

9. ¿Hace cuánto tiempo que no ibas al cine?

El subjuntivo

A. La formación del presente de subjuntivo con verbos regulares. Las terminaciones personales del presente de subjuntivo se añaden a la primera persona singular del presente de indicativo menos la terminación **–o.**
Los verbos **–ar** añaden terminaciones con **–e** y los verbos **–er/–ir** añaden terminaciones con **–a.** Observen los siguientes ejemplos.

estudiar	
estudio → estudi–	
estudie	estudiemos
estudies	estudiéis
estudie	estudien

leer	
leo → le–	
lea	leamos
leas	leáis
lea	lean

recibir	
recibo → recib–	
reciba	recibamos
recibas	recibáis
reciba	reciban

B. Los verbos con cambio de raíz o de ortografía. Los verbos **–ar** y **–er** con cambio de raíz en el presente de indicativo tienen el mismo patrón de cambio en el subjuntivo. Los verbos **–ir** que tienen cambio de raíz en el presente de indicativo, sin embargo, tienen un segundo cambio de raíz en las formas **nosotros/as** y **vosotros/as.** Observe los siguiente ejemplos.

pensar

pienso → piens–	
piense	pensemos
pienses	penséis
piense	piensen

poder

puedo → pued–	
pueda	podamos
puedas	podáis
pueda	puedan

dormir

duermo → duerm-	
duerma	durmamos
duermas	durmáis
duerma	duerman

pedir

pido → pid-	
pida	pidamos
pidas	pidáis
pida	pidan

preferir

prefiero → prefier-	
prefiera	prefiramos
prefieras	prefiráis
prefiera	prefieran

Los verbos con irregularidades en el presente de indicativo con las consonantes **–g** y **–zc** en la primera persona también mantienen la misma ortografía al conjugar los verbos en todos los pronombres personales del subjuntivo.

Los verbos «-*go*»

tener

tengo → teng-	
tenga	tengamos
tengas	tengáis
tenga	tengan

Otros verbos de este tipo incluyen **caer, decir, hacer, poner, salir, traer** y **venir**.

Los verbos que terminan en *–cer/–cir*

conocer

conozco → conozc-	
conozca	conozcamos
conozcas	conozcáis
conozca	conozcan

Otros verbos de este tipo incluyen **agradecer, conducir, parecer, traducir** y **reducir.**

Los verbos que terminan en *–car, -gar* y *–zar*

Estos verbos tienen el mismo cambio de ortografía que en el pretérito.

buscar	busco	c → qu	busque
pagar	pago	g → gu	pague
empezar	empiezo	z → c	empiece

Los verbos que terminan en –uir

construir

construyo → construy-	
construya	construyamos
construyas	construyáis
construya	construyan

Otros verbos de este tipo incluyen **atribuir, contribuir, destruir, disminuir, distribuir, huir,** e **influir.**

C. Los verbos irregulares en el subjuntivo

dar	dé, des, dé, demos, deis, den
estar	esté, estés, esté, estemos, estéis, estén
haber	haya, hayas, haya, hayamos, hayáis, hayan
ir	vaya, vayas, vaya, vayamos, vayáis, vayan
saber	sepa, sepas, sepa, sepamos, sepáis, sepan
ser	sea, seas, sea, seamos, seáis, sean
ver	vea, veas, vea, veamos, véais, vean

Quiero que vayas a la Universidad. — *I want you to go to university.*

Es imposible que haya aprobado el examen con un cien por ciento. — *It's impossible that she passed the exam with a hundred percent.*

No creo que sepan la verdad. — *I don't think they know the truth.*

Para ver más ejemplos de verbos irregulares en el subjuntivo, vea las tablas de verbos al final del libro.

D. Los usos de subjuntivo

Se usa después de los verbos de voluntad cuando hay un cambio en el sujeto de la cláusula dependiente. La siguiente lista incluye algunas expresiones que expresan voluntad.

aconsejar que	**pedir que**
decir que	**permitir que**
dejar que	**querer que**
desear que	**sugerir que**
esperar que	

María **quiere que yo trabaje** más duro, pero yo no quiero. — *Maria wants me to work harder, but I don't want to.*

Yo te **aconsejo que** no **cambies** los cheques. — *I'd advise you not to cash those checks.*

Ella **desea que** su novio la **llame** por teléfono. — *She wants her boyfriend to call her.*

Se usa después de los verbos que expresan emoción cuando hay un cambio en el sujeto de la cláusula dependiente. La siguiente lista incluye algunas expresiones que expresan emoción.

es triste que	**me sorprende que**
es bueno que	**ojalá que**
me alegro de que	**siento que**
me gusta que	**temo que**
me molesta que	**tengo miedo de que**

Me alegro de que hayas venido.	*I'm glad you came.*
Ojalá que haga buen tiempo este fin de semana.	*Let's hope there's good weather this weekend.*
Tengo miedo de que el examen de historia **vaya** a ser muy difícil.	*I'm afraid that the history exam is going to be very difficult.*

Generalmente se usa después de los verbos que expresan duda cuando hay un cambio en el sujeto de la cláusula dependiente. La siguiente lista incluye algunas expresiones que expresan duda.

dudar que	**no pensar que**
es posible que	**no es seguro que**
es probable que	**puede ser que**
no creer que	

Dudo que el paquete **llegue** hoy.	*I doubt that the package will arrive today.*
Es posible que visitemos Inglaterra.	*It's possible that we'll visit England.*
No creo que pase el examen con una buena nota.	*I don't think that he'll pass the exam with a good grade.*

Se usa después de expresiones impersonales. Observe la siguiente fórmula.

expresión impersonal + **que** + *verbo en el subjuntivo.*

La siguiente lista incluye algunas expresiones impersonales.

es absurdo que	**es injusto que**
es bueno que	**es lógico que**
es fantástico que	**es una pena que**
es importante que	

Es importante que entendamos el proceso de intercambio de productos.	*It's important that we understand the exchange process.*
Es posible que nos reunamos con el presidente de la compañía.	*It's possible that we'll meet with the president of the company.*
Es una pena que sea tan inteligente pero tan inseguro de sí mismo.	*It's too bad that he's so smart and yet so insecure.*

No existencia de un ser o cosa: Se usa para expresar una búsqueda de algo o alguien que pueda existir, pero que no se sabe si existe. Observe los siguientes ejemplos.

¿Hay **alguien que sepa** usar la nueva computadora?	*Is there someone who knows how to use the new computer?*
¿Tiene usted **un estudiante que sepa** escribir en ruso?	*Do you have a student who knows how to write in Russian?*
No conozco a **nadie que importe** productos chinos.	*I don't know anyone who imports Chinese products.*
Buscamos **trabajadores que sean** bilingües.	*We're looking for bilingual workers.*

Práctica

A. Complete cada oración usando el verbo de la primera oración como referencia.

> MODELO: Estudio mucho. ¿Es necesario *que estudie*?

1. Duermo poco. ¿Es necesario que _____ más?

2. Yo trabajo desde muy joven. Mis padres quieren que no _____ tanto.

3. Hablas chino. ¿Te prohíben que _____ chino en la escuela?

4. Tenemos tormenta para el sábado y va a llover mucho. Ojalá que no _____ el domingo.

5. Canto mucho en mi casa. Mi jefe prefiere que no _____ en el trabajo.

6. Gritan mucho. Les recomiendo que no _____ por la mañana.

7. Juegas al ajedrez. Es perfecto que _____ así jugamos juntos.

8. Cierran la cuenta bancaria. Es preciso que ellos _____ la cuenta porque el banco les está cobrando muchos intereses.

9. No ves las noticias sobre la economía. Es mejor que no las _____, puede que _____ (tener) pesadillas.

B. Imagínese que Ud. trabaja para una agencia que recluta personal para trabajar en distintas compañías. Ud. es el encargado / la encargada de anunciar en el periódico y en el Internet los tipos de trabajos que se ofrecen, pero más que nada, los atributos que se necesitan para obtener esos trabajos. Con un compañero / una compañera, o individualmente, cree sus propios anuncios usando el subjuntivo.

> MODELO: Se busca una persona joven que tenga experiencia en informática.

saber... tomar decisiones, trabajar con computadoras, trabajar en equipo, aprovechar el tiempo, usar Excel™ y Powerpoint™, usar todo tipo de ayudas tecnológicas

tener... buena presentación, ganas de trabajar, facilidad de palabra, facilidad de lidiar con (*deal with*) todo tipo de gente, paciencia para resolver problemas

poder... escribir 200 palabras por minuto en la computadora, dirigir reuniones, manejar bien al público, tener la flexibilidad de viajar una vez por semana, comunicarse bien con todo tipo de gente, encargarse de grupos de trabajadores

ser... bilingüe, eficaz en su trabajo, capaz de resolver problemas, activo/a, audaz

1. Se necesita _____.

2. Se busca _____.

3. Se requieren _____.

4. Se solicita _____.

5. Se aceptan _____.

6. Se necesitan _____.

7. Se buscan _____.

C. Complete los siguientes párrafos usando el subjuntivo.

1. Si quieres ser mi socio te pido que nunca me (mentir) _____, que siempre me (ser) _____ fiel y que cuando (haber) _____ un problema siempre (hablar) _____ conmigo. Me gusta que en tratos como éstos siempre (haber) _____ confianza y respeto para que de esa forma (poder) _____ trabajar bien y mantener una buena amistad.

2. Estimado señor: Siento mucho que la presentación no (haber) _____ salido como esperaba. Sería muy bueno que nos juntáramos para que (ver) _____ con detalles que fue lo que falló. Por el momento le aconsejo que (cuidarse) _____, que (descansar) _____ mucho y que (olvidar) _____ lo sucedido. Vendrán días mejores.

3. La profesora quiere que nosotros (leer) _____ la página Web de la clase de español y que (buscar) _____ información sobre Don Quijote para después escribir una composición. Nos aconseja que (escribir) _____ nuestra composición en la computadora y que (guardar) _____ la composición para que (poder) _____ corregirla después. También es necesario que (utilizar) _____ un diccionario de español para que (aprender) _____ nuevas palabras. La profesora se alegra de que (trabajar) _____ mucho porque así tendremos buenas notas. Es una pena que no (tener) _____ más tiempo para practicar.

4. En los Estados Unidos se habla mucho del tiempo. En el verano muchos se alegran de que (llover) _____ en algunas partes del país, mientras que en otras partes se molestan de que (hacer) _____ mucho calor. Durante el invierno mucha gente prefiere que (nevar) _____ para sentir más fuerte el espíritu navideño, pero no nieva en todas partes. Por lo general a nadie le gusta que (haber) _____ tormentas de nieve porque es posible que (ocurrir) _____ accidentes en las carreteras.

Las cláusulas adjetivales

Una cláusula adjetival modifica a un sustantivo al igual que a un adjetivo. Es importante recordar que en oraciones de este tipo, siempre habrá una oración principal y seguida de la cláusula subordinada.

El hombre **vive aquí.** (oración simple)	*The man lives here.*
El hombre **que lleva gafas oscuras vive aquí.** (cláusula adjetival)	*The man who wears dark glasses lives here.*

Los usos de las cláusulas adjetivales. Cuando en una cláusula adjetival se describe algo específico que no es parte de la realidad del antecedente, o es una experiencia particular de la persona que habla, se usa el subjuntivo. Si es algo real y existente se usa el indicativo.

Tenemos un estudiante que **habla** francés. (ya existen / real)	*We have a student who speaks French.*
Necesitamos un estudiante que **hable** francés. (no existen)	*We need a student who speaks French.*

En español un sustantivo puede ser identificado por una cláusula relativa **que,** que tiene un verbo en indicativo o subjuntivo. Cuando se usa el indicativo se asegura que el antecedente ya ha sido identificado. Pero si se usa el subjuntivo se refiere a que el antecedente no ha sido identificado.

Traigo la pizza que **quieres.**	*I brought the pizza you like.*
(antecedente identificado porque yo sé qué pizza te gusta)	
Traigo la pizza que **quieras.**	*I'll bring whichever pizza you'd like.*
(el antecedente no identificado, no conozco tus gustos)	

Práctica

A. Escriba oraciones que describan la casa de sus sueños, que Ud. y su familia esperan encontrar. Use el presente de indicativo en la cláusula principal y presente de subjuntivo en la cláusula adjetival.

MODELO: nosotros / buscar una casa / tener cinco cuartos →

Nosotros buscamos una casa que tenga cinco cuartos.

1. nosotros / querer una casa / donde haber tres baños completos

2. mamá / necesitar una casa / tener una cocina amplia

3. Luis y Karen / desear una casa / ser moderna

4. nosotros / querer una casa que / tener piscina

5. Pablito / querer una casa / tener un patio grande

6. nosotros / buscar una casa / no costar mucho

7. nosotros / buscar una casa / no ser muy vieja

8. todos / querer una casa / hacer felices

B. Complete las oraciones usando el presente de subjuntivo en las siguientes cláusulas adjetivales.

1. Quiero un hombre / una mujer que (saber) _____ escuchar.

2. Necesito un novio / una novia que (tener) _____ dinero para que me lleve a cenar.

3. Quiero un hombre / una mujer al que (gustar) _____ los niños.

4. Estoy buscando un chico / una chica que (ser) _____ guapo/hermosa.

5. Quiero un hombre / una mujer que (cocinar) _____ de todo un poco.

6. Prefiero un hombre / una mujer que (hablar) _____ otros idiomas.

7. Quiero un hombre / una mujer que (respetarme) _____ siempre.

C. Hace ya algunos años José se impuso unas metas para poder empezar su propia empresa. Ahora él es el gerente regional de una compañía muy importante y aquí recuerda sus metas. Complete las siguientes oraciones usando el imperfecto de subjuntivo.

1. Yo quería estudiar una carrera que me (dar) _____ mucho dinero y fama.

2. No había nada que (poder) _____ pararme de alcanzar mi sueño.

3. Siempre buscaba amistades que (tener) _____ conocidos en empresas.

4. Yo necesitaba una pareja buena que me (apoyar) _____ en todo.

5. Siempre buscaba formas en las que (poder) _____ invertir.

6. Yo necesitaba una buena compañía que (atraer) _____ a la gente.

7. Yo quería tener una empresa que (tener) _____ fama internacional.

D. Escoja el verbo en el modo correcto (indicativo o subjuntivo) para completar la oración.

1. Hay un estudiante aquí que (habla / hable) bien el español.

2. Ella conoce a una persona que (trabaja / trabaje) bien con computadoras.

3. No hay nadie que (sepa / sabe) dar primeros auxilios (*first aid*).

4. Necesito a otro empleado que (cocina / cocine) mejor y mas rápidamente.

5. No conozco a nadie que (baila / baile) mejor que tú.

E. ¿Qué diría Ud. en español? Use el subjuntivo cuando sea necesario.

1. *You and a friend are looking for an apartment that has big windows.*

2. *You will bring your friend whatever cake he prefers.*

3. *You tell someone that you have a friend that needs a secretary who is able to work on Saturdays.*

4. *You tell a friend that your professor wants you to write a poem.*

5. *You tell your friend that your mother will buy you whatever you want.*

6. *You tell a friend that your sister Nancy is looking for a large, cute dog.*

Los pronombres relativos

Los pronombres relativos se usan para unir dos oraciones o ideas que pueder formar una sola oración.

A. El pronombre relativo *que* El pronombre **que** se usa con objetos animados e inanimados. Se utiliza en oraciones en las que el antecedente es persona o cosa, singular o plural. Por lo general, estas oraciones comienzan con un artículo y son de carácter indefinido. La cláusula relativa modifica el sujeto de la frase principal. Observe los siguientes ejemplos.

El muchacho es mexicano.	*The boy is Mexican.*

(No sabemos de qué muchacho se está hablando.)

El muchacho **que llegó ayer** es mexicano.	*The boy who arrived yesterday is Mexican.*

(la cláusula relativa le da especificidad a la oración.)

Cuando se trata de personas no podemos utilizar **quien**. Es decir que cuando existe un artículo definido, no es posible usar **quien** a menos que la frase relativa esté separada por una coma y se especifique el nombre propio de la persona a la que nos referimos. Observe los siguientes ejemplos.

El estudiante **que llegó** es muy inteligente.	*The student that arrived is very smart.*
El profesor Ponce **que llegó tarde** es un poco impuntual.	*Professor Ponce who arrived late is not very punctual.*
El profesor Ponce, **quien llegó tarde,** es un poco impuntual.	*Professor Ponce, who arrived late, is not very punctual.*

B. Los pronombres relativos: *quien y quienes*
Se utilizan los pronombres relativos **quien** y quienes en oraciones explicativas.

Te presento a mi amiga **quien** (que) es la directora de la escuela.	*Let me introduce you to my friend who (that) is the director of the school.*

Diego Rivera y Orozco, **quienes** son pintores muy populares, han dejado una huella.

Diego Rivera and Orozco, who are very popular painters, have left a mark.

Si el pronombre relativo va precedido de una preposición no se puede utilizar el pronombre relativo **que.** Observe los siguientes ejemplos.

Ésa es la profesora **con quien** tomé clases el semestre pasado.
Los jefes **para quienes** trabajé durante el verano eran muy buenos.

That is the professor with whom I took classes last semester.
The bosses for whom I worked during the summer were very good.

Práctica

A. Llene los espacios en blanco con los pronombres **que, quien** o **quienes.**

1. ¿Quién es el muchacho _____ empezó a trabajar aquí la semana pasada?

2. ¿Las chicas con _____ salimos se mudaron de casa.

3. ¿Dónde esta el mueble _____ compramos ayer?

4. ¿Para _____ son esas flores?

5. Élla es la amiga de _____ te hable.

6. El proyecto _____ terminaré, será perfecto.

7. Las personas _____ vienen este fin de semana son los jefes.

8. ¿Con _____ cenas generalmente?

9. El profesor Pérez, _____ está muy enfermo, está en el hospital.

10. El paquete _____ llegó es para ti.

B. Entreviste a un compañero / una compañera de clase. Asegúrese de prestar atención al uso de los pronombres relativos.

1. ¿Cómo se llama la persona a quien más quieres?

2. ¿Cómo se apellida el profesor / la profesora que enseña la clase de español?

3. ¿Con quienes sales a pasear generalmente?

4. ¿Para quién trabajas?

5. ¿Cuál es el deporte que más te gusta?

6. ¿A quién te gusta darle regalos?

7. ¿Dónde compras los libros que usas cada semestre?

8. ¿Por quién darías la vida?

Los pronombres relativos: el que, el cual

A. Las formas. Los pronombres relativos **el que** y **el cual** tienen las siguientes formas: **el que, la que, los que, las que; el cual, la cual, los cuales, las cuales.** Estos pronombres pueden reemplazar a los pronombres **que, a quien, a quienes**, cuando el antecedente es un objeto animado y el pronombre relativo es el objeto directo del verbo.

Los turistas **a los que** conocí eran de Suecia.	*The tourists that I met were from Sweden.*
La vecina **a la que** no queremos es muy rara.	*The neighbor that we don't like is really weird.*
El actor **al que** más quiero es guapo.	*The actor that I like best is handsome.*

B. Como subjeto y objeto. En las siguientes oraciones, **el que** y **el cual** funcionan como sujeto y objeto y van separados por comas; esto significa que se pueden referir a objetos animados o inanimados. De tal manera como **el que** y **el cual** tienen género y número para evitar confusión tienen más de un antecedente para el pronombre **que** y **quien**.

El amigo de mi tío, **el cual / el que** vive en Francia, viene para visitarnos.	*My uncle's (male) friend, who lives in France, is coming to visit us.*
La amiga de mi tío, **la cual / la que** vive en Francia, viene para visitarnos.	*My uncle's (female) friend, who lives in France, is coming to visit us.*

Nota: **Cual** puede ser pluralizado, pero **que** jamás puede ser pluralizado.

Los amigos de Juan, **los que / los cuales** vinieron a la fiesta, son norteamericanos.	*Juan's friends, the ones who came to the party, are North American.*
Las chicas, **las que / las cuales** iban en el coche rojo, se accidentaron.	*The girls, the ones who were in the red car, were in an accident.*

C. Un uso específic de *el que*. Igual que **quien,** el pronombre relativo **el que** se puede usar como sujeto en una oración. Esto nunca ocurre con el pronombre **el cual.**

El que (Quien) sepa la verdad debe decirla enseguida.	*He who knows the truth should say it right away.*
Los que (Quienes) vinieron a la reunión recibirán un aumento de sueldo.	*Those who came to the meeting will get a raise.*
La que (Quien) quiera participar en el baile, debe de tener experiencia.	*She who wants to participate in the dance should have experience.*

D. El uso con una frase preposicional. Antes de mencionarse el pronombre relativo como sujeto de oración, puede usarse a veces una frase preposicional.

En mi casa, **la que (quien)** paga las cuentas soy yo.	*In my house, the one who pays the bills is I.*
En mi universidad, **los que (quienes)** organizan las fiestas son los estudiantes.	*In my university, the ones who organize the parties are the students.*

Práctica

A. Llene los espacios en blanco con el pronombre relativo correcto: **lo que, el que, la que, los que, las que, el cual, la cual, los cuales, las cuales.**

1. _____ se fue a la villa perdió su silla.

2. No te fíes de _____ prometen demasiado.

3. No todo _____ dijo ella es correcto.

4. Estudiamos con ese maestro, _____ a veces no aclara las cosas bien.

5. Ese abrigo te queda mal; _____ es de plumas te queda mejor.

6. Los vecinos de arriba son muy ruidosos, pero _____ viven al lado, no.

7. No vino tu novia, _____ vino fue tu amiga.

8. Esa calle es de sentido contrario, pero _____ está a la derecha, no.

9. Las personas, _____ me dieron esta sorpresa, fueron mis estudiantes.

10. Me gusta esa tienda pero prefiero _____ está en la esquina.

B. Escriba una oración completa usando los pronombres relativos necesarios.

1. Mi abuelo vive en la ciudad. Él trabaja en la universidad.

2. El tío de José está muy grave. Va a dejarle una fortuna.

3. Los estudiantes son disciplinados. Comen mucho también.

4. La novia de César es muy delgada. Ella es inteligente.

5. Mi motocicleta está cerca de unos árboles. Ellos son pinos.

Los pronombres relativos: *cuyo, cuya, cuyos, cuyas*

A. Los usos. Los pronombres **cuyo, cuya, cuyos** y **cuyas** expresan posesión y tienen que concordar en género y número con lo que se posee. Una preposición a veces los precede. La traducción en inglés de todas las formas de **cuyo** es siempre *whose*.

Hoy día hablaremos del pintor **cuya** última pintura fue impresionante.	*Today we will talk about the painter whose last painting was impressive.*
Ayer conocí a una muchacha **cuyos** padres son dueños de muchos negocios.	*Yesterday I met a girl whose parents are the owners of many businesses.*
Éste es el Sr. Gómez, con **cuyo** hermano fui a la universidad.	*This is Mr. Gómez, with whose brother I attended the university.*

Nota: Los pronombres relativos de posesión se emplean generalmente en el lenguaje escrito y muy poco en el lenguaje oral.

Práctica

A. Complete las siguientes oraciones usando la forma correcta del pronombre **cuyo.**

1. Éste es el gerente _____ currículum vitae perdimos.

2. Tengo que buscar al dueño _____ llave se rompió al tratar de abrir la puerta esta mañana.

3. Tengos unos vecinos _____ hijos son muy problemáticos.

4. Se habla mucho del cliente _____ suerte fue lo que lo salvó.

5. Los muchachos, _____ amigos asistieron a la fiesta, se fueron temprano.

6. Un país, _____ constitución no se cumple, es un problema para sus ciudadanos.

7. Mi abuela, _____ madre era muy rica, le dejó una herencia.

B. Escoja la forma correcta de **cuyo** para cada frase.

1. El vecindario donde vivía (*whose*) _____ calle era muy angosta estaba siempre oscura.

2. Yo no entiendo las reglas (*whose*) _____ consecuencias no se imponen.

3. Mi jefe, (*whose*) _____ traje se manchó, me pidió que lo llevara a la tintorería.

4. La niña, (*whose*) _____ permiso de entrada perdió, no pudo tomar el examen.

5. Los niños, (*whose*) _____ padres los abandonaron, fueron adoptados por unas familias muy buenas.

Los mandatos

A. Los mandatos informales. Para la forma afirmativa de los mandatos se usa la misma forma de la tercera persona singular (él/ella/Ud.). Observe los siguientes ejemplos.

Responde la pregunta.	*Answer the question.*
Limpia toda la casa.	*Clean the whole house.*
Abre las ventanas.	*Open the windows.*

Nota: Algunos verbos tienen una forma irregular del mandato informal afirmativo.

decir	**di**	salir	**sal**
hacer	**haz**	ser	**sé**
ir	**ve**	tener	**ten**
poner	**pon**	venir	**ven**

Para formar los mandatos informales (**tú**) negativos se usa el presente del subjuntivo. Observe los siguientes ejemplos.

No negocies con esa compañía, he escuchado que son muy informales.	*Don't do business with that company, I've heard they're very informal.*
No pidas un aumento de sueldo— como está la situación dudo que te lo den.	*Don't ask for a raise—with this current situation I doubt they'll give it to you.*
No dejes para mañana lo que puedas hacer hoy.	*Don't put off until tomorrow what you can do today.*
No le digas nada a nadie.	*Don't say anything to anyone.*
No veas esa película; he escuchado que es muy mala.	*Don't see that movie. I've heard it's really bad.*

B. Los mandatos formales. Se forman los mandatos formales y plurales de la misma manera que el presente de subjuntivo. Observe los siguientes ejemplos.

Cambien el cheque.	*Cash the check.*
Lea el libro para la próxima semana.	*Read the book for next week.*
Pongan dos tazas de arroz.	*Add two cups of rice.*

Para formar un mandato informal negativo se escribe **no** antes del verbo.

No cambien el cheque ya.	*Don't cash the check yet.*
No lea ese libro.	*Don't read that book.*
No ponga nada en su bolso.	*Don't put anything in your bag.*

C. Los mandatos de *nosotros*. Para formar un mandato de la primera persona del plural (**nosotros**), se conjuga el verbo en el presente de subjuntivo en la forma de **nosotros**. Observe los siguientes ejemplos.

Tomemos notas de todo lo que digan.	*Let's take notes on everything they say.*
No hagamos nada de lo que nos pidieron.	*Let's not do anything that they ask us to.*

D. Los mandatos con pronombres. Si el mandato incluye un pronombre reflexivo o de objecto directo/indirecto, debe localizar el pronombre según el siguiente esquema:

mandato afirmativo + pronombre(s) (atado, para formar una sola palabra)

Pásame el libro.	*Pass me the book.*
Pásamelo.	*Pass it to me*

no + *pronombre + mandato negativo*

No me hables así.	*Don't talk to me that way.*
No lo firmes.	*Don't sign it.*

Práctica

A. Imagínese que Ud. acaba de comprar una nueva computadora y para poder instalarla necesita seguir las instrucciones. Complete las oraciones con el mandato formal del verbo en paréntesis.

MODELO: _____ el cable color verde al teclado. (conectar) →

Conecte el cable color verde al teclado.

1. _____ la pantalla con mucho cuidado. (sacar)

2. _____ los cables de colores. (separar)

3. _____ el teclado en una superficie firme. (poner)

4. _____ la impresora al procesador. (conectar)

5. No _____ la computadora hasta tener todo correctamente conectado. (prender)

6. _____ los programas en la computadora una vez que ya esté encendida. (instalar)

7. No _____ la computadora con toallas mojadas. (limpiar)

8. _____ la computadora siempre encendida. (mantener)

B. Cambie el verbo en infinitivo a la forma del mandato usando el sujeto **nosotros.**

1. Dar un paseo.

2. Comprar una casa nueva.

3. Limpiar el coche.

4. Viajar a Francia.

5. Sacar buenas notas para impresionar a mamá.

6. Tomar un chocolate caliente, hace mucho frío.

7. No hacer lo que nos dijo, no se lo merece.

8. Salir esta noche, parece que no hay mucha gente en el restaurante.

9. Dormir en casa de la abuela.

10. No ir a ese lugar, parece muy tenebroso.

C. Imagínese que le toca hacer el papel del gerente de una compañía. Ud. tiene control sobre todo en su oficina. Escriba diez tareas que le mandaría a hacer a su asistente usando la forma **tú.**

MODELO: Magdalena, imprime por favor el informe de fin de año.

1. _____

2. _____

3. _____

4. _____

5. _____

6. _____

7. _____

8. _____

9. _____

10. _____

El imperfecto del subjuntivo*

Las formas del imperfecto de subjuntivo. Hay dos maneras de conjugar el imperfecto del subjuntivo. Una de ellas es más común en el habla contemporánea (terminación con –**ra**) y la otra es más común en la forma escrita (terminación con –**se**). Sin embargo, hay lugares del mundo hispano donde la terminación –**se** es muy corriente, como, por ejemplo, en España y en Puerto Rico. Así se forma la conjugación del imperfecto de subjuntivo.

- Conjugue el verbo en la tercera persona plural (**Uds.**) del pretérito.
- Quite la parte –**ron.**
- Use cualquiera de las dos terminaciones del imperfecto del subjuntivo.
- Nota que la forma de nosotros tiene un acento.

hablar		comer		escribir	
hablaron → habla-		**comieron → comie-**		**escribieron → escribie-**	
hablara/ hablase	habláramos/ hablásemos	comiera/ comiese	comiéramos/ comiésemos	escribiera/ escribiese	escribiéramos/ escribiésemos
hablaras/ hablases	hablarais/ hablaseis	comieras/ comieses	comierais/ comieseis	escribieras/ escribieses	escribierais/ escribieseis
hablara/ hablase	hablaran/ hablase	comiera/ comiese	comieran/ comiesen	escribiera/ escribiese	escribieran/ escribiesen

Se conjuga el verbo en el imperfecto de subjuntivo cuando el verbo de la primera cláusula está conjugado en el *imperfecto, pretérito* o *condicional.*

María **quería que** yo **trabajara** para ella.	*Maria wanted me to work for her.*
María **quería que** yo **hablase** con ella.	*Maria wanted me to talk to her.*
Él me **aconsejó que insistiera** hasta que me **dieran** el trabajo.	*He advised me to keep insisting until they gave me the job.*
Él me **dijo que** no **trabajase** tanto porque estaba enferma.	*He told me not to work so much because I was sick.*

---

*__Nota:__ Si Ud. quiere repasar los usos del subjuntivo, regrese a la sección sobre el presente de subjuntivo.

Recuerde que cuando el verbo de la primera cláusula está conjugado en el presente el verbo que le sigue en la cláusula dependiente se conjuga en el presente de subjuntivo. Observe algunos ejemplos.

Práctica

A. Complete las siguientes oraciones usando las dos formas del imperfecto de subjuntivo.

1. Yo quería que Pablo _____ /_____ más temprano.   (llegar)

2. Ellos esperaban que yo _____ /_____ a su casa.   (ir)

3. Manuel insistió que sus hijos _____ /_____ el jugo.   (beber)

4. Quisiera que _____ /_____ más ofertas.   (haber)

5. Te gustaría que nosotros _____ /_____ cerca. (vivir)

6. No creíamos que los muchachos _____ /_____ tan enfermos.   (estar)

7. Era preciso que le _____ /_____ la medicina.   (dar)

8. Era necesario que _____ /_____ algo de comer.   (pedir)

B. Cambie los verbos en las siguientes oraciones del presente de indicativo y subjuntivo al pretérito, el imperfecto o el impercto de subjuntivo.

MODELO: Las chicas esperan que los chicos las saquen a bailar. →
        Las chicas esperaban que los chicos las sacaran a bailar.

1. Los jefes necesitan que sus empleados sigan sus instrucciones.

2. Los padres prefieren que sus hijos tomen leche a que tomen refrescos.

3. La compañía espera que sus trabajadores sean más eficaces.

4. La profesora quiere que sus estudiantes no traigan celulares a la clase.

5. Las universidades prefieren que sus estudiantes sean sobresalientes en todo.

6. Mis padres desean que estudie más para que saque buenas notas.

C. Imagínese que Ud. está de vacaciones en su casa y sus padres le pidieron que hiciera ciertas tareas para ayudarlos. Conjugue el verbo que está entre paréntesis en el subjuntivo pasado.

MODELO: Hijo/a, te dije que sacaras la ropa de la secadora. (sacar)

1. Hijo/a, te pedí que _____ la cocina. (limpiar)

2. Hijo/a, te dije que no _____ la televisión. (prender)

3. Hijo/a, te rogamos que _____ al perro. (bañar)

4. Hijo/a, yo deseaba que _____ la cena. (preparar)

5. Hijo/a, tu papá quería que _____ las herramientas. (guardar)

6. Hijo/a, tu hermana necesitaba que la _____ al centro comercial. (llevar)

7. Hijo/a, yo preferiría que no _____ tan tarde. (acostarse)

8. Hijo/a, quería que _____ mi traje de la tintorería. (recoger)

Usos especiales del subjuntivo

A. Verbos y expresiones impersonales. Se usa el subjuntivo después de un verbo o expresión impersonal o una oración que presente un sentido impersonal. Observe la siguiente formula: *verbo o expresión impersonal* + **que** + *verbo en el subjuntivo*. La siguiente lista contiene algunos verbos y expresiones impersonales.

convenir	**es posible**
importar	**es preciso**
es importante	**es probable**
es mejor	**ojalá**
es necesario	**puede ser**

Puede ser que llueva mañana.   *It could rain tomorrow.*
Es mejor que busques otro trabajo.   *It is better that you look for a different job.*

B. Cláusulas adverbiales con el subjuntivo. Una cláusula adverbial modifica al verbo de la misma manera que lo hace un adverbio. Las cláusulas adverbiales están divididas en una cláusula central y una subordinada. Generalmente las cláusulas comienzan con una conjunción de tiempo, como por ejemplo, **cuando** y **antes de.**

Cuando llegues nos vamos   *When you arrive, we'll leave*
  enseguida.   *right away.*

C. Los usos de las cláusulas adverbiales

- Expresan tiempo, lugar y modo.
- Se usa una cláusula adverbial con conjunciones cuando éstas expresan causa y cuando la cláusula subordinada indica incertidumbre o negación.
- En una cláusula adverbial también se usa el subjuntivo cuando la oración principal expresa una acción futura. Generalmente el subjuntivo va seguido de **como** o **dondequiera que.**
- Después de **si** cuando es lo contrario a algo que es real (se usa el pasado del subjuntivo).
- Después de **como si** se usa solamente el pasado del subjuntivo.

Las siguientes conjunciones requieren el subjuntivo.

a menos que	**para que**
antes de que	**sin que**
con tal que	

Antes de que llegues me tomaré una siesta. *Before you arrive I'm going to take a nap.*

Yo hablaré contigo **con tal de que te calmes.** *I'll take to you provided that you calm down.*

Nosotros ya comimos **antes de que llegara Sara.** *We already ate before Sara arrived.*

Existen otras frases adverbiales que en ocasiones toman el subjuntivo.

aunque	**en cuanto**
cuando	**hasta que**
después de que	**tan pronto como**

Nota: Con estas frases, si no hay una indicación de una acción futura no se requiere el subjuntivo sino el indicativo.

Esperé hasta que **llegó.** *I waited until he arrived.*
(acción pasada/indicativo)

Espero hasta que **llegue.** *I'll wait until he arrives.*
(acción futura/subjuntivo)

Práctica

A. Escoja la mejor expresión impersonal entre paréntesis que se ajuste a la oración.

1. _____ que llegue mañana de su viaje. (es possible / convenir)

2. _____ que te vayas. (es mejor / puede ser)

3. _____ vestirse bien para las reuniones. (es necesario / es importante)

4. _____ que lo hayan despedido del trabajo. (es probable / ojalá)

5. _____ terminemos el proyecto hoy. (es preciso / es probable)

6. _____ que te gradúes de la universidad. (es importante / es posible)

B. Conjugue el verbo entre paréntesis en el tiempo apropiado. Observe bien el uso de las cláusulas adverbiales.

1. Iré con tal de que me (pagar) _____.

2. Aunque (nevar) _____ iremos al concierto.

3. Luisa no quiere ir a la fiesta a menos que tú (ir) _____ con ella.

4. En caso de que no (llegar) _____, (traer) _____ los contratos.

5. Me quedaré hasta que tú (sentirse) _____ mejor.

6. Cuando él (ir) _____ mañana al aeropuerto, yo lo llevaré.

7. En cuanto (saber) _____ la verdad te la digo.

8. Después de que (terminar) _____ la universidad, trabajaré.

C. Explique que algunas personas *terminaron* de hacer ciertas cosas **antes de que** otras *terminaran* de hacer otras. Use el pretérito para la cláusula principal y el imperfecto de subjuntivo para la cláusula adverbial.

MODELO: Laura / traer café: Julio / llegar a la oficina

Laura trajo café antes de que Julio llegara a la oficina.

1. Paco y Ana / salir a almorzar: yo / poder salir

2. Ud. / llevar el informe: el jefe / pedírselo

3. Saúl / entrar al edificio: nosotros / llegar

4. Fernanda / decidir irse: ser la hora de salida

5. Nosotros / sorprender al jefe: él / irse

D. ¿Qué diría Ud.?

1. Te dejaré ir cuando el policía (llegar) _____.

2. Mis padres llamaron antes de que sus amigos (salir) _____.

3. Aunque ella no (tener) _____ dinero, ella siempre saldrá a comprar.

4. Nos quedamos parados en la cola después de que nos (decir) _____ que ya no tenían más entradas.

5. Miraré las noticias hasta que (ponerse) _____ obscuro.

La cláusula *si* y el subjuntivo

Este tipo de cláusula es muy semejante entre el español y el inglés y se usa para expresar una condición contraria a una situación en el tiempo presente. En el español se usa la cláusula **si** en la cláusula principal + *verbo en el subjuntivo* y luego el *verbo en el condicional* en la cláusula subordinada.

Si me invitaras a la fiesta, yo **iría** con gusto.	*If you were to invite me to the party, I would be happy to go.*
Si yo fuera tú, no **harías** eso.	*If I were you, I wouldn't do that.*

Práctica

A. Siempre quisiéramos hacer ciertas cosas, pero por razones de la vida no podemos. Complete las oraciones usando los verbos entre paréntesis y conjugando los verbos en la forma necesaria.

1. Si (tener) _____ más dinero, les (dar) _____ más a los pobres.

2. Si ellos me (pagar) _____ mejor, tal vez (trabajar) _____ más duro.

3. Si Juan me (pedir) _____ ser su novia, yo (aceptar) _____.

4. Si yo (cometer) _____ un error, ella lo (saber) _____.

5. Si tú me (comprar) _____ un perro, (yo: portarse) _____ mejor.

6. Si él (querer) _____ casarse, ya me lo (haber) _____ pedido.

7. Si Uds. no le (ayudar) _____, él no (saber) _____ qué hacer.

8. Si yo (tener) _____ una casa, (invitar) _____ a todos mis amigos.

B. Hay muchos cuentos que usan la cláusula **si.** Llene los espacios en blanco con la forma correcta del verbo entre paréntesis.

1. Yo me (casar) _____ con el príncipe, si él me (encontrar) _____.

2. Si (ser) _____ un niño real, no (decir) _____ tantas mentiras.

3. Si yo (besar) _____ a la princesa, ella se (despertar) _____.

4. Yo no (trabajar) _____ tanto, si mis hermanas no (ser) _____ tan perezosas.

5. Yo no (ir) _____ a la casa de mi abuela, si (saber) _____ que el lobo estaba allí esperándome.

6. El lobo no (soplar) _____ fuerte, si no se (querer) _____ comerse a los cerditos.

7. Si la reina no me (haber) _____ mandado a matar, yo no me (haber) _____ huido del castillo.

El futuro

A. Los verbos regulares. El futuro de los verbos regulares **–ar, –er, –ir** se forma al añadírseles las siguientes terminaciones al final del infinitivo.

caminar			correr			escribir	
caminaré	caminaremos		correré	correremos		escribiré	escribiremos
caminarás	caminaréis		correrás	correréis		escribirás	escribiréis
caminará	caminarán		correrá	correrán		escribirá	escribirán

B. Los verbos irregulares. Los verbos irregulares en el futuro mantienen las mismas terminaciones de los verbos regulares, pero la raíz del verbo sufre una modificación.

caber	cabré
decir	diré
haber	habré
hacer	haré
poder	podré
poner	pondré

querer	querré
saber	sabré
salir	saldré
tener	tendré
valer	valdré
venire	vendré

Nota: El futuro de **hay** (del verbo **haber**) es **habrá**.

Yo **vendré** pasado mañana para revisar el informe.	*I will come the day after tomorrow to review the report.*
María **saldrá** para México el lunes.	*María will leave for México on Monday.*
Habrá una reunión del departamento de mercadotecnia a las 2:00 de la tarde.	*There will be a marketing department meeting at 2:00 pm.*

C. Los usos del futuro

Para expresar acciones que acontecerán en el futuro.

La compañía **entregará** mañana el plan para la campaña publicitaria.	*The company will turn in the plan for the ad campaign tomorrow.*

Se usa el futuro en una cláusula condicional (**si**) cuando el verbo se conjuga en el presente.

Si trabajas más, **tendrás** más dinero.	*If you work more, you'll have more money.*

Nota: Se mantiene el mismo significado de la oración, aunque se altere el orden de las cláusulas.

Tendrás más dinero **si trabajas** más.	*You'll have more money if you work more.*

El futuro también sirve para expresar probabilidad y conjetura en el presente. El equivalente en el inglés es: *I wonder, it's probably, it might,* etcétera.

¿Quién **será** el nuevo director de ventas?	*I wonder who will be the new director of sales.*
Será Rafael o María.	*It's probably Rafael or María.*

¿Quién **tendrá** unos zapatos amarillos
de la marca Fendi?
*I wonder who has yellow
Fendi shoes.*

Carmen los **tendrá** porque a ella le
gustan mucho los zapatos Fendi.
*Carmen might have them
because she really likes Fendi
shoes.*

Nota: No se olvide que es común expresar el futuro usando el presente de
indicativo. Observe los siguientes ejemplos.

Las acciones en el futuro también se pueden expresar usando el verbo **ir** + **a** +
verbo en el infinitivo.

Vamos a enviar el contrato pasado mañana.
*We're going to send the contract
the day after tomorrow.*

Se puede expresar con un verbo conjugado en el presente siempre y cuando la
oración tenga un elemento que indique futuro.

Salgo de viaje **la semana que viene.**   *I'm leaving on a trip next week.*

Al pedirse instrucciones, consejo y explicaciones el futuro se puede reemplazar con un verbo en el presente.

¿**Pongo** los platos en la mesa?   *Should I put the plates on the table?*

Práctica

A. Escriba que harán estas personas en el futuro.

1. Mario (ir) _____ al gimnasio mañana antes de pasar por la
oficina.

2. Mis colegas (trabajar) _____ en el proyecto de ventas.

3. Yo (ver) _____ las noticias a las 5:00 de la tarde.

4. Julia (estudiar) _____ los anuncios para enterarse de los
beneficio del producto.

5. Yo (tomar) _____ mucha medicina para la gripe.

6. La jefa les (pagar) _____ a los empleados para el fin de mes.

B. Transfiera las siguientes oraciones al futuro.

1. Mañana es la conferencia anual del departamento de publicidad.

2. Tenemos que vestirnos muy bien, porque está el dueño de la compañía.

3. Hay muchas mini-conferencias.

4. Tomamos algunos pequeños exámenes.

5. Felipe nos lleva a comer después del entrenamiento.

6. Cuando terminan las reuniones todas están muy cansadas.

C. Escriba cada oración usando una cláusula condicional con **si**.

Modelo: Jenny/querer bajar de peso; tener que hacer una dieta
Si Jenny quiere bajar de peso, tendrá que hacer una dieta.

1. ellos/necesitar dinero; tener que pedírselo al banco

2. Uds./estudiar mucho; sacar buenas notas

3. nosotros/ahorrar; poder ir de vacaciones

4. yo/dormir demasiado; sentirme mal

5. el jefe/darnos un aumento salarial; comprar una casa

6. yo/hacer mi tarea temprano; ir al cine con mis amigos

7. llueve; hacer mucho frío

D. Substituya el verbo por un verbo de probabilidad en el futuro.

Modelo: Seguramente llegan hoy mis primas. →
¿Mis primas llegarán hoy?

1. Supongo que son las siete.

2. Probablemente la jefa está ocupada.

3. Me imagino que el bebé tiene hambre.

4. Probablemente se siente triste.

5. Supongo que viene lo más antes posible.

6. Me imagino que Julia quiere bailar contigo.

7. Supongo que hay problemas con la gerencia.

El condicional

A. Los verbos regulares. El condicional de los verbos regulares **–ar, –er,** e **–ir** se forma al añadírseles las siguientes terminaciones al final del infinitivo.

estudiar		comer		escribir	
estudiaría	estudiaríamos	comería	comeríamos	escribiría	escribiríamos
estudiarías	estudiaríais	comerías	comeríais	escribirías	escribiríais
estudiaría	estudiarían	comería	comerían	escribiría	escribirían

B. Los verbos irregulares. Los verbos irregulares en el condicional mantienen las mismas terminaciones de los verbos regulares, pero la raíz del verbo se modifica.

caber	cabría
decir	diría
haber	habría
hacer	haría
poder	podría
poner	pondría

querer	querría
saber	sabría
salir	saldría
tener	tendría
valer	valdría
venir	vendría

Si hubiera sabido que estaba enferma, no **habría** venido.	*If I had known that he was sick, I wouldn't have come.*
Yo le dije a mi amiga que no le **diría** nada a nadie.	*I told my friend that I wouldn't say anything to anyone.*

C. Los usos del condicional

El conditional puede expresar deseo, consejo o cortesía.

Me **gustaría** hablar con Uds. un momento.	*I would like to speak with you for a moment.*

Expresa una probabilidad en el pasado. Generalmente los verbos que se encuentran en este tipo de oraciones son **haber, estar, ser** y **tener.** Sin embargo, otros pueden aparecer también.

María **tendría** nueve años cuando su familia se mudó al pueblo.	*María was probably about nine years old when her family moved to the town.*

Generalmente se usa en las oraciones que contradicen la realidad. Cuando una cláusula principal con **si** usa el subjuntivo imperfecto, se coloca el condicional en la cláusula dependiente.

Si tuviera dinero, me **compraría** un coche nuevo.	*If I had money, I would buy myself a new car.*

Puede expresar una acción futura que se llevó a cabo en el pasado.

Yo le **dije** a mi jefe que no **llegaría** hasta las diez.	*I told my boss that I wouldn't arrive until 10:00.*

Práctica

A. ¿Qué haría Ud. en cada situación? De las siguientes situaciones, escoja la opción que mejor resuelva su problema y exprésela usando el condicional.

MODELO: Está en el centro comercial y va a pagar su mercancía, pero no encuentra su cartera. ¿Qué haría Ud.?

a. Decirle a la cajera que espere. → *Yo le diría a la cajera que espere.*

b. Poner toda su mercancía de regreso en su carrito de compra. → *Yo pondría mi mercancía de regreso en mi carrito de compra.*

1. Ud. está en la oficina y se da cuenta que olvidó los papeles del proyecto para su presentación. ¿Qué haría?

a. Irse de la oficina para buscarlos.

b. Hablar con mi jefe para cambiar la fecha de la presentación.

2. Ud. está en el banco depositando un cheque. Un empleado grita «¡Ladrones, ladrones! ¡Se llevan el dinero!» ¿Qué haría?

   a. Correr para atrapar al ladrón.

   b. Llamar a la policía.

   c. Tirarse al piso.

3. Ud. y su familia van de visita a México. Cuando están recogiendo sus maletas se dan cuenta de que una de las maletas nunca llega. ¿Qué harían Uds.?

   a. Esperar más tiempo.

   b. Ir a la oficina de equipaje perdido.

   c. Empezar a mirar a nuestro alrededor para ver si alguien ha agarrado la maleta equivocada.

4. Ud. y sus amigos están aburridos en casa. ¿Qué harían Uds.?

   a. Llamar a más amigos para hacer una fiesta.

   b. Salir a jugar fútbol.

   c. Ir al cine.

5. Ud. viene manejando en la autopista. De repente ve un accidente muy desastroso. ¿Qué haría?

   a. Llamar la ambulancia.

   b. Seguirse de largo.

   c. Parar para ayudar a los pasajeros.

6. Ud. está en un viaje de trabajo en el extranjero, pero pierde su pasaporte. ¿Qué haría?

   a. Llamar a la policía para radicar un informe.

   b. Ponerse en contacto con su jefe.

   c. Llamar al consulado para conseguir un pasaporte nuevo.

7. Ud. es mesero/a. Mientras está sirviendo la comida, observa que uno de los platillos que está a punto de servir tiene un pelo. ¿Qué haría?

   a. Darle la comida al cliente sin decir nada.

   b. Quitar el pelo.

   c. Decirle a los clientes que hay un problema con ese platillo y buscar otro.

B. Imagínese que Ud. es un genio en mercadotecnia. Su amigo/a está diseñando un logotipo para una compañía que vende productos deportivos y le pide a Ud. su opinión acerca del logotipo. Escriba sus opiniones usando el condicional.

1. Si fuera tú, yo _____ (poner) más colores llamativos.

2. Si fuera tú, yo no _____ (pintar) la bandera de sólo un país.

3. Si fuera tú, yo _____ (hacer) un anuncio en la radio.

4. Si fuera tú, yo _____ (tener) más de un diseño.

5. Si fuera tú, yo _____ (trabajar) con una computadora.

C. ¿Qué haría Ud. en esta situación? Con un compañero / una compañera compartan sus respuestas.

Andrés tuvo una entrevista hace cinco días. El puesto es muy interesante y la compañía paga muy bien. Pero Andrés todavía no sabe si le ofrecerán el puesto. Está un poco preocupado porque el gerente que lo entrevistó no era muy amable. Pero aunque Andrés estaba muy nervioso el día de la entrevista, piensa que todo salió de maravillas porque contestó todas las preguntas que le hicieron.

¿Qué haría Ud. en la situación de Andrés?

1. _____
2. _____
3. _____

Pablo quiere mudarse a una casa más grande que la que tiene ahora porque necesita una oficina para trabajar. El problema es que no tiene mucho dinero. Con la computadora en su casa, podría ganar más dinero, pero la hipoteca de la nueva casa le costaría mucho.

¿Qué haría Ud. en la situación de Pablo?

1. _____
2. _____
3. _____

Ayer Miriam supo que una tía suya le dejó $5.000.000 en su testamento. No sabe qué hacer con ese dinero. Podría pagar sus deudas del banco o invertir en la bolsa de valores.

¿Qué haría Ud. en la situación de Miriam?

1. _____
2. _____
3. _____

D. En las siguientes situaciones, use el condicional para describir sus preferencias usando **gustaría, preferiría, interesaría, querría,** etcétera.

MODELO: El novio / la novia ideal… (Describa las cualidades del novio/de la novia ideal.)

→ Me gustaría alguien alto. Preferiría un novio simpático/una novia simpática.

1. En un restaurante… (Escoja un platillo, una bebida y un postre.)
2. En el teatro… (Escoja entre *El fantasma de la ópera, El lago de los cisnes y El cascanueces.*)
3. En la zapatería… (Escoja entre varios pares de zapatos.)
4. En el banco… (Abrir una cuenta de ahorros, pedir un préstamo, cambiar un cheque, saber el estado de su cuenta, mandar dinero a otro país.)
5. En la universidad… (Escoja entre todas las clases posibles que podría tomar en un semestre.)

El participio pasado

Las formas regulares del participio pasado

Para formar el **participio pasado**, se quita la terminación **–ar,** **–er** o **–ir** del infinitivo y se añade **–ado** (a los verbos **–ar**) o **–ido** (a los verbos **–er** e **–ir**). Observe los siguientes ejemplos.

hablar	hablado
comer	comido
vivir	vivido

Las formas irregulares del participio pasado

Algunos verbos tienen una forma irregular del participio pasado. Observe los ejemplos de la siguiente lista.

abrir	**abierto**
cubrir	**cubierto**
decir	**dicho**
escribir	**escrito**
describir	**descrito**
freír	**frito**
hacer	**hecho**

imprimir	**impreso**
morir	**muerto**
poner	**puesto**
resolver	**resuelto**
romper	**roto**
volver	**vuelto**

Todos los verbos **–er** o **–ir** que terminan con dos vocales consecutivas (menos la combinación **ui**) llevan un acento escrito.

leer	leído
creer	creído
oír	oído
reír	reído

Nota: Cuando la **–i** está al lado de la **–u,** no hay un acento escrito.

construir	construido
instruir	instruido
destruir	destruido

Los usos del participio pasado

El participio pasado se usa con los tiempos compuestos, algo que Ud. estudiará en la próxima sección. Además, se usa el participio pasado como adjetivo con los verbos **ser** y **estar.** El participio pasado reciben diferentes cambios con cada verbo.

El verbo *ser* **+ participio pasado.** Usualmente la preposición **por** antecede al agente de la acción. Hay que recordar que cuando se usa el verbo **ser** +

participio pasado el verbo conjugado en participio pasado tiene que concordar en género y número con el sujeto de la oración. (Ver la sección sobre **la voz pasiva** en la página A-57.)

Esta modalidad **es utilizada** *por* empresas de pequeña escala.	*This method is utilized by small-scale companies.*
Los contratos **fueron firmados** *por* los gerentes.	*The contracts were signed by the managers.*

El verbo *estar* **+ participio pasado.** Las oraciones que usan el verbo **estar** + *participio pasado* expresan el resultado de un acción. Es importante recordar que en este caso no hay una preposición **por** que anteceda al agente. También no olvide que el verbo conjugado en el participio pasado tiene que concordar en género y número con el sujeto de la oración. Cuando se usa el verbo **estar** + *participio pasado*, el participio pasado funciona como un adjetivo calificativo.

Las empresas **están endeudadas** con los trabajadores.	*The companies are indebted to the workers.*
Los productos **estaban marcados** con un código de barras.	*The products were marked with a bar code.*

Práctica

A. Llene los espacios en blanco concordando el verbo en participio pasado con el sujeto.

1. La camisa está _____. (planchar)

2. Los niños estaban _____. (dormir)

3. Yo estoy muy _____. (cansar)

4. El refrigerador estuvo _____ por dos horas. (abrir)

5. La computadora está _____. (empolvar)

6. ¡Todo está _____! (decir)

7. Estuvimos muy _____. (desesperar)

8. Mi pierna estaba muy _____ y por eso fui al doctor. (lastimar)

9. El libro estaba todo _____. (quemar)

10. Los chocolates estaban _____ cuando los compré. (derretir)

B. Seleccione entre el verbo *ser* o *estar* + **participio pasado** para contestar las siguientes preguntas.

MODELOS: Nos cansamos en el trabajo. Cuando salimos *todos estamos cansados.*

El conductor pide los boletos. Al subir *los boletos son pedidos por el conductor.*

1. El tren para en la estación. Cuando recoge pasajeros _____.

2. He terminado mi reporte. Mi reporte _____.

3. Mario y Juanita se separaron hace dos meses. Hoy en día
_____.

4. Escribiste el informe. Ahora _____.

5. La computadora se rompió. Ahora _____.

6. Marco escribió la obra teatral. La obra _____.

7. El chico maneja la compañía. Ahora la compañía _____.

8. Cristóbal Colon describió América en 1492. América _____.

9. Los aztecas construyeron pirámides más altas que las de Egipto. Las
pirámides más altas _____.

C. Cuando su jefe llega a su oficina se da cuenta de que ha habido algunos cambios en todo lo que tenía en su oficina. Le pregunta a Ud. lo que ha pasado. Conteste las siguientes preguntas usando **estar** + participio pasado.

MODELO: ¿Quién cerró las ventanas?
—No sé, cuando yo llegue ya *estaban cerradas*.

1. ¿Quién regó las plantas?

2. ¿Quién sacudió la computadora?

3. ¿Quién rompió el escritorio?

4. ¿Quién acomodó los libros?

5. ¿Quién manchó la alfombra?

6. ¿Quien colgó cuadros en las paredes?

7. ¿Quién pintó las paredes?

8. ¿Quién tiró el periódico?

Los tiempos compuestos

A. Haber + *participio pasado.* Los tiempos compuestos se componen de dos partes: el verbo auxiliar **haber,** conjugado según la forma apropiada. El verbo se acompaña de un verbo en el **participio pasado.**
Existen seis tiempos compuestos que se usan generalmente en español.

El presente perfecto del indicativo	**He** hablado.	*I have spoken.*
El pluscuamperfecto	**Había** comido.	*I had eaten.*
El futuro perfecto	**Habré** ido.	*I will have gone.*
El condicional perfecto	**Habría** ido.	*I would have gone.*
El presente perfecto de subjuntivo	Espero que Luis **haya** hablado con el jefe.	*I hope that Luis has spoken with the boss.*
El pluscuamperfecto de subjuntivo	Te **habría** dejado salir si hubieras (hubieses) hablado conmigo.	*I would have let you go if you had spoken with me.*

El presente perfecto

haber

he	hemos
has	habéis
ha	han

+ *participio pasado*

Yo **he trabajado** en la empresa por 20 años.

Las economías de estos países se **han mejorado** a raíz de la globalización.

Todavía no **hemos comido** en el mercado del pueblo.

Los bancos **han perdido** mucho dinero a consecuencia del desplome del mercado de viviendas.

I have worked at the company for 20 years.

The economies of these countries have improved as a result of globalization.

We still haven't eaten at the town market.

The banks have lost a lot of money as a consequence of the collapse of the housing market.

El pluscuamperfecto

Esta forma consiste en el uso del verbo auxiliar **haber** conjugado en *el imperfecto + participio pasado*. El pluscuamperfecto está designado para indicar un evento que ocurrió previamente a otro evento ya ocurrido en el pasado.

haber

había	habíamos
habías	habíais
había	habían

+ *participio pasado*

Yo ya **había aceptado** el trabajo cuando me ofrecieron el otro.

Nosotros ya **habíamos estudiado** antes.

Ellos ya **habían llegado** cuando el robo ocurrió.

I had already accepted the job when they offered me the other one.

We had already studied earlier.

They had already arrived when the robbery occurred.

El futuro perfecto

Esta forma sigue el mismo patrón que los otros tiempos perfectos, pero en este caso el verbo auxiliar **haber** se conjuga en *el futuro + participio pasado*. Este tiempo indica un evento que ocurrirá en el futuro antes que otro evento ocurra en el futuro. Este tiempo también sirve para expresar probabilidad en el pasado.

haber

habré	habremos
habrás	habréis
habrá	habrán

+ *participio pasado*

Yo ya **habré terminado** mi tarea
antes de salir a jugar.

I will have already finished my homework before going out to play.

Nosotros **habremos regresado**
para cuando anochezca.

We will have returned by the time night falls.

Probabilidad en el pasado ¡Nunca,
llegaron! **Habrá ocurrido** algo.

They never arrived! Something must have happened.

¿**Habrá dormido** bien?

Might he have slept well?

El condicional perfecto

Esta forma se usa para expresar una acción que pudo haber pasado pero
que no se completó y se forma con el verbo auxiliar **haber** conjugado en *el
condicional + participio pasado*.

haber

habría	habríamos
habrías	habríais
habría	habrían

+ *participio pasado*

Yo no la **habría dejado** ir,
pero se fue sin permiso.

I wouldn't have let her go, but she went without permission.

¿Ellos **se habrían ido** temprano?

Would they have left early?

Práctica

A. Escriba oraciones completas usando los tiempos perfectos y los datos que
se le dan en cada oración.

MODELO: ella / comer tamales   (presente perfecto)
　　　　Ella ha comido tamales.

1. nosotros / crear parques industriales para entonces   (futuro perfecto)

2. el comercio / bajar mucho   (presente perfecto)

3. los productos extranjeros / hacer que crezca la industria   (presente perfecto)

4. Luís / tener éxito en el trabajo   (pluscuamperfecto)

5. San Antonio / siempre ser una ciudad abierta al comercio   (presente perfecto)

6. yo / ir si no estuviera lloviendo   (condicional perfecto)

7. el Mercado / abrirse pero la economía fracasó   (condicional perfecto)

8. yo / escribir todos los papeles   (pluscuamperfecto)

9. la compañía / resolver problemas antes   (presente perfecto)

10. el contrato con los países extranjeros / romperse   (presente perfecto)

11. yo / leer todo el libro para el lunes   (futuro perfecto)

12. Juan /construin una casa   (pluscuamperfecto)

B. Responda en oraciones completas las siguientes preguntas usando los tiempos perfectos.

1. ¿Dónde ha trabajado antes?

2. ¿Había trabajado en los negocios antes?

3. ¿En la compañía donde trabaja han tenido muchas ventas últimamente?

4. ¿Cuántas compañías extrajeras ha visitado?

5. ¿Qué tipo de negocio ha manejado?

6. ¿Su compañía ha tenido éxito en las exportaciones a China?

7. ¿Ha trabajado en el área de importaciones?

8. ¿A dónde ha viajado con su compañía?

C. Ud. sabe que siempre hay una primera vez para todo. Haga estas preguntas a un compañero / una compañera respondiendo en forma oral y en oraciones completas, usando los tiempos perfectos.

1. ¿Has viajado a la luna alguna vez?

2. ¿Has montado a caballo antes?

3. ¿Te han robado alguna vez?

4. ¿Has abierto una cuenta bancaria en otro país?

5. ¿Has comido alguna comida extraña en tu vida?

6. ¿Te has quedado dormido y por eso has faltado al trabajo en alguna ocasión?

7. ¿Ya te ha dado varicela (*chicken pox*)?

8. ¿Alguna vez te ha mordido un perro?

9. ¿Has visto a un extraterrestre en alguna vez?

10. ¿Te ha atropellado un coche alguna vez?

El presente perfecto de subjuntivo

El presente perfecto de subjuntivo se compone del verbo auxiliar **haber** conjugado en el subjunctivo + *participio pasado*. Para repasar los usos del subjuntivo, vea la sección sobre el presente de subjuntivo.

haber

haya	hayamos
hayas	hayáis
haya	hayan

   +   *participio pasado*

Espero que **hayan disfrutado** la conferencia.

I hope that they have enjoyed the lecture.

Es bueno que los vendadores no **hayan hecho** un descuento.	*It's good that the sellers haven't made a discount.*
Ojalá que el proyecto **haya tenido** el éxito que esperábamos.	*I hope that the project has had the success that we hoped for.*
Espero que ya **hayas visto** como aumentaron las cifras de las ganancias de este año.	*I hope that you have already seen how the earnings figures have increased this year.*

Práctica

A. Escriba las siguientes oraciones usando el presente perfecto de subjuntivo.

MODELO: Los estudiantes no llegaron.   (es una lástima)
        Es una lástima que los estudiantes no hayan llegado.

1. El asistente escribió el examen.   (dudo que)

2. Luis leyó muchos libros.   (no creo que)

3. ¿Visitaste a tu abuela?   (todos esperan que)

4. La profesora se molestó.   (nos sorprende que)

5. Me encantó el viaje a Italia.   (me alegra que)

6. Carmen se hizo residente.   (nos alegra que)

7. Mario tuvo un accidente.   (es una lástima que)

8. Los ganadores llamaron para reclamar el premio.   (ojalá que)

9. ¿Murió el perro de Carlitos?   (dudo que)

10. Mi padre escribió el testamento hace diez años.   (dudamos que)

B. Imagínese que acaba de pasar el cumpleaños de su madre, pero Ud. está de viaje. No tiene la oportunidad de mandarle a tiempo una tarjeta así que se la mandará atrasada. En una hoja de papel aparte escríbale a su madre una tarjeta postal usando los verbos **desear que**, **esperar que**, **querer que**, **gustar que**, etcétera, con el presente perfecto de subjuntivo.

El pluscuamperfecto de subjuntivo

El pluscuamperfecto de subjuntivo consiste del verbo auxiliar **haber** conjugado en el *imperfecto del subjuntivo* (**hubiera, hubiese**) seguido de un participio pasado.

hubiera	hubiéramos
hubieras	hubierais
hubiera	hubieran

+ *participio pasado*

A. Los usos del pluscuamperfecto de subjuntivo. Se usa para expresar un hecho contrario después de haber ya sucedido la acción utilizando el condicional perfecto, siempre y cuando la cláusula adverbial requiera el uso del subjuntivo. Para expresar el factor contrario a la realidad se introduce la cláusula principal con **si**. Observe los siguientes ejemplos.

Si yo **hubiera sabido** que no tenían leche, **habría ido** a la tienda.

If I had known that they didn't have milk, I would have gone to the store.

Si Ernesto **hubiera tenido** dinero, **habría comprado** la empresa de sus padres.

If Ernesto had had money, he would have bought his parents' company.

También se puede expresar cambiando el orden de las dos cláusulas.

Habría ido a la tienda si yo **hubiera sabido** que no teníamos leche.

I would have gone to the store if I had known that we didn't have milk.

B. Ojalá (que). La expresión **ojalá (que)** se usa frecuentemente con este tiempo verbal.

Ojalá que hubieras trabajado más en tu proyecto. Como quedó no es aceptable.

I hope that you had worked more on your project. The way it turned out is not acceptable.

C. Otros usos. Cuando se usa el imperfecto y el pretérito de indicativo en la primera cláusula en las oraciones que causan el uso del subjuntivo en la cláusula dependiente, se debe usar el pluscuamperfecto del subjuntivo. Observe los ejemplos.

Yo **temía** que mis padres **hubieran descubierto** que no pasé mis exámenes.

I was afraid that my parents had discovered that I didn't pass my exams.

Ella **deseaba** que **se hubieran quedado** más tiempo.

She wished that they would have stayed longer.

Era imposible que **hubieran reconocido** la verdad con tanta propaganda en su contra.

It was impossible that they would have recognized the truth with so much propaganda against it.

¿Había alguien allá que la **hubiera ayudado** si ella **hubiera pedido** ayuda?

Was there someone there who would have helped her if she had asked for help?

Práctica

A. Llene los espacios en blanco con el verbo conjugado en el pluscuamperfecto de subjuntivo.

1. El se lamentó de que los niños (llegar) _____ tan tarde al cumpleaños.

2. Era imposible de que las clases (terminar) _____ a tiempo. Eso no lo creo. El profesor hablaba todo el tiempo.

3. Ojalá que no (romperse) _____ los cuadros. ¡Yo que le prometí cuidarlos!

4. Nos habría gustado que (visitarnos) _____ durante las vacaciones.

5. ¡Qué lindo! Me alegré tanto que (caer) _____ tanta nieve durante nuestras vacaciones. Mis hijos nunca habían visto la nieve.

6. ¡Qué lástima que no (tú: recibir) _____ la respuesta que esperabas! Paciencia, Alfonso.

7. No creía que (ser) _____ posible terminar todo en dos años.

8. Si (encontrar) _____ trabajo, habría comprado la casa que te enseñé el año pasado.

B. Llene los espacios en blanco con la forma correcta del pluscuamperfecto de subjuntivo.

MODELO: Ojalá que tú —————————— llegado más temprano.
Ojalá que hubieras llegado más temprano.

1. Ojalá que él _____ sido aceptado en la universidad.

2. Ojalá que nosotros _____ comprado ropa más caliente. ¡Hace mucho frío!

3. Ojalá que ellas no _____ viajado en el verano. Sufrieron un calor intenso.

4. Ojalá que yo no _____ tirado el recibo de pago. Me están cobrando de nuevo.

5. Ojalá que tú _____ tenido más cuidado en lo que dices. Ahora tu hermana está muy triste.

6. Ojalá que nosotros nos _____ conocido antes. Perdimos mucho tiempo.

7. Ojalá que María _____ escuchado lo que dijiste. Así sabría que te gusta.

8. Ojalá que nunca te _____ conocido. No eres la persona que creía que eras.

C. Llene los espacios en blanco con la forma apropiada del pluscuamperfecto de subjuntivo.

1. Ojalá que (yo: ir) _____ al cine anoche. Me perdí la última función.

2. Si (tú: estar) _____ en el cine, te habrías divertido mucho.

3. Faltó al trabajo no porque no (ella: querer) _____ ir, sino porque estaba enferma.

4. Se pusieron tan asustados como si (ver) _____ al jefe.

5. ¿Por qué estás ilusionado? ¡Ni que (nosotros: prometer) _____ la gloria! Todavía no se sabe cuánto te vamos a pagar.

6. Aunque (tú: tener) _____ muchas conexiones en esa compañía era muy difícil que te dieran el empleo. Ya no se dejan llevar por esas políticas.

7. Te habría ayudado con el reflexivo a cambio de que (tú: explicarme) _____ el subjuntivo.

8. Siempre decía cosas sin que (ellos: preguntarle) _____ nada.

9. Se puso a recoger la mesa antes de que (nosotros: terminar) _____ de comer.

10. No creía que (él : hacer) _____ bien el trabajo.

11. Me gustaría que (tú: decírmelo) _____ antes.

La voz pasiva

La voz pasiva se define cuando el sujeto recibe una acción en vez de hacerla. Para entender la voz pasiva es importante recordar el uso del verbo **ser** + *participio pasado*. Observe las siguientes oraciones.

Adela **comió** el pastel muy rápido. *Adela ate up the cake very quickly.*
El pastel **fue comido** por *The cake was eaten by Adela quickly.*
  Adela rápidamente.

La regla para transformar una oración a la voz pasiva requiere el siguiente proceso:

- El verbo original es reemplazado por **ser** + *participio pasado*.
- El participio pasado debe de concordar en género y número con el sujeto de la oración.
- Cuando se menciona el agente de la acción es necesario usar la preposición **por**.

Observe el siguiente ejemplo.

Juan **firmó** el contrato. *Juan signed the contract.*
El contrato **fue firmado** por Juan. *The contract was signed by Juan.*
El contrato **fue firmado** a las *The contract was signed at 10:00 am.*
  10:00 de la mañana.

Práctica

A. Indique si las siguientes oraciones están en voz pasiva o no.

	SÍ	NO
1. La policía detuvo a cinco muchachos.	☐	☐
2. Los asaltantes fueron detenidos de inmediato.	☐	☐
3. La maestra califica los exámenes.	☐	☐
4. Las pruebitas son calificadas todos los días.	☐	☐
5. Todos los regalos fueron abiertos.	☐	☐
6. Luis está dormido.	☐	☐
7. El cheque fue cobrado de inmediato.	☐	☐
8. La niña está muy cansada.	☐	☐
9. La carta fue contestada por Marta.	☐	☐

10. La escuela está abierta. ☐ ☐

11. La tienda fue inaugurada el sábado. ☐ ☐

12. El pan fue hecho por el panadero. ☐ ☐

B. Cambie las siguientes oraciones a la voz pasiva.

MODELO: La maestra premió a los niños con dulces y juguetes. →
Los niños fueron premiados por la maestra con dulces y juguetes.

1. Los gerentes importan el producto.

2. La secretaria recoge las cartas.

3. El doctor escribirá la receta médica.

4. La profesora tradujo el contrato.

5. Los empleados exigieron un aumento de sueldo.

6. Los estudiantes intercambiarán clases.

7. El jefe ha contratado a los muchachos.

C. Complete las siguientes oraciones usando la voz pasiva en la forma indicada.

1. La conferencia _____ _____ en español.
(efectuar / futuro)

2. El tratado _____ _____. (cancelar / pretérito)

3. La cena _____ _____. (llevar a cabo / futuro)

4. Las exportaciones _____ _____.
(intercambiar / pretérito)

5. Los reconocimientos _____ _____ al final de la
reunión.   (entregar / imperfecto)

6. Los contratos _____ _____ ayer.   (firmar /
pretérito)

7. El fax _____ _____ de inmediato.   (enviar /
futuro)

Se impersonal

La construcción del **se** impersonal lleva la conjugación de la tercera persona
singular o plural del verbo. El **se** impersonal tiene varios usos.

Para hacer generalizaciones:

Se habla español en Chile.   *Spanish is spoken in Chile.*

Para evitar nombrar a la(s) persona(s) que hace(n) la acción:

Se firmó un nuevo tratado.   *A new contract was signed.*

Para dar instrucciones, como en recetas:

Se cortan las papas.   *Cut the potatoes.*

Práctica

A. Cambie las siguientes oraciones a la voz pasiva con *se* **impersonal.**

MODELO: Es recomendado usar salvavidas.
Se recomienda usar salvavidas.

1. Es prohibido fumar.

2. El español es hablado aquí.

3. Los tamales son vendidos aquí.

4. Todos son ayudados en caso de emergencia

5. La mercancía es intercambiada.

6. El personal es necesitado urgentemente.

7. Es recomendado dormir por ocho horas.

8. Todo tipo de coches son alquilados.

B. Imagínese que Ud. está preparando una gran fiesta en la escuela. Cuando llegan todos los materiales para la fiesta, Ud. tiene que indicarles a los trabajadores donde colocar todo.

MODELO: colgar / las luces
Se cuelgan las luces.

1. poner / las sillas en el pasillo

2. colocar / los manteles

3. preparar / las bebidas

4. encender / las fuentes

5. poner / la fuente de chocolate

6. quitar / los cuadros

7. colgar / las decoraciones

8. acomodar / los platos

9. cocinar / las hamburguesas

10. cobrar / la entrada

C. Observe las siguientes recetas y transforma los pasos a la voz pasiva. Después de escribir su receta, explíque le oralmente los pasos a un compañero / una compañera.

MODELO: 1 taza de harina
Se pone una taza de harina.

1. Flan napolitano

Ingredientes:
1 lata de leche condensada
1 lata de leche evaporada

4 huevos

1 c. sopera de vainilla

5 c. soperas de azúcar

Pasos:

Poner la leche condensada en la licuadora. Vaciar la leche evaporada. Echar los huevos. Poner la vainilla. Licuar todo. En un molde vaciar el azúcar y derretir hasta hacer un caramelo y dejar que se endurezca. Vaciar el contenido de la licuadora. Hornear el flan por 35 ó 40 minutos. Servir bien frío.

2. Agua de horchata

Ingredientes:

1 lata de leche condensada

1 lata de leche evaporada

1 litro de leche de vaca

2 tazas de arroz

1 c. sopera de vainilla

1/2 c. sopera de canela

Pasos:

Remojar las 2 tazas de arroz por 30 minutos antes de hacer la bebida. En la licuadora poner el arroz remojado sin el agua. Vaciar la leche condensada y evaporada a la licuadora. Licuar las dos leches junto con el arroz. Con una coladera vaciar a una jarra lo que licuó y regresar el arroz que está en la coladera a la licuadora otra vez. Repetir el proceso con un medio litro de leche y esta vez incluir la vainilla y la canela. Nuevamente usar a coladera para volver a usar el arroz. Con el medio litro restante volver a licuar el arroz con la leche y al terminar echar todo en la jarra. Servir con mucho hielo para un mejor sabor.

D. Ud. trabaja para periódico *El amanecer* escribiendo anuncios de cosas como trabajos, venta de productos, tutorías, etcétera. Con los siguientes datos escriba los anuncios usando el *se* impersonal.

Modelo: (buscar) perro, ojos cafés, pastor alemán, tamaño mediano, (perder) ayer
Se busca un perro que tiene ojos cafés, es un pastor alemán y se perdió ayer.

1. (necesitar) persona capacitada, (cuidar) niños, seis horas al día, (pagar) bien

2. (buscar) un ingeniero en mecánica, (trabajar) 8 horas al día

3. (limpiar) casas y edificios, todos los días, precios muy bajos, (llamar) al (180) 333–64–63

4. (hacer) todo tipo de trabajos de plomería y carpintería, (cobrar) barato, (necesitar) hacer reservación para el servicio

5. (dar) clases de violín, horarios disponibles, precios disponibles, desde $15 por hora, (aceptar) niños de cualquier edad, cupo limitado, (llamar) al teléfono (312) 623–00–89

Verb Charts

A. Regular Verbs: Simple Tenses

INFINITIVE / PRESENT PARTICIPLE / PAST PARTICIPLE	INDICATIVE						SUBJUNCTIVE		IMPERATIVE
	PRESENT	IMPERFECT	PRETERITE	FUTURE	CONDITIONAL	PRESENT	PAST	
hablar	hablo	hablaba	hablé	hablaré	hablaría	hable	hablara	
hablando	hablas	hablabas	hablaste	hablarás	hablarías	hables	hablaras	habla / no hables
hablado	habla	hablaba	habló	hablará	hablaría	hable	hablara	hable
	hablamos	hablábamos	hablamos	hablaremos	hablaríamos	hablemos	habláramos	hablemos
	habláis	hablabais	hablasteis	hablaréis	hablaríais	habléis	hablarais	hablad / no habléis
	hablan	hablaban	hablaron	hablarán	hablarían	hablen	hablaran	hablen
comer	como	comía	comí	comeré	comería	coma	comiera	
comiendo	comes	comías	comiste	comerás	comerías	comas	comieras	come / no comas
comido	come	comía	comió	comerá	comería	coma	comiera	coma
	comemos	comíamos	comimos	comeremos	comeríamos	comamos	comiéramos	comamos
	coméis	comíais	comisteis	comeréis	comeríais	comáis	comierais	comed / no comáis
	comen	comían	comieron	comerán	comerían	coman	comieran	coman
vivir	vivo	vivía	viví	viviré	viviría	viva	viviera	
viviendo	vives	vivías	viviste	vivirás	vivirías	vivas	vivieras	vive / no vivas
vivido	vive	vivía	vivió	vivirá	viviría	viva	viviera	viva
	vivimos	vivíamos	vivimos	viviremos	viviríamos	vivamos	viviéramos	vivamos
	vivís	vivíais	vivisteis	viviréis	viviríais	viváis	vivierais	vivid / no viváis
	viven	vivían	vivieron	vivirán	vivirían	vivan	vivieran	vivan

B. Regular Verbs: Perfect Tenses

INDICATIVE							SUBJUNCTIVE		
PRESENT PERFECT	PLUPERFECT	PRETERITE PERFECT	FUTURE PERFECT	CONDITIONAL PERFECT		PRESENT PERFECT	PLUPERFECT	
he	había	hube	habré	habría		haya	hubiera	
has	habías	hubiste	habrás	habrías		hayas	hubieras	
ha	había	hubo	habrá	habría	hablado	haya	hubiera	hablado
hemos	habíamos	hubimos	habremos	habríamos	comido	hayamos	hubiéramos	comido
habéis	habíais	hubisteis	habréis	habríais	vivido	hayáis	hubierais	vivido
han	habían	hubieron	habrán	habrían		hayan	hubieran	

Note: the participles *hablado / comido / vivido* complete each conjugated auxiliary form throughout both indicative and subjunctive perfect tenses.

C. Irregular Verbs

INFINITIVE / PRESENT PARTICIPLE / PAST PARTICIPLE	INDICATIVE					SUBJUNCTIVE		IMPERATIVE
	PRESENT	IMPERFECT	PRETERITE	FUTURE	CONDITIONAL	PRESENT	PAST	
andar andando andado	ando andas anda andamos andáis andan	andaba andabas andaba andábamos andabais andaban	anduve anduviste anduvo anduvimos anduvisteis anduvieron	andaré andarás andará andaremos andaréis andarán	andaría andarías andaría andaríamos andaríais andarían	ande andes ande andemos andéis anden	anduviera anduvieras anduviera anduviéramos anduvierais anduvieran	anda / no andes ande andemos andad / no andéis anden
caber cabiendo cabido	quepo cabes cabe cabemos cabéis caben	cabía cabías cabía cabíamos cabíais cabían	cupe cupiste cupo cupimos cupisteis cupieron	cabré cabrás cabrá cabremos cabréis cabrán	cabría cabrías cabría cabríamos cabríais cabrían	quepa quepas quepa quepamos quepáis quepan	cupiera cupieras cupiera cupiéramos cupierais cupieran	cabe / no quepas quepa quepamos cabed / no quepáis quepan
caer cayendo caído	caigo caes cae caemos caéis caen	caía caías caía caíamos caíais caían	caí caíste cayó caímos caísteis cayeron	caeré caerás caerá caeremos caeréis caerán	caería caerías caería caeríamos caeríais caerían	caiga caigas caiga caigamos caigáis caigan	cayera cayeras cayera cayéramos cayerais cayeran	cae / no caigas caiga caigamos caed / no caigáis caigan
dar dando dado	doy das da damos dais dan	daba dabas daba dábamos dabais daban	di diste dio dimos disteis dieron	daré darás dará daremos daréis darán	daría darías daría daríamos daríais darían	dé des dé demos deis den	diera dieras diera diéramos dierais dieran	da / no des dé demos dad / no deis den
decir diciendo dicho	digo dices dice decimos decís dicen	decía decías decía decíamos decíais decían	dije dijiste dijo dijimos dijisteis dijeron	diré dirás dirá diremos diréis dirán	diría dirías diría diríamos diríais dirían	diga digas diga digamos digáis digan	dijera dijeras dijera dijéramos dijerais dijeran	di / no digas diga digamos decid / no digáis digan
estar estando estado	estoy estás está estamos estáis están	estaba estabas estaba estábamos estabais estaban	estuve estuviste estuvo estuvimos estuvisteis estuvieron	estaré estarás estará estaremos estaréis estarán	estaría estarías estaría estaríamos estaríais estarían	esté estés esté estemos estéis estén	estuviera estuvieras estuviera estuviéramos estuvierais estuviera	está / no estés esté estemos estad / no estéis estén
haber habiendo habido	he has ha hemos habéis han	había habías había habíamos habíais habían	hube hubiste hubo hubimos hubisteis hubieron	habré habrás habrá habremos habréis habrán	habría habrías habría habríamos habríais habrían	haya hayas haya hayamos hayáis hayan	hubiera hubieras hubiera hubiéramos hubierais hubieran	

C. Irregular Verbs (continued)

INFINITIVE / PRESENT PARTICIPLE / PAST PARTICIPLE	INDICATIVE					SUBJUNCTIVE		IMPERATIVE
	PRESENT	IMPERFECT	PRETERITE	FUTURE	CONDITIONAL	PRESENT	PAST	
hacer haciendo hecho	hago haces hace hacemos hacéis hacen	hacía hacías hacía hacíamos hacíais hacían	hice hiciste hizo hicimos hicisteis hicieron	haré harás hará haremos haréis harán	haría harías haría haríamos haríais harían	haga hagas haga hagamos hagáis hagan	hiciera hicieras hiciera hiciéramos hicierais hicieran	haz / no hagas haga hagamos haced / no hagáis hagan
ir yendo ido	voy vas va vamos vais van	iba ibas iba íbamos ibais iban	fui fuiste fue fuimos fuisteis fueron	iré irás irá iremos iréis irán	iría irías iría iríamos iríais irían	vaya vayas vaya vayamos vayáis vayan	fuera fueras fuera fuéramos fuerais fueran	ve / no vayas vaya vayamos id / no vayáis vayan
oír oyendo oído	oigo oyes oye oímos oís oyen	oía oías oía oíamos oíais oían	oí oíste oyó oímos oísteis oyeron	oiré oirás oirá oiremos oiréis oirán	oiría oirías oiría oiríamos oiríais oirían	oiga oigas oiga oigamos oigáis oigan	oyera oyeras oyera oyéramos oyerais oyeran	oye / no oigas oiga oigamos oíd / no oigáis oigan
poder pudiendo podido	puedo puedes puede podemos podéis pueden	podía podías podía podíamos podíais podían	pude pudiste pudo pudimos pudisteis pudieron	podré podrás podrá podremos podréis podrán	podría podrías podría podríamos podríais podrían	pueda puedas pueda podamos podáis puedan	pudiera pudieras pudiera pudiéramos pudierais pudieran	
poner poniendo puesto	pongo pones pone ponemos ponéis ponen	ponía ponías ponía poníamos poníais ponían	puse pusiste puso pusimos pusisteis pusieron	pondré pondrás pondrá pondremos pondréis pondrán	pondría pondrías pondría pondríamos pondríais pondrían	ponga pongas ponga pongamos pongáis pongan	pusiera pusieras pusiera pusiéramos pusierais pusieran	pon / no pongas ponga pongamos poned / no pongáis pongan
predecir prediciendo predicho	predigo predices predice predecimos predecís predicen	predecía predecías predecía predecíamos predecíais predecían	predije predijiste predijo predijimos predijisteis predijeron	predeciré predecirás predecirá predeciremos predeciréis predecirán	predeciría predecirías predeciría predeciríamos predeciríais predecirían	prediga predigas prediga predigamos predigáis predigan	predijera predijeras predijera predijéramos predijerais predijeran	predice / no predigas prediga predigamos predecid / no predigáis predigan
querer queriendo querido	quiero quieres quiere queremos queréis quieren	quería querías quería queríamos queríais querían	quise quisiste quiso quisimos quisisteis quisieron	querré querrás querrá querremos querréis querrán	querría querrías querría querríamos querríais querrían	quiera quieras quiera queramos queráis quieran	quisiera quisieras quisiera quisiéramos quisierais quisieran	quiere / no quieras quiera queramos quered / no queráis quieran

C. Irregular Verbs (continued)

INFINITIVE / PRESENT PARTICIPLE / PAST PARTICIPLE	INDICATIVE					SUBJUNCTIVE		IMPERATIVE
	PRESENT	IMPERFECT	PRETERITE	FUTURE	CONDITIONAL	PRESENT	PAST	
saber sabiendo sabido	sé sabes sabe sabemos sabéis saben	sabía sabías sabía sabíamos sabíais sabían	supe supiste supo supimos supisteis supieron	sabré sabrás sabrá sabremos sabréis sabrán	sabría sabrías sabría sabríamos sabríais sabrían	sepa sepas sepa sepamos sepáis sepan	supiera supieras supiera supiéramos supierais supieran	sabe / no sepas sepa sepamos sabed / no sepáis sepan
salir saliendo salido	salgo sales sale salimos salís salen	salía salías salía salíamos salíais salían	salí saliste salió salimos salisteis salieron	saldré saldrás saldrá saldremos saldréis saldrán	saldría saldrías saldría saldríamos saldríais saldrían	salga salgas salga salgamos salgáis salgan	saliera salieras saliera saliéramos salierais salieran	sal / no salgas salga salgamos salid / no salgáis salgan
ser siendo sido	soy eres es somos sois son	era eras era éramos erais eran	fui fuiste fue fuimos fuisteis fueron	seré serás será seremos seréis serán	sería serías sería seríamos seríais serían	sea seas sea seamos seáis sean	fuera fueras fuera fuéramos fuerais fueran	sé / no seas sea seamos sed / no seáis sean
tener teniendo tenido	tengo tienes tiene tenemos tenéis tienen	tenía tenías tenía teníamos teníais tenían	tuve tuviste tuvo tuvimos tuvisteis tuvieron	tendré tendrás tendrá tendremos tendréis tendrán	tendría tendrías tendría tendríamos tendríais tendrían	tenga tengas tenga tengamos tengáis tengan	tuviera tuvieras tuviera tuviéramos tuvierais tuvieran	ten / no tengas tenga tengamos tened / no tengáis tengan
traer trayendo traído	traigo traes trae traemos traéis traen	traía traías traía traíamos traíais traían	traje trajiste trajo trajimos trajisteis trajeron	traeré traerás traerá traeremos traeréis traerán	traería traerías traería traeríamos traeríais traerían	traiga traigas traiga traigamos traigáis traigan	trajera trajeras trajera trajéramos trajerais trajeran	trae / no traigas traiga traigamos traed / no traigáis traigan
valer valiendo valido	valgo vales vale valemos valéis valen	valía valías valía valíamos valíais valían	valí valiste valió valimos valisteis valieron	valdré valdrás valdrá valdremos valdréis valdrán	valdría valdrías valdría valdríamos valdríais valdrían	valga valgas valga valgamos valgáis valgan	valiera valieras valiera valiéramos valierais valieran	vale / no valgas valga valgamos valed / no valgáis valgan
venir viniendo venido	vengo vienes viene venimos venís vienen	venía venías venía veníamos veníais venían	vine viniste vino venimos vinisteis vinieron	vendré vendrás vendrá vendremos vendréis vendrán	vendría vendrías vendría vendríamos vendríais vendrían	venga vengas venga vengamos vengáis vengan	viniera vinieras viniera viniéramos vinierais vinieran	ven / no vengas venga vengamos venid / no vengáis vengan

INFINITIVE / PRESENT PARTICIPLE / PAST PARTICIPLE	INDICATIVE					SUBJUNCTIVE		IMPERATIVE
	PRESENT	IMPERFECT	PRETERITE	FUTURE	CONDITIONAL	PRESENT	PAST	
ver viendo visto	veo ves ve vemos veis ven	veía veías veía veíamos veíais veían	vi viste vio vimos visteis vieron	veré verás verá veremos veréis verán	vería verías vería veríamos veríais verían	vea veas vea veamos veáis vean	viera vieras viera viéramos vierais vieran	ve / no veas vea veamos ved / no veáis vean

D. Stem-Changing and Spelling Change Verbs

INFINITIVE / PRESENT PARTICIPLE / PAST PARTICIPLE	INDICATIVE					SUBJUNCTIVE		IMPERATIVE
	PRESENT	IMPERFECT	PRETERITE	FUTURE	CONDITIONAL	PRESENT	PAST	
construir (y) construyendo construido	construyo construyes construye construimos construís construyen	construía construías construía construíamos construíais construían	construí construiste construyó construimos construisteis construyeron	construiré construirás construirá construiremos construiréis construirán	construiría construirías construiría construiríamos construiríais construirían	construya construyas construya construyamos construyáis construyan	construyera construyeras construyera construyéramos construyerais construyeran	construye / no construyas construya construyamos construid / no construyáis construyan
creer (y [3rd-pers. pret.]) creyendo creído	creo crees cree creemos creéis creen	creía creías creía creíamos creíais creían	creí creíste creyó creímos creísteis creyeron	creeré creerás creerá creeremos creeréis creerán	creería creerías creería creeríamos creeríais creerían	crea creas crea creamos creáis crean	creyera creyeras creyera creyéramos creyerais creyeran	cree / no creas crea creamos creed / no creáis crean
dormir (ue, u) durmiendo dormido	duermo duermes duerme dormimos dormís duermen	dormía dormías dormía dormíamos dormíais dormían	dormí dormiste durmió dormimos dormisteis durmieron	dormiré dormirás dormirá dormiremos dormiréis dormirán	dormiría dormirías dormiría dormiríamos dormiríais dormirían	duerma duermas duerma durmamos durmáis duerman	durmiera durmieras durmiera durmiéramos durmierais durmieran	duerme / no duermas duerma durmamos dormid / no durmáis duerman
pedir (i, i) pidiendo pedido	pido pides pide pedimos pedís piden	pedía pedías pedía pedíamos pedíais pedían	pedí pediste pidió pedimos pedisteis pidieron	pediré pedirás pedirá pediremos pediréis pedirán	pediría pedirías pediría pediríamos pediríais pedirían	pida pidas pida pidamos pidáis pidan	pidiera pidieras pidiera pidiéramos pidierais pidieran	pide / no pidas pida pidamos pedid / no pidáis pidan
pensar (ie) pensando pensado	pienso piensas piensa pensamos pensáis piensan	pensaba pensabas pensaba pensábamos pensabais pensaban	pensé pensaste pensó pensamos pensasteis pensaron	pensaré pensarás pensará pensaremos pensaréis pensarán	pensaría pensarías pensaría pensaríamos pensaríais pensarían	piense pienses piense pensemos penséis piensen	pensara pensaras pensara pensáramos pensarais pensaran	piensa / no pienses piense pensemos pensad / no penséis piensen

D. Stem-Changing and Spelling Change Verbs (continued)

INFINITIVE / PRESENT PARTICIPLE / PAST PARTICIPLE	INDICATIVE					SUBJUNCTIVE		IMPERATIVE
	PRESENT	IMPERFECT	PRETERITE	FUTURE	CONDITIONAL	PRESENT	PAST	
producir (zc, j) / produciendo / producido	produzco	producía	produje	produciré	produciría	produzca	produjera	produce / no produzcas
	produces	producías	produjiste	producirás	producirías	produzcas	produjeras	produzca
	produce	producía	produjo	producirá	produciría	produzca	produjera	produzcamos
	producimos	producíamos	produjimos	produciremos	produciríamos	produzcamos	produjéramos	producid / no produzcáis
	producís	producíais	produjisteis	produciréis	produciríais	produzcáis	produjerais	produzcan
	producen	producían	produjeron	producirán	producirían	produzcan	produjeran	
reír (i, i) / riendo / reído	río	reía	reí	reiré	reiría	ría	riera	ríe / no rías
	ríes	reías	reíste	reirás	reirías	rías	rieras	ría
	ríe	reía	rió	reirá	reiría	ría	riera	riamos
	reímos	reíamos	reímos	reiremos	reiríamos	riamos	riéramos	reíd / no riáis
	reís	reíais	reísteis	reiréis	reiríais	riáis	rierais	rían
	ríen	reían	rieron	reirán	reirían	rían	rieran	
seguir (i, i) (g) / siguiendo / seguido	sigo	seguía	seguí	seguiré	seguiría	siga	siguiera	sigue / no sigas
	sigues	seguías	seguiste	seguirás	seguirías	sigas	siguieras	siga
	sigue	seguía	siguió	seguirá	seguiría	siga	siguiera	sigamos
	seguimos	seguíamos	seguimos	seguiremos	seguiríamos	sigamos	siguiéramos	seguid / no sigáis
	seguís	seguíais	seguisteis	seguiréis	seguiríais	sigáis	siguierais	sigan
	siguen	seguían	siguieron	seguirán	seguirían	sigan	siguieran	
sentir (ie, i) / sintiendo / sentido	siento	sentía	sentí	sentiré	sentiría	sienta	sintiera	siente / no sientas
	sientes	sentías	sentiste	sentirás	sentirías	sientas	sintieras	sienta
	siente	sentía	sintió	sentirá	sentiría	sienta	sintiera	sintamos
	sentimos	sentíamos	sentimos	sentiremos	sentiríamos	sintamos	sintiéramos	sentid / no sintáis
	sentís	sentíais	sentisteis	sentiréis	sentiríais	sintáis	sintierais	sientan
	sienten	sentían	sintieron	sentirán	sentirían	sientan	sintieran	
volver (ue) / volviendo / vuelto	vuelvo	volvía	volví	volveré	volvería	vuelva	volviera	vuelve / no vuelvas
	vuelves	volvías	volviste	volverás	volverías	vuelvas	volvieras	vuelva
	vuelve	volvía	volvió	volverá	volvería	vuelva	volviera	volvamos
	volvemos	volvíamos	volvimos	volveremos	volveríamos	volvamos	volviéramos	volved / no volváis
	volvéis	volvíais	volvisteis	volveréis	volveríais	volváis	volvierais	vuelvan
	vuelven	volvían	volvieron	volverán	volverían	vuelvan	volvieran	

Vocabulario español-inglés

The Spanish-English Vocabulary contains all the words that appear in the text, with the following exceptions: (1) most close or identical cognates that do not appear in the thematic vocabulary lists; (2) most conjugated verb forms; (3) diminutives in **-ito/a;** (4) absolute superlatives in **-ísimo/a;** (5) most adverbs ending in **-mente;** (6) most numbers; (7) subject and object pronouns, possessive adjectives, and demonstrative adjectives and pronouns; (8) some vocabulary from realia and authentic readings. Only meanings that are used in the text are given.

The gender of nouns is indicated, except for masculine nouns ending in **-o** and feminine nouns ending in **-a.** Stem changes and spelling changes are indicated for verbs: **dormir (ue, u); llegar (gu).** The letter **ñ** follows the letter **n: añadir** follows **anuncio.** The following abbreviations are used:

adj.	adjective	*irreg.*	irregular
adv.	adverb	*L.A.*	Latin America
Arg.	Argentina	*m.*	masculine
C.Am.	Central America	*Mex.*	Mexico
coll.	colloquial	*n.*	noun
conj.	conjunction	*p.p.*	past participle
def. art.	definite article	*pl.*	plural
f.	feminine	*poss. pron.*	possessive pronoun
fam.	familiar	*prep.*	preposition
form.	formal	*pron.*	pronoun
gram.	grammatical term	*rel. pron.*	relative pronoun
inf.	infinitive	*s.*	singular
interj.	Interjection	*v.*	verb
inv.	invariable in form		

A

a to; at (*with time*); **a base de** based on; **a cambio de** in exchange for; **a continuación** following, below; **a corto plazo** short term; **a diario** *adv.* daily; **a favor de** in favor of; **a fin de** so that; in order to; **a fondo** thoroughly; **a juicio de** in the opinion of; **a la larga** in the end; in the long run; **a largo plazo** long term; **a manera de** by way of; **a mediados de** in the middle of; **a mediados** half-way; **a medida que** in accordance with; according to; **a menos que** *conj.* unless; **a menudo** often; **a partir de...** as of... ; from (*point in time*) on; **a pesar de** in spite of; **a punto de** about to; **a reserva de** except for; **a su modo de** in his/her/your (*form.*) way of ; **a tenor** likewise; **a tiempo** on time; **a todo volumen** at full volume; **a través de** across; through; throughout; **a un lado** to one side; **a veces** sometimes

abajo below, underneath

abanderado/a champion (*of a cause*)

abandonar to abandon

abarcar (qu) to undertake; to take on

abastecimiento supply

abastos *pl.* provisions, supplies

abierto/a (*p.p. of* **abrir**) open

abogado/a lawyer

abonado/a paid

abono payment

abordar to undertake

abreviatura abbreviation

abrigado/a sheltered

abrigo coat

abrir(se) (*p.p.* **abierto**) to open

absoluto/a absolute; **en absoluto** absolutely

absorbido/a absorbed

absorción *f.* absorption

abstenerse (de) (*like* **tener**) to abstain (from)

abstracción *f.* abstraction

abstracto/a abstract

absurdo/a absurd

abuelo/a grandfather/grandmother; *pl.* grandparents

abundancia abundance
abundante abundant
abundar to abound
aburrido/a bored; boring
abusar de to abuse
abuso abuse
acá *adv.* here
acabar to finish; **acabar de** + *inf.* to have just (*done something*); **acabar por** + *inf.* to end up (*doing something*)
academia academy
académico/a academic
acaecido/a occurring
acaso maybe, perhaps
acatado/a respected; heeded
acceder (a) to agree (to)
acceso access
accesorio/a accessory
accidente *m.* accident
acción *f.* action; share, stock
accionista *m., f.* stockholder, shareholder
aceite *m.* oil
acelerar to accelerate
acento accent
acentuar to accentuate
acepción *f.* meaning
aceptar to accept
acerca de *prep.* about, concerning
acercarse (a) (qu) to approach
acero steel
ácido/a acidic
aclarar to clarify
acoger (j) to welcome; **acogerse (a)** to take refuge (in)
acomodar to arrange
acompañar to accompany
acondicionado: aire (*m.*) **acondicionado** air conditioning
aconsejar to advise
acontecer (zc) to happen, occur, take place
acontecimiento event, happening
acoplarse to fit; to match
acordar (ue) to agree; **acordarse de** to remember
acortar to reduce; to shorten
acoso harassment; **acoso sexual** sexual harassment
acostarse (ue) to go to bed
acostumbrarse (a) to become accustomed (to), get used (to)
acrecentar (ie) to increase
acreditar to credit
acreedor(a) creditor

actitud *f.* attitude
actividad *f.* activity
activo/a active
acto act
actuación *f.* behavior, conduct
actual *adj.* current, present-day
actualidad *f.* present time
actualización *f.* modernization, update
actualizar (c) to bring up to date, modernize
actualmente currently, in the present day
actuar (actúo) to act
acuarela watercolor
acudir (a) to go (to); to turn (to)
acueducto aqueduct
acuerdo agreement; **de acuerdo** agreed; **de acuerdo a** according to; **de acuerdo con** in accordance with
acumulación *f.* accumulation
acumular to accumulate
acuñar to mint
acurrucado/a curled up
adaptación *f.* adaptation
adaptarse (a) to adapt (to)
adecuado/a adequate
adefesio nonsense
adelantado: por adelantado in advance
adelante forward; **de ahora en adelante** from now on
además *adv.* moreover; **además de** *prep.* besides
adepto/a adept
adeudo debt
adherir (ie) to adhere
adicción *f.* addiction
adiestramiento training
adivinar to guess
adjetivo adjective
administración *f.* administration
administrar to administer
administrativo/a administrative
admirado/a admired
admitir to admit
¿adónde? (to) where?
adopción *f.* adoption
adquirir (ie, i) to acquire
adquisición *f.* acquisition
adquisitivo: poder (*m.*) **adquisitivo** buying/purchasing power
adscrito/a (a) attributed (to)
aduana *s.* customs; **despachante de aduana** customs officer

aduanero/a *adj.* customs
adulto/a adult
advenimiento advent, coming
adverbio adverb
adverso/a adverse
advertir (ie, i) to warn
aéreo/a *adj.* (*pertaining to*) air
aeroespacial *adj.* (*pertaining to*) air and space
aeropuerto airport
afectar to affect
afianzado/a guaranteed
afiche *m.* poster
afiliación *f.* affiliation
afiliado/a affiliated
afín adjacent, related
afinidad *f.* affinity
afirmación *f.* statement, affirmation
afirmar to affirm
afirmativo/a affirmative
aforismo aphorism
afortunadamente fortunately
africano/a African
afroamericano/a Afro-American
afrontar to face, confront
afueras *n. pl.* outskirts; suburbs
agarrar to grab
agave *m.* agave (*plant*)
agencia agency
agente *m., f.* agent
ágil agile, nimble
agilizar (c) to facilitate
agonía agony
agotar to drain, use up
agradable pleasant
agradecer (zc) to thank
agrado: de su agrado to his/her/your (*form.*) liking
agregar (gu) to add
agresivo/a aggressive
agrícola *adj. m., f.* agricultural
agricultor(a) farmer
agricultura agriculture
agropecuario/a agricultural
agrupación *f.* grouping
agua *f.* (*but* **el agua**) water; **agua de horchata** *sweet rice drink*; **agua potable** potable water; **calentador** *m.* **de agua** hot water heater
aguantar to put up with; to bear, stand
águila *f.* (*but* **el águila**) eagle
aguinaldo holiday/year-end bonus
ahí there
ahondar to investigate thoroughly; to deepen

ahora now; **ahora bien** now

ahorrador(a) saver

ahorrar to save (*money*)

ahorro saving; **cuenta de ahorros** savings account; **fondo de ahorro** savings fund; **tasa de ahorro** savings rate

aire *m.* air; **aire acondicionado** air conditioning

aislado/a isolated

aislamiento isolation

ajedrez *m.* chess

ajeno/a other people's

ajustarse (a) to adjust (to)

ajuste *m.* adjustment

al (*contraction of* **a** + **el**) to the; **al** + *inf.* upon, while, when + (*doing something*); **al alcance (de)** with reach (of); **al fin y al cabo** after all; when all is said and done; **al final** at the end; **al igual que** just as; **al lado** *prep.* alongside of; beside; next to; **al menos** at least; **al por mayor** wholesale; **al principio** at first; **al respecto** in this respect

ala *f.* (*but* **el ala**) wing

alado/a winged

alargar (gu) to lengthen

alarmante alarming

albergar (gu) to give shelter

alcance *m.* reach; **al alcance (de)** within reach (of)

alcantarillado drain, sewer

alcanzar (c) to reach; to achieve

alcista *adj. m., f.* bull (*stock market*)

alcoholismo alcoholism

aleación *f.* alloy

aledaño/a adjacent, bordering

alegrarse (de) to be happy (about)

alejarse to distance, move away

alemán, alemana *n., adj.* German; **pastor** (*m.*) **alemán** German shepherd

alentador(a) encouraging

alentar (ie) to encourage

alfabético/a alphabetic

alfombra rug

algo something, anything

algodón *m.* cotton

alguien someone, anyone

algún, alguno/a some, any; **algún día** some day; **alguna vez** once; ever; **de alguna manera** in some way

alianza alliance

aliarse to form an alliance

alimentación *f.* nourishment

alimento food

aliviar to alleviate

alivio relief

allá there; **más allá de** beyond

allí there

almacén *m.* warehouse

almacenamiento storage, warehousing

almohada pillow

almorzar (ue) (c) to have lunch

alquilado/a rented

alrededor *m.* surroundings; **alrededor de** *prep.* around

alternativa alternative

alterno/a alternating

altillo hill; attic

alto/a high

altoparlante *m.* loudspeaker

aludido/a in question

alumno/a student

alza *f.* (*but* **el alza**) rise

alzar (c) to raise

amable friendly

amanecer *m.* dawn

amansado/a tame

amarillo/a yellow

ámbar *m.* amber

ambiental environmental

ambiente environment; **medio ambiente** environment (*nature*)

ámbito environment; atmosphere; scope

ambulancia ambulance

ambulante walking; itinerant

América Latina Latin America; **Comisión Económica para América Latina (CEPAL)** Economic Commission for Latin America and the Caribbean (ECLAC)

americano/a *n., adj.* American

amigable friendly

amigo/a friend

amistad *f.* friend, friendship

amonestar to admonish

amor *m.* love

amparar to aid, help

amparo aid, help

ampliación *f.* extension; widening

ampliar to broaden, widen

amplio/a broad, wide

amura bow (*of ship*)

analfabetismo illiteracy

análisis *m. s., pl.* analysis, analyses

analítico/a analytical

analizar (c) to analyze

analogía analog y

anfitrión, anfitriona host, hostess

ángel *m.* angel

anglosajón, anglosajona *adj.* Anglo-Saxon

angosto/a narrow

animado/a animated; **dibujo animado** cartoon

animal *m.* animal

ánimo spirit

anotación *f.* note, notation

anotar to note, jot down

ante *prep.* before; in front of

antecedente *m.* antecedent

anteceder to precede

antecesor(a) predecessor

antemano: de antemano beforehand

anteojos *m. pl.* glasses

anterior previous, preceding

antes *adv.* before; **antes de** *prep.* before; **antes (de) que** *conj.* before

anticipación: con anticipación in advance; ahead of time

anticipar to anticipate

antiguo/a old; ancient; former

antiyanquismo anti-Americanism

antropología anthropology

antropólogo/a anthropologist

anunciador(a) de televisión TV announcer, host

anunciante *m.* advertiser

anunciar to announce

anunciar(se) to announce; to advertise

anuncio advertisement

añadir to add; **cabe añadir** it's worth mentioning

año year; **el año que viene** next year; **cada año** every year; **este año** this year

aparador *m.* sideboard; shop window

aparato appliance

aparecer (zc) to appear

aparentemente apparently

aparición *f.* appearance, vision

apariencia appearance (*physical*)

apartamento apartment

apartar to separate

aparte separate; apart from

apegado/a (a) attached (to); devoted (to)

apegarse (gu) (a) to be attached (to); to be devoted (to)

apellidarse to be called (*surname*)

apellido surname

apenas barely, just

apertura opening
aplicación f. application
aplicar(se) (qu) (a) to apply (to); to devote oneself to something
apogeo height, summit
aportación f. contribution
aportar to contribute
apoyar to support
apoyo support
apreciar to appreciate
aprender (a) to learn (to)
apresurado/a hurried
apretar (ie) to squeeze
aprobación f. approval
aprobar (ue) to approve
apropiado/a appropriate
aprovechar(se) (de) to take advantage (of)
aptitud f. aptitude
apuntación f. note
apuntar to note; to write down
apurarse to hurry
arado plough
arancel m. tariff
árbol m. tree
archivo file
área f. (but el área) area
argentino/a Argentine
argumentar to argue
aristocracia aristocracy
aritmético/a arithmetic
arma f. (but el arma) weapon
armado/a armed
armonía harmony
armonizar (c) to reconcile
aro: anteojos de aros de carey tortoiseshell rimmed glasses
arquitecto/a architect
arrastrar to drag
arreglo agreement
arrendador(a) lessor
arrendamiento renting, leasing
arrendatario/a lessee, tenant
arriba above
arrinconado/a abandoned; cornered
arroz m. rice
arte m. (but f. when pl.) art
artefacto artifact
artesanal adj. handcrafted
artesanía arts and crafts, handicrafts
artículo article
artificio skill
artista m., f. artist
asalariado/a salary earner

asaltante m., f. assailant
asamblea assembly
asearse to wash; to clean up
aseguramiento insurance
asegurar to secure; to safeguard; asegurarse (de) to make sure (of)
asemejarse to resemble each other, be alike
asentado/a situated; established
aseo (personal) (personal) hygiene
asesor(a) consultant
asesorar to advise
asesoría n. consulting
aseverar to assert, affirm
así so, thus; así como as well as; así que therefore, consequently, so
asiático/a adj. Asian
asiduo/a assiduous
asiento seat
asignación f. allocation
asimilar to assimilate
asimismo likewise
asir to seize; to grasp
asistencia attendance
asistente m., f. assistant
asistir a to attend
asociación f. association
asociarse (con) to associate (with)
asombrar to amaze, astonish, surprise
asombro amazement, astonishment, surprise
asombroso/a amazing, astonishing, surprising
aspecto aspect
aspiración f. aspiration, desire
aspiradora vacuum cleaner
aspirante m., f. applicant
astro star
asumir to assume, take on
asunción f. rise
asunto issue, matter
asustado/a frightened
ataque m. attack
atención f. attention; poner (irreg.) atención to pay attention; prestar atención to pay attention
atender (a) to wait on, serve
atentamente sincerely
atenuar (atenúo) to mitigate; to diminish
aterrizar (c) to land
atlántico/a adj. Atlantic
atractivo/a attractive
atraer (like traer) to attract
atrapar to trap

atrás adv. back, backward; behind; dar marcha atrás to go into reverse; to go back
atrasado/a behind
atraso delay
atreverse (a) to dare (to)
atributo attribute
atropellar to run over
audaz audacious
audiencia audience; hearing
auditivo/a auditory, listening
auge m. peak
aumentar to increase
aumento increase
aun adv. even
aún adv. still, yet
aunar to join, unite
aunque although, even if
ausencia absence
auspiciado/a sponsored
auspiciador(a) sponsor
austeridad f. austerity
australiano/a Australian
austríaco/a Austrian
autarquía independence
auténtico/a authentic
autobiografía autobiography
autobús m. bus
automático/a automatic; cajero automático ATM
automatización f. automation
automotriz adj. automobile
automóvil m. automobile
autónomo/a autonomous
autopista freeway
autor(a) author
autoridad f. authority
autoritario/a authoritarian
autorizar (c) to authorize
autosuficiencia self-sufficiency
autosuficiente self-sufficient
auxiliar to aid, assist
avalancha avalanche
avalar to guarantee
avance m. advance
avanzado/a advanced
avecinado/a settled
avenida avenue
aventajar to overtake
averiguación f. verification
averiguar to verify
avión m. airplane
avisar to warn
aviso warning
axiomático/a axiomatic
ayer yesterday

ayuda help
ayudar to help
azadón *m.* hoe
azafata flight attendant
azteca *n., adj. m., f.* Azteca
azúcar *m.* sugar
azul blue

B

bailar to dance; **sacar (qu) a bailar** to ask to dance
bailarín, bailarina dancer
baile *m.* dance
bajar to lower, go down; to get off, out of; **bajar de peso** to lose weight
bajo *prep.* under
bajo/a short (*height*); low
balance *m.* balance sheet
balanza balance
banca banking
bancario/a *adj.* bank, banking; **cuenta bancaria** bank account; **giro bancario** bank draft; credit transfer; **operación bancaria** banking transaction
bancarrota bankruptcy
banco bank
bandera flag
bandido bandit
bando faction, party
banquero/a banker
bañar to bathe; **bañarse** to take a bath
baño bathroom
barato/a inexpensive
barbilla chin
barco boat
barra bar; **código de barras** bar code
barrera barrier
basar to base; to support (*an opinion*); **basarse en** to base one's ideas/opinions on
base *adj.* base; **salario base** minimum wage
base *f.* base; basis; **a base de** based on; by; **con base a/en** based on
básico/a basic
bastar to be enough, sufficient; to suffice
basura trash
batalla battle
batería battery
bautizo baptism
beber to drink
bebida drink; **bebidas gaseosas** soft drinks

beca scholarship
Bélgica Belgium
bélico/a (*pertaining to*) war, bellicose
belleza beauty
bello/a pretty
beneficiar(se) (de) to benefit (from)
beneficiario/a beneficiary
beneficio benefit
Biblia Bible
bíblico/a biblical
bibliografía bibliography
bicicleta bicycle
bienes *m. pl.* goods; **bienes inmuebles** real estate; **bienes raíces** real estate
bienestar *m.* well-being, welfare
bigote *m.* mustache
bilingüe bilingual
billete *m.* bill (*money*); **billete (*m.*) de curso legal** legal tender
blanco blank; target
bloque *m.* block
boca mouth
bocadillo sandwich, snack
bocina horn; speaker
boda wedding
bodega grocery store (*Carib.*); warehouse
boleto ticket
bolígrafo pen
bolsa (de valores) stock market; **corredor(a) de bolsa** stock broker
bolsillo pocket
bolso purse
bombardeo bombing, bombardment
bondadoso/a kind, good
bonito/a pretty
bono voucher; **bono de Navidad** Christmas bonus
bordada position
borrasca storm
borroso/a blurry
bosquimano/a Bushman
bota boot
botón *m.* button
bramar to bellow
Brasil Brazil
breve brief
brindar to toast (*with a drink*)
brotar to sprout, come up
bruja witch; **Noche (*f.*) de Brujas** Halloween
brújula compass

bruto: producto interno bruto (PIB) gross national product (GNP)
budismo Buddhism
buen, bueno/a good; **sacar (qu) buenas notas** to get good grades
bufete de abogados *m.* law firm
bullicio hubbub
buque *m.* ship
burbuja bubble
burocracia bureaucracy
bursátil *adj.* (*pertaining to*) stock exchange; **mercado bursátil** stock market
busca: en busca de in search of
buscar (qu) to look for
búsqueda search

C

caballero gentleman
caballo horse; **montar a caballo** to ride a horse
cabellera hair, head of hair
caber *irreg.* to fit; **cabe añadir** to be worth mentioning
cabeza head; **dolerle (ue) la cabeza** to have a headache
cabildeo speculation; lobbying
cable *m.* cable
cabo: llevar a cabo to carry out
cacería *n.* hunting
cacho horn
cada *inv.* each, every; **cada año** every year; **cada vez más** increasingly; **de cada día** everyday
cadena chain
caer(se) *irreg.* to fall
café *m.* coffee; *adj.* brown
caída fall
caja box; **caja de resonancia** soundboard; **caja fuerte** safe, strongbox
cajero/a cashier; **cajero automático** ATM
calcio calcium
cálculo calculation
calentador *m.* **de agua** hot water heater
calidad *f.* quality
caliente hot
calificación *f.* grade
calificar (qu) to grade
calificativo/a qualifying
callarse to be quiet
calle *f.* street
calmarse to calm down
calor *m.* heat; **hace calor** to be hot

calzado footwear
cama bed
cámara de comercio chamber of commerce
cambiar to change; to exchange (*money*); to trade
cambio change; **a cambio de** in exchange for; **en cambio** on the other hand, on the contrary
cambista *m., f.* money changer
caminar to walk
camino way; road
camisa shirt
campaña campaign
campesino/a farm worker, peasant
campo field; countryside
Canadá Canada
canadiense *m., f.* Canadian
canal *m.* channel
canalizarse (c) to channel
canasta basket
cancelación *f.* cancellation
cancelar to cancel
canción *f.* song
candidato/a candidate
canela cinnamon
cano white, grey (*hair*)
cansado/a tired
cansar to tire; **cansarse** to get tired
cantar to sing
cantera quarry
cantidad quantity
caos *m.* chaos
capa layer
capacidad *f.* capacity; talent
capacitación *f.* training
capacitar to train
capatáz, capataza foreperson
capaz capable
Caperucita Roja Little Red Ridinghood
capital *f.* capital (city)
capital *m.* capital (*money*)
capitalismo capitalism
capitalista *m., f.* capitalist
capitalizar (c) to capitalize
capítulo chapter
captar to grasp (*meaning*)
cara face
carácter *m.* character, nature
característica characteristic
caracterizarse (c) to be characterized
caramelo candy
cárcel *f.* jail
carecer (zc) (de) to lack
carencia lack, shortage

carey: anteojos de aros de carey tortoiseshell rimmed glasses
carga freight, load
cargar (gu) to charge
cargo post; charge
Caribe *m.* Caribbean
caridad *f.* charity
cariño affection
carne *f.* meat; **carne vacuna** beef
caro/a expensive
Carolina del Norte North Carolina
carpeta binder, folder
carpintería woodworking
carrera career; major (*academic*)
carro car
carruaje *m.* carriage
carta letter; **carta de crédito** credit report; **carta de referencia** letter of reference
cartera portfolio; wallet
cartón *m.* cardboard
casa house; **casa matriz** headquarters
casarse to get married
cascanueces *m. s., pl.* nutcracker
casero/a *adj.* home (made)
casi *inv.* almost
caso case; **en caso de** in the case of; **en caso de que** *conj.* in case
castellano Spanish (*language*) (*Sp.*)
castillo castle
cátedra chair (*of university department*)
catedral *f.* cathedral
categoría category
caucho rubber
caudal *m.* fortune; assets
causa cause
causar to cause
cazador(a) hunter
cazatalentos *m., f.; s., pl.* talent scout
ceder to yield
cédula identification card
celebración *f.* celebration
celebrar to celebrate
célula cell
celular *m.* cellular phone; **teléfono celular** cellular phone
cemento cement
cena dinner
cenar to have dinner
centavo cent
centenar *m.* one hundred
centenario/a hundred-year-old
centro center; downtown; **centro comercial** shopping center

Centroamérica Central America
ceñir to restrict
cepalino/a *related to the Comisión Económica para América Latina (CEPAL)*
cera wax
cerámica ceramics
cerca *adv.* near, nearby, close; **cerca de** *prep.* close to; **de cerca** up close
cercano/a *adj.* close, near
cerdo pig
cerebro brain
cerrar (ie) to close
certeza certainty
certificado certificate
cesar to cease
cheque *m.* check; **cheque de viajero** traveler's check; **cuenta de cheques** checking account; **girar un cheque** to draw a check; **libreta de cheques** checkbook
chequera checkbook
chico/a boy, girl
chileno/a Chilean
chino/a Chinese
chocolate *m.* chocolate
chofer *m., f.* driver
choque *m.* crash, collision; clash; shock
cíclico/a cyclical
ciclo cycle; **ciclo de vida** lifecycle
cielo sky
cien, ciento one hundred; **por ciento** percent
ciencia science
científico/a scientific
cierre *m.* closing, closure
cierto/a certain; true
cifra figure, number
cima: dar (*irreg.*) **cima a** to finish off
cine *m.* movies; movie theater
circulación *f.* circulation; **poner** (*irreg.*) **en circulación** to begin to circulate
circulante circulating; working (*capital*)
circular to circulate
círculo circle
circunscribir to circumscribe
circunstancia circumstance
cisne *m.* swan
cita appointment; date
citar to cite
ciudad *f.* city
ciudadano/a citizen

cívico/a civic
civilización *f.* civilization
claro/a clear
clase *f.* class; **compañero/a de clase** classmate; **sala de clase** classroom
clásico/a classic(al)
clasificación *f.* classification
clasificar(se) (qu) to classify
cláusula *gram.* clause
clave *f.* key; *adj.* key
clavel *m.* carnation
cliente *m., f.* customer; client
clima *m.* climate
climático/a climatic
climatizado/a air-conditioned
club *m.* club
coagulado/a congealed
coayudar to help each other
cobijar to shelter
cobranza collection; cashing (*check*)
cobrar to charge; to cash (*check*); to collect
cobre *m.* copper
coche *m.* car
cocina kitchen
cocinar to cook
cocinero/a chef, cook
código (de barras) (bar) code
coger (j) to get hold of; to take; to grasp
coherente coherent
colaboración *f.* collaboration
colaborador(a) collaborator
colaborar to collaborate
coladera strainer
colapso collapse
colcha bedspread
colección *f.* collection
colectividad *f.* community
colectivo/a collective
colega *m., f.* colleague, co-worker
colegio (high) school
colérico/a angry, furious
colgar (ue) (gu) to hang
colmado corner grocery store
colmo: para colmo to top it all off
colocar (qu) to place
colombiano/a Colombian
colonia colony
color *m.* color
colorado/a ruddy; red
columna column
columnista *m., f.* columnist
coma comma

comandita: sociedad (*f.*) **en comandita (S. en C.)** limited partnership (Ltd.)
comanditario/a: socio/a comanditario/a silent partner; partner with limited liability
combatir to combat
combinación *f.* combination
combustible *m.* fuel
comedor *m.* dining room
comensal *m.* dinner guest, companion
comentar to comment on
comentarista *m., f.* commentator
comenzar (ie) (c) to begin; **comenzar a** + *inf.* to begin (*do something*)
comer to eat
comercial business; commercial; **centro comercial** shopping center
comercio business; trade; **Organización** *f.* **Mundial del Comercio (OMC)** International Chamber of Commerce (ICC); **Tratado de Libre Comercio (TLC)** North America Free Trade Agreement (NAFTA); **Tratado de Libre Comercio de América del Norte (TLCAN)** North America Free Trade Agreement (NAFTA)
comestibles *m. pl.* foodstuff, groceries
cometer to commit; **cometer un error** to make a mistake
comida food; **comida rápida** fast food
comienzo beginning
comisión *f.* commission; **Comisión Económica para América Latina (CEPAL)** Economic Commission for Latin America and the Caribbean (ECLAC)
comisionista *m., f.* commission agent
como like, as; **así como** as well as; **como costumbre** usually; **tan… como** as … as; **tan pronto como** a soon as; **tanto como** as much as; **tanto/a(s)… como** as much/many … as
¿cómo? how? what?
cómodo/a comfortable
compañero/a companion; friend; **compañero/a de clase** classmate; **compañero/a de oficina** officemate; **compañero/a de trabajo** co-worker
compañía company

comparación *f.* comparison
comparar to compare
comparativo/a comparative
compartir to share
compás *m.* rhythm, beat
compensación *f.* compensation
compensar to compensate
competencia competition
competidor(a) competitor
competir (i, i) to compete
competitividad *f.* competitiveness
competitivo/a competitive
complacido/a satisfied; happy
complejidad *f.* complexity
complejo/a complex
complemento complement
completar to complete
complicado/a complicated
complicar (qu) to complicate
componente *m.* component
componer (*like* **poner**) (*p.p.* **compuesto**) to compose; **componerse (de)** to be composed (of)
comportamiento behavior
comportarse to behave
composición *f.* composition
compra purchase; **ir** (*irreg.*) **de compras** to go shopping
comprador(a) buyer
comprar to buy, purchase
compraventa *n.* buying and selling
comprender to understand
comprobar (ue) to prove
comprometerse (a) to commit oneself (to)
compromiso commitment
compuesto (*p.p. of* **componer**) composed
compulsivo/a compulsive
computación *f.* computer science, computing
cómputo: de cómputo *adj.* computer
común common
comunicación *f.* communication; **comunicación de masas** mass communication; **medios de comunicación** mass media
comunicar(se) (qu) to communicate
comunidad *f.* community
con with; **con anticipación** in advance; ahead of time; **con base a / en** based on; **con cuidado** carefully; **con detenimiento** carefully; **con el fin de** with the purpose of; **con fines de lucro** for profit; **con frecuencia** frequently; **con**

gusto with pleasure; **con respecto a** with regard to, with respect to; **con tal (de) que** *conj.* provided (that); **junto con** along with
concebir (i, i) to understand
conceder to concede
concentrarse to concentrate
concepción *f.* idea
concepto concept
conciencia conscience, moral awareness; **tomar conciencia de** to become aware of
conciliar to reconcile
concluir (y) to conclude
conclusión *f.* conclusion
concordar (ue) to agree
concreto/a concrete; **en concreto** definite
concurrencia audience
condenado/a condemned
condescender (ie) to yield
condición *f.* condition
condicionar to condition; to make depend on
condimento condiment
conducir *irreg.* to drive; **conducir a** to lead to
conducta conduct
conductor(a) conductor, driver
conectar (a) to connect (to)
confección *f.* clothing
conferencia lecture
confiable trustworthy
confianza confidence, trust
confiar (confío) to trust
configuración *f.* configuration
confinado/a confined
confirmador(a) confirmative
confirmar to confirm
conflicto conflict
conformar to conform; **conformarse (con)** to comply (with)
conforme *adj.* in keeping with; **conforme a** *conj.* in accordance with
conformismo conformism
confundir to confuse
confusión *f.* confusion
congreso congress; conference
conjetura conjecture
conjugación *f.* conjugation
conjugar (gu) to conjugate
conjunción *f.* conjunction
conjunto whole; collection
conllevar to bear, put up with
conmemoración *f.* commemoration
conmigo with me

conocer (zc) to know, be acquainted with; **dar** (*irreg.*) **a conocer** to make known
conocido/a well-known
conocimiento knowledge; understanding
conquistar to conquer
consabido/a usual, traditional
consciencia conscience
consciente conscious, aware
consecución *f.* obtaining
consecuencia consequence; **por consecuencia** consequently; therefore;
consecutivo/a consecutive
conseguir (*like* **seguir**) to get, obtain
consejero/a counselor
consejo (piece of) advice
consenso consensus
consentir (ie, i) to consent; to allow
conservador(a) *adj.* conservative
conservar to conserve
consideración *f.* consideration
considerar to consider
consigna instructions; watch-word
consigo with him/her/them
consiguiente: por consiguiente consequently, therefore
consistente consistent
consistir (en) to consist (of)
consolidado/a consolidated
consolidar to consolidate
consonancia: en consonancia in harmony
consonante *f.* consonant
constante constant
constitución *f.* constitution
construcción *f.* construction
construir (y) to construct, build
consulado consulate
consulta consultation; **previa consulta con** after consulting with
consultar to consult
consultoría consulting
consultorio office (*medical*)
consumidor(a) consumer
consumir to consume
consumismo consumerism
consumista *adj. m., f.* consumer
consumo consumption
contabilidad *f.* accounting
contacto contact; **ponerse** (*irreg.*) **en contacto** to get in touch
contado installment; **al contado** in cash
contador(a) accountant
contagio contagion

contaminación *f.* pollution
contaminar to pollute
contar (ue) to count; to tell; **contar con** to count on; to have, include
contemplar to contemplate
contemporáneo/a contemporary
contenedor *m.* container
contener (*like* **tener**) to contain
contenido content
contentarse (con) to make up (with)
contestación *f.* answer, reply
contestar to answer
contexto context
contigo with you (*fam., s.*)
contiguo/a contiguous
continente *m.* continent
continuación: a continuación following, below
continuado/a continued
continuar (continúo) to continue
continuo/a continuous
contra against
contracción *f.* contraction
contracíclico/a countercyclical
contradecir (*like* **decir**) to contradict
contradicción *f.* contradiction
contraer (*like* **traer**) to contract
contrapartida compensation; bookkeeping entry
contrario/a opposite
contrario: por el contrario on the contrary
contratación *f.* hiring
contratar to contract, hire; **contratarse** to accept a job
contrato contract
contribución *f.* contribution
contribuir (y) to contribute
control *m.* control
controlar to control
convencer (z) to convince
convenir (*like* **venir**) to arrange; to agree; to suit
conversación *f.* conversation
conversar to converse
convertibilidad *f.* convertibility
convertir (ie, i) to convert; to transform; **convertirse en** to become
convocar (qu) to call together
cooperativo/a cooperative
coordinación *f.* coordination
coordinador(a) coordinator
copia copy
corazón *f.* heart
corporación *f.* corporation
corporal *adj.* body

corporativo/a corporate
correcto/a correct
corredor(a) broker, agent;
   corredor(a) de bolsa stock broker
corregir (i, i) (j) to correct
correo mail; **correo electrónico**
   e-mail
correr to run; **correr el peligro de** to
   run the risk of
corresponder (a) to correspond (to)
correspondiente *m., f.* corresponding
corresponsal *m., f.* correspondent
corretaje *m.* brokerage
corretear to run around
corrido/a: días (*m., pl.*) **corridos** days
   in a row
corriente *adj.* present, current;
   cuenta corriente checking
   account
corrupción *f.* corruption
corrupto/a corrupt
cortar to cut
cortesía courtesy
corto/a short (*in length*); **a corto
   plazo** short term
cortoplacismo short-term thinking
cosa thing
costado side
costar (ue) to cost
costarricense *m., f.* Costa Rican
costo cost
costoso/a expensive
costumbre *f.* custom; habit; **como
   costumbre** usually
costura sewing
cotizable quotable
cotización *f.* quote, price
cotizar (c) to quote; to price
creación *f.* creation
crear to create
creatividad *f.* creativity
creativo/a creative
crecer (zc) to grow
creciente *adj.* growing
crecimiento growth
crediticio/a *adj.* credit
crédito credit; **tarjeta de crédito**
   credit card; **carta de crédito** credit
   report
creencia belief
creer (y) to believe
criado/a servant
crisis *f. s., pl.* crisis
cristal *m.* glass; window
cristalizar (c) to crystallize
criterios *pl.* criteria

crítica criticism
crítico/a *n.* critic; critical
cruz *f.* (*pl.* **cruces**) cross
cuaderno notebook
cuadrado/a *adj.* square
cuadrilla team of workers
cuadro painting; chart
¿cuál(es)? what? which?
cualidad *f.* quality
cualquier *adj.* any; **de cualquier
   modo** at any rate
cualquiera *pron.* anyone; either
cuando when; **siempre y cuando** as
   long as
¿cuándo? when?
cuantía quantity
cuantioso/a abundant
¿cuánto/a? how much?; **¿cuánto
   tiempo hace que… ?** how long
   has it been since . . . ?; **¿cuántos/as?**
   how many?
cuanto: en cuanto *conj.* as soon as;
   en cuanto a regarding
cuarto room; **compañero/a de cuarto**
   roommate
cubierto/a (*p.p. of* **cubrir**) covered
cubrir (*p.p.* **cubierto**) to cover
cuenta account; **cuenta bancaria**
   bank account; **cuenta corriente**
   checking account; **cuenta de ahorros** savings account; **cuenta de
   cheques** checking account; **cuenta
   habiente** *m., f.* account holder;
   pagar (gu) las cuentas to pay the
   bills; **tener** (*irreg.*) **en cuenta** to
   bear in mind; **tomar en cuenta** to
   take into account
cuestión *f.* question, issue
cuestionario questionnaire
cuidado care; **con cuidado** carefully;
   tener (*irreg.*) **cuidado** to be careful
cuidar to care for; **cuidarse** to take
   care of oneself
culminación *f.* culmination
culminar to culminate
culpa guilt; **echar la culpa** to blame
culpable guilty
cultivado/a grown
cultivo cultivation
cultura culture
cumpleaños *m. s., pl.* birthday
cumplido/a carried out
cumplimiento fulfillment
cumplir to carry out
cupo quota, share
cupón *m.* coupon

curiosidad *f.* curiosity
curioso/a curious
curriculum (vitae) *m.* curriculum vitae
curso course; tender (*money*); **papel**
   (*m.*) **de curso legal** legal tender
custodia care
cuyo/a whose

D

dañar to harm; **dañarse** to go bad,
   spoil
dañino/a harmful
daño harm
dar *irreg.* to give; **darse** to happen;
   dar a conocer to make known;
   dar cima a to finish off; **dar lugar
   a** to give rise to; **dar marcha atrás**
   to go into reverse; to go back; **dar
   un paseo** to go for a walk; **dar un
   salto** to jump; **darse la mano** to
   shake hands; **darse prisa** to hurry
dato datum; *pl.* data
de *prep.* of; from
de *prep.* of; from; **de acuerdo a** according to; **de acuerdo** agreed; **de
   acuerdo con** in accordance with;
   de ahora en adelante from now
   on; **de alguna manera** in some
   way; **de antemano** beforehand;
   de cerca up close; **de cómputo**
   computer; **de cualquier modo**
   at any rate; **de hecho** in fact; **de
   inmediato** immediately; **de la
   misma manera** similarly; in the
   same way; **de la siguiente manera** in the following way; **de
   remate** final; **de su agrado** to his/
   her/your (*form.*) liking; **de tal
   forma** in such a way; **de tal manera que** in such a way that
deber *n.* duty; responsibility;
   obligation
deber to owe; **deber** + *inf.* should,
   ought to (*do something*)
debido a due to; because of
débil weak
débito: tarjeta de débito debit card
década decade
decadencia decadence
decenas *pl.* tens
decidir to decide
decir *irreg.* (*p.p.* **dicho**) to say; to tell;
   es decir that is; **querer** (*irreg.*)
   decir to mean
decisión *f.* decision; **tomar una decisión** to make a decision

decisivo/a decisive
declaración *f.* declaration; statement
declarar to declare; to state
decoración *f.* decoration
decretado/a decreed
dedicación *f.* dedication
dedicar(se) (qu) to dedicate
deducible deductable
deductivo/a deductive
defender (ie) to defend
defensor(a) defender
déficit (*pl.* **déficits**) deficit
definición *f.* definition
definir to define
definitivamente finally; really
definitivo/a definitive
degradación *f.* degradation
dejar to leave; to let, allow; **dejar de** + *inf.* to stop (*doing something*); **dejar una huella** to make one's mark
delante de in front of
delegación *f.* delegation
delegar (gu) to delegate
deleitarse to enjoy oneself
deletéreo/a noxious, poisonous
delgado/a thin
delinquir (delinco) to commit an offense; to break the law
demanda demand
demandante *m., f.* person who demands something; plaintiff
demandar to demand; to sue
demás: los/las demás the other(s); the rest
demasiado *adv.* too
demasiado/a *adj.* too many; too much
democracia democracy
demócrata *m., f.* Democrat
demográfico/a demographic
demorar to take (*time*); to delay
demostrar (ue) to demonstrate
denominado/a denominated; named
denominar(se) to name; to call
denotar to denote
dentista *m., f.* dentist
dentrífico/a dental
dentro inside; **dentro de** inside; within
departamento department; apartment (*Mex.*)
dependencia dependency
depender (de) to depend (on)
dependiente dependent
deporte *m.* sport

deportivo/a *adj.* athletic, sport-related
depositar to deposit
depósito deposit
depresión *f.* depression
derecha *n.* right side; right (*politically*)
derecho right; **tener** (*irreg.*) **derecho (a)** to have the right (to)
derivarse (de) to derive (from)
derogar (gu) to repeal; to abolish
derretir (i, i) to melt
derrocado/a defeated
derrumbe *m.* collapse
desacreditar to discredit
desafortunadamente unfortunately
desagradable unpleasant
desalentar (ie) to discourage; **desalentarse** to become discouraged
desaparecer (zc) to disappear
desarrollado/a developed
desarrollar to develop
desarrollo development; **país** (*m.*) **en vías de desarrollo** developing country
desastroso/a disastrous
desayuno breakfast
desbordar(se) to overflow
descansar to rest
descanso rest, break
descendiente *m., f.* descendent
desconcertante disconcerting
desconfianza distrust
descreído/a disbelieving
describir (*p. p.* **descrito**) to describe
descripción *f.* description
descrito/a (*p. p. of* **describir**) described
descubierto (*p.p. of* **descubrir**) discovered
descubrir (*p.p.* **descubierto**) to discover
descuento discount
descuido carelessness, negligence
desde *prep.* from; since; **desde hace** for (*period of time*); **desde que** *conj.* since
desdichadamente unhappily
desear to want, wish
desechable disposable
desechar to dispose (of)
desecho waste
desempeñar to carry out; to fulfill
desempeño fulfillment; performance
desempleado/a unemployed
desempleo unemployment

deseo wish
desequilibrar to unbalance
desequilibrio lack of balance
desértico/a *adj.* desert
desesperar to drive to despair; **desesperarse** to despair
desfalco embezzlement
desfavorable unfavorable
desglosar to detach; to separate
desgracia: por desgracia unfortunately
deshacerse (*like* **hacer**) **de** to get rid of (*something*)
desierto desert
designado/a designated
desigualdad inequality
desintegrarse to disintegrate
desligar (gu) to break apart
desmentir (ie, i) to deny
desobediencia disobedience
desolación *f.* desolation
despachante (*m., f.*) **de aduna** customs officer
despedir (i, i) to fire (*job*)
despensa storeroom
desperdiciar to waste
desperdicio waste
despertar(ie) (*p.p.* **despierto**) to wake; **despertarse** to wake up
despido dismissal, firing (*job*)
despierto/a (*p.p. of* **despertar**) awake
desplazar (c) to move, shift; to displace
desplome *m.* collapse, fall
despotismo despotism
desproporción *f.* disproportion
después *adv.* after; later, then; **después de** *prep.* after; **después de que** *conj.* after
desregulación *f.* deregulation
destacar (qu) to emphasize
destinar to appoint, assign
destinatario/a addressee, recipient; payee
destino destination; function; destiny, fate
destreza skill
destrucción *f.* destruction
destruir (y) to destroy
desuso disuse
desventaja disadvantage
detalle *m.* detail
detener (*like* **tener**) to stop; to arrest
detenimiento: con detenimiento carefully
deteriorarse to deteriorate
deterioro deterioration

determinar to determine

detrás de *prep.* behind

deuda debt

deudor(a) debtor

devaluación *f.* devaluation

devenir (*like* **venir**) to happen

devorar to devour

día *m.* day; **algún día** some day; **cada día** every day; **Día de los Muertos** Day of the Dead; **día feriado** holiday; **día laboral** work day; **días corridos** days in a row; **hoy en día** nowadays

diagnóstico diagnosis

diario *n.* newspaper

diario/a *adj.* daily; **a diario** *adv.* daily

dibujo drawing; **dibujo animado** cartoon

diccionario dictionary

dicho/a (*p.p. of* **decir**) said; **mejor dicho** rather

dictador(a) dictator

dictadura dictatorship

dictamen *m.* opinion (*legal*); report

dictar to dictate

dieta diet; **hacer** (*irreg.*) **una dieta** to be on a diet

diferencia difference

diferente different

diferir (ie, i) to differ

difícil hard, difficult

dificultad difficulty

difundir to spread

difusión *f.* diffusion

dignidad *f.* dignity

dilatado/a spacious

dinámica *n.* dynamic

dinámico/a *adj.* dynamic

dinamizar (c) to make dynamic; to activate, energize

dinero money; **dinero en efectivo** cash; **ganar dinero** to earn money; **lavado de dinero** money laundering; **lavar dinero** to launder money

dinosaurio dinosaur

Dios God

diplomado/a having a diploma

diplomático/a diplomatic

dirección *f.* address

directivo/a managing; **junta directiva** board of directors

directo/a direct

directorio directory

directriz *f.* (*pl.* **directrices**) guideline

dirigir (j) to direct; **dirigirse (a)** to be aimed (at); to apply (to)

disciplina discipline

disciplinado/a disciplined

disco disc

discoteca discotheque

discriminación *f.* discrimination

discriminatorio/a discriminatory

disculpa apology, pardon; **pedir (i, i) disculpas** to apologize

discurso speech

discusión *f.* discussion

discutir to discuss; to argue

diseñar to design

diseño design

disfrazado/a disguised

disfrutar de to enjoy

disiparse to dissipate

disminución *f.* decrease, drop

disminuir (y) to decrease, drop

disparidad *f.* disparity

disperso/a scattered

displicencia indifference; coldness

disponer de (*like* **poner**) (*p.p.* **dispuesto**) to make use of; **disponerse a** to prepare (*to do something*)

disponibilidad *f.* availability

disponible available

dispuesto/a willing

disputa dispute

distancia distance

distinción *f.* distinction

distinguirse (**distingo**) to distinguish oneself

distintivo/a distinguishing (*feature*)

distinto/a different

distribución *f.* distribution

distribuir (y) to distribute

distrito district; **Distrito Federal (D.F.)** Federal District (Mexico City)

diversidad *f.* diversity

diversificación *f.* diversification

diversificar (qu) to diversify

diverso/a diverse, different

divertido/a fun

divertirse (ie, i) to have fun, a good time

dividir(se) to divide

divulgación *f.* disclosure

divulgar (gu) to divulge, disclose

doble *n. m., adj.* double

doctorado doctorate

documentación *f.* documentation

documentario/a documenting

documento document

dólar *m.* dollar

doler (ue) to hurt, ache; **dolerle la cabeza** to have a headache

dolor *m.* pain, ache

domesticado/a domesticated

doméstico/a *adj.* domestic; home; **sirviente, sirvienta doméstico/a** housekeeper, domestic worker

domiciliario/a *adj.* home

dominar to dominate; to control

dominio control

don *m. title of respect used with a man's fist name*

dona donut

dondequiera wherever

dosis *f. s., pl.* dose

dramático/a dramatic

dramatización *f.* dramatization

drástico/a drastic

droga drug; **tráfico de drogas** drug trafficking

drogadicción *f.* drug addiction

duda doubt; **no hay duda** there is no doubt; **sin duda** without a doubt, undoubtedly

dudar (que) to doubt (that)

dueño/a owner

dulces *m. pl.* candy, sweets

duplicarse (qu) to duplicate

duración *f.* duration

durante during

durar to last

durativo/a lasting

duro/a hard

E

e and (*used instead of* **y** *before words beginning with stressed* **i** *or* **hi**, *except* **hie**)

echar to throw, toss; **echar la culpa** to blame; **echarse una siesta** to take a nap

ecológico/a ecological

economía economy; *s.* economics; **economía de libre mercado** free-market economy

económico/a economic; **Comisión Económica para América Latina (CEPAL)** Economic Commission for Latin America and the Caribbean (ECLAC)

economista *m., f.* economist

edad *f.* age; **Edad Media** Middle Ages

edificio building

educación *f.* education

educar (qu) to educate; **educarse** to become educated

efectivo/a *adj.* effective
efectivo: dinero en efectivo cash
efecto effect
efectuar to carry out
eficaz (*pl.* **eficazes**) efficient, effective
eficiencia efficiency
eficiente efficient
Egipto Egypt
egreso expenditure
eje *m.* axis
ejecución *f.* carrying out, execution
ejecutar to carry, execute
ejecutivo/a executive
ejemplo example; **por ejemplo** for example
ejercer (z) to perform (*duty*); to practice (*profession*)
ejercicio exercise; **hacer** (*irreg.*) **ejercicio** to exercise
ejército army
elaboración *f.* preparation; production
elaborar to prepare; to produce
elástico/a elastic
electricidad *f.* electricity
eléctrico/a electric
electrodoméstico household appliance
electrónico/a electronic; **correo electrónico** e-mail
elegir (i, i) (j) to choose
elemento element
elevación *f.* height
elevar to elevate, raise
eliminación *f.* elimination
eliminar to eliminate
élite *f.* elite; *adj. m., f.* elite
ello *pron.* it
email *m.* e-mail
emanar to emanate
emancipación *f.* emancipation
embajada embassy
embajador(a) ambassador
embarazada pregnant
embarazo pregnancy
embarcarse (qu) to embark
embargo embargo; **sin embargo** however, nevertheless
emblema *m.* emblem
embotelladora bottler
emergencia emergency
emergente emerging
emerger (j) to emerge
emigración *f.* emigration
emisión *f.* emission, issue
emisor(a) *adj.* issuing

emitir to issue
emoción *f.* emotion
emocionado/a excited
emocional emotional
emocionarse to become excited
empacado *n.* packaging
empaque *m.* packing
empeñarse (en) to commit (to); to insist (on)
empezar (ie) (c) to begin; **empezar a + *inf.*** to begin to (*do something*)
empleado/a employee
emplear to employ
empleo job
empolvar to cover with dust
emprender to undertake
empresa business, corporation, company; **pequeña y medianas empresas (PYME)** small and medium enterprises (SME)
empresarial *adj.* business
empresario/a manager; employer
empuje *m.* push; pressure
en in; on; at; **en absoluto** absolutely; **en busca de** in search of; **en cambio** on the other hand, on the contrary; **en caso de** in the case of; **en caso de que** *conj.* in case; **en concreto** definite; **en cuanto** *conj.* as soon as; **en cuanto a** regarding; **en especial** especially; **en fin** in short; **en general** in general; **en primer lugar** in the first place; **en principio** in principle; **en punto** on the dot (*time*); **en vez de** instead of
enamorado/a *n.* person in love
encabezamiento headline; caption
encadenar to chain; to shackle
encaminarse to make one's way; to head
encantarle to like very much, love
encararse (a) to face
encargado/a *n.* person in charge; *adj.* in charge, responsible
encargarse (gu) (de) to take charge (of); to undertake responsibility (for)
encima: por encima de above
encontrar (ue) to find
encuentro meeting
endeble weak
endeudado/a in debt
endeudamiento debt
endeudarse to fall into debt; to become indebted

endosar to endorse
endurecerse (zc) to harden
enemigo/a enemy
energético/a *adj.* energy
energía energy
enfadarse to get mad
énfasis *m.* emphasis; **hacer** (*irreg.*) **énfasis en** to emphasize
enfatizar (c) to emphasize
enfermedad *f.* illness; **enfermedad de la vaca loca** mad cow disease
enfermizo/a unhealthy
enfermo/a sick, ill
enfrentar(se) (a) to face
enfrente de in front of
enfurecerse (zc) to become furious
enlatado/a canned
enlistarse to enlist
enojarse to become angry
enorme enormous
enredar to entangle
ensamblar to assemble
ensayista *m., f.* essayist
ensayo essay
enseguida at once
enseñar to teach; **enseñar a + *inf.*** to teach (*to do something*)
entender (ie) to understand
enterarse (de) to find out (about)
entero/a whole
entonces then, next
entorno environment, surroundings
entrada entrance; ticket
entrañable dear
entrar (a) to enter (into)
entre among, between
entrecruzado/a intertwined
entregar (gu) to deliver; to hand in
entrenamiento training, practice
entrenar to train
entretanto meanwhile
entretener(se) (*like* **tener**) to entertain (oneself)
entretenimiento entertainment
entrevista interview
entrevistar to interview
entusiasmado/a enthusiastic
enumerar to enumerate
envase *m.* container
envenenado/a poisoned
enviar (envío) to send
envolver (ue) to wrap
Epicuro Epicurus
época era, time (*period*)
equilibrado/a balanced
equilibrio balance

equipaje luggage
equipo team; equipment
equivalente *m.* equivalent
equivocación *f.* mistake
equivocado/a mistaken, wrong
erguido/a raised
erigir (j) to build, erect
erradicar (qu) to eradicate
error *m.* error, mistake
escala scale; **vuelo sin escalas** direct flight
escándalo scandal
escasez (*pl.* **escaseces**) shortage, scarcity
escaso/a scarce
escenario setting
esclavitud *f.* slavery
esclavo/a slave
escoger (j) to choose, select
escolar *adj.* school
escolaridad *f.* schooling
escribir (*p.p.* **escrito**) to write; **máquina de escribir** typewriter
escrito/a (*p.p. of* **escribir**) written
escritor(a) writer
escritorio desk
escuchar to listen
escuela school
esencia essence
esencial essential
esfera sphere
esforzarse (ue) (c) to make an effort
esfuerzo effort
eslogan *m.* slogan
esmerado/a carefully done
esmeralda emerald
eso that; **por eso** therefore
espacio space
espacioso/a spacious
espada sword
especia spice
especial special; **en especial** especially
especialidad *f.* specialty
especialista *m., f.* specialist
especialización *f.* major (*college*); specialization
especializarse (c) to major in; to specialize in
especialmente especially
especie *f. s.* species
especificar (qu) to specify
especificidad *f.* specificity
específico/a specific
espectacular spectacular

espectáculo show; **sala de espectáculos** theater
espectador(a) spectator
espectro ghost
esperanza hope
esperar to wait; to hope
espíritu *m.* spirit
espiritual spiritual
espiritualidad *f.* spirituality
esposo/a husband, wife
esquema outline; diagram
esquina corner
estabilidad *f.* stability
establecer (zc) to establish
establecimiento establishment
estación *f.* season; station
estadio stadium
estadística statistic
estadístico/a *adj.* statistical
estado state
estadounidense *m., f.* of/from the United States
estándar *m.* standard
estandardización *f.* standardization
estandardizado/a standardized
estar *irreg.* to be; **estar a la moda** to be in style; **estar pendiente** to be pending
estatal *adj.* state
estilo style
estimación *f.* estimate; esteem
estimado/a dear (*in letter*)
estimar to estimate
estimular to stimulate
estipular to stipulate
estonio/a Estonian
estrategia strategy
estratégico/a strategic
estrecho/a narrow; close (*relationship*)
estrella star
estricto/a strict
estridente strident
estructura structure
estudiante *m., f.* student
estudiar to study
estudio study (*room*); *pl.* studies (*academic*)
estupidizado stupefied
estupor *m.* stupor
etapa stage
ética *s.* ethics
ético/a ethical
etiquetado *n.* labeling
etnia ethnicity
etnocéntrico/a ethnocentric

euforbiáceo/a *adj. plants of the Euphorbiaceae family*
Europa Europe
europeo/a European
evaluar (evalúo) to evaluate
evaporado/a evaporated
evaporarse to evaporate
evento event
evidencia evidence
evitar to avoid
evolución *f.* evolution
exacto/a exact
examen *m.* (*pl.* **exámenes**) exam, test
examinarse to take an exam; to examine oneself
excedente *m.* excess, surplus
exceder to exceed
excelencia excellence
excepción *f.* exception
excepcional exceptional
excepto except
excesivo/a excessive
exceso excess
excluir (y) to exclude
exclusivo/a exclusive
exención *f.* exemption
exento/a exempt
exhibición *f.* exhibition
exhortar to exhort
exigir (j) to demand
existente *adj.* existing
existir to exist
éxito success; **tener** (*irreg.*) **éxito** to be successful
exótico/a exotic
expandir(se) to expand
expansión *f.* expansion
expatriación *f.* expatriation; emigration
expectativa expectation
expedición *f.* expedition
experiencia experience
experto/a expert
explicación *f.* explanation
explicar (qu) to explain
explicativo/a explanatory
explícito/a explicit
explosivo/a explosive
explotación *f.* exploitation
explotar to exploit
exponerse (*like* **poner**) **(a)** (*p.p.* **expuesto**) to expose oneself (to)
exportación *f.* exportation
exportador(a) *m.* exporter; *adj.* exporting

exportar to export
exposición *f.* exposition
expresar(se) to express (oneself)
expresión *f.* expression
expuesto (*p.p. of* **exponer**) exposed
extender (ie) to extend
extensión *f.* extension
extenso/a extensive
exterior *m.* abroad; *adj.* foreign
extracción *f.* extraction
extractivo/a extractive
extranjero/a *n.* foreigner; *adj.* foreign
extraño/a strange
extraterrestre *m.* extraterrestrial

F

fábrica factory
fabricación *f.* manufacturing
fabricar (qu) to manufacture
fabuloso/a fabulous
fachada facade
fácil easy
facilidad *f.* ease
facilitar to facilitate
factor *m.* factor
factura bill, invoice
facturado/a registered; invoiced
facultad *f.* school (*university*)
fallar to fail
falso/a false; fake
falta lack
faltar to be absent, lacking
fama fame; reputation
familia family
familiar *adj.* (*pertaining to*) family
familiarizarse (c) to become
    familiar with
famoso/a famous
fantasma *m.* ghost
fantástico/a fantastic
fascinante fascinating
fase *f.* phase
favor: a favor de in favor of;
    por favor please
favorecer (zc) to favor
favorito/a favorite
fax *m.* FAX
febrífugo/a *adj.* febrifuge
fecha date; **fecha de nacimiento**
    birthdate; **fecha de vencimiento**
    expiration date; **fecha límite**
    deadline
federal federal; **Distrito Federal
    (D.F.)** Federal District (Mexico
    City)

fehacientemente irrefutably
felicidad *f.* happiness
feliz (*pl.* **felices**) happy
femenino/a feminine
fenomenal phenomenal
fenómeno phenomenon
feria fair
feriado: día (*m.*) **feriado** holiday
ferretería hardware store
ferrocarril *m.* railroad
fértil fertile
festejar to celebrate
fibra fiber
ficción *f.* fiction
ficha index card
fiel loyal
fiesta party
fijar to set; **fijarse (en)** to take note
    (of), pay attention (to)
fijo/a fixed; **telefonía fija** land
    telephone line
filial affiliated; subsidiary
filosofía philosophy
fin *m.* end; **fin de semana** weekend;
    a fin de so that; in order to; **al
    fin y al cabo** after all; when all
    is said and done; **con el fin de**
    with the purpose of; **con fines de
    lucro** for profit; **en fin** in short;
    por fin finally; **sin fines de lucro**
    non-profit
final *m* end; **al final** at the end
finalidad *f.* objective
finalizar (c) to conclude, finish
financiación *f.* financing
financiamiento financing
financiar to finance
financiero/a financial
finanza finance
firma signature
firmar to sign
físico/a physical
fitosanitario/a *related to the health
    and care of plants*
flamante magnificent, splendid
flamenco/a *adj. pertaining to* fla-
    menco *music of Andalusia and
    southern Spain*
flan *m.* (baked) custard
flecha arrow
flexibilidad *f.* flexibility
flojo/a lazy
flor *f.* flower
florecer (zc) to flourish; to bloom
flotante *adj.* floating
fluctuar (fluctúo) to fluctuate

fluidez *f.* (*pl.* **fluideces**) fluidity
flujo flow
folleto brochure
fomentar to encourage, promote
fomento fostering, support
fondo fund; bottom; **fondo de
    ahorro** savings fund; **a fondo**
    thoroughly
fontanería plumbing
forma form; shape; **de tal forma** in
    such a way
formación *f.* education
formalización *f.* formalization
formar to form
formidable enormous
formular to formulate
formulario form (*to fill out*)
foro forum
forrado/a lined
fortalecer (zc) to strengthen
fortaleza strength
fortuna fortune; **por fortuna**
    fortunately
forzoso/a unavoidable
fósil *m.* fossil
foto(grafía) *f.* photo(graph)
fracasar to fail
fracaso failure
fracción *f.* fraction
fragilidad *f.* fragility
franca: zona franca duty-free zone
francés *m.* French (*language*)
francés, francesa (*pl.* **franceses/as**)
    French
Francia France
franquicia franchise
frase *f.* phrase
fraudulento/a fraudulent
frecuencia frequency; **con frecuencia**
    frequently
freír (frío) (*p.p.* **frito**) to fry
frenar to slow, halt
frente *f.* forehead; **frente a** *adv.*
    facing, in the face of; **hacer** (*irreg.*)
    frente a to face
fresco/a fresh
frijol *m.* bean
frío cold; **hace (mucho) frío** it's
    (very) cold (*weather*); **tener** (*irreg.*)
    frío to be cold
frito/a (*p.p.* **freír**) fried
frontera border
fructífero/a fruitful
frugalidad *f.* frugality
fruta fruit (*edible*)
fruto fruit, product

fuente *f.* source; fountain
fuera *adv.* outside
fuerte strong; **caja fuerte** safe, strongbox
fuerza strength; force; **fuerza laboral** work force
fulano (de tal) so-and-so
función *f.* function, duty
funcional functional
funcionamiento functioning
funcionar to function, work
funcionario/a civil servant; public official
fundador(a) *n.* founder; *adj.* founding
fundamento foundation
fundar to found
furioso/a furious
fusión *f.* fusion
fútbol *m.* soccer
futbolista *m., f.* soccer player
futuro future
futuro/a *adj.* future

G

gafas glasses
galería gallery
gama gamut, range
ganadería cattle raising, stockbreeding
ganadero/a *adj.* cattle, cattle-raising
ganador(a) winner
ganancia gain, profit
ganar to win; **ganar dinero** to earn money
gancho hook
garantía guarantee
garantizar (c) to guarantee
garganta throat
gas *m.* gas (*not for cars*)
gaseoso/a: bebidas gaseosas soft drinks
gasolina gasoline
gastar to spend
gasto expense, expenditure
gemelo/a twin
generación *f.* generation
general general; **en general** en general; **por lo general** in general
generalización *f.* generalization
generar to generate
género gender; genre
gente *f. s.* people
geocéntrico/a geocentric
geografía geography
geográfico/a geographic

geólogo/a geologist
gerencia management; manager's office
gerencial managerial
gerente *m., f.* manager
gesticular to gesticulate; to grimace
gestión *f.* step, measurer; management
gestionar to take steps; to manage
gestor(a) agent; manager, administrator
gigante *n. m., adj.* giant
gigantesco/a gigantic
gimnasio gymnasium
girar un cheque to draw a check
giro draft, transfer (*money*); **giro bancario** bank draft; credit tansfer
globalista *m., f. favoring or relating to globalism or globalization*
globalización *f.* globalization
globo globe
glóbulo globule
gloria glory
gobernador(a) governor
gobernante *adj.* governing
gobernar to govern
gobierno government
golosinas *pl.* candy
golpe *m.* blow
golpear to beat
gordo/a fat
gozar (c) to enjoy
grabación *f.* recording
gracias thank you; **gracias a** thanks to
gradación *f.* gradation
grado degree
graduarse (me gradúo) to graduate
gráfico/a graphic
gran, grande big, large; great
granizar (c) to hail
granja farm
gratis *adj. m., f.* free
gratuito free; gratuitous
gravamen *m.* tax; encumbrance
gravar to tax; to encumber
grave serious
Grecia Greece
griego *n.* Greek (*language*)
gripe *f.* flu
gritar to shout
grito *n.* shout
grosero/a rude
grueso/a thick
grupo group
guante *m.* glove

guapo/a good-looking
guardar to save, keep
guarecerse (zc) to take shelter, refuge
gubernamental governmental
guerra war
guía guidebook
guiar (guío) to guide
gustar to be pleasing
gusto like, preference, taste; **con gusto** with pleasure

H

haber (*irreg. infinitive form of* **hay**) to have; **hay** there is/are; **no hay duda** there is no doubt
habiente: cuenta habiente *m., f.* account holder
habilidad *f.* ability
habitación *f.* room
habitado/a inhabited
habitante *m., f.* inhabitant
hábito habit
hablar to speak; to talk
hacer *irreg.* (*p.p.* **hecho**) to do; to make; **hace (mucho) calor/frío** it's (very) hot/cold (*weather*); **hace + tiempo + pret.** it's been + time + pret.; **hace cuánto tiempo que...?** how long has it been since?; **hace un año** a year ago; **hacer una dieta** to be on a diet; **hacer ejercicio** to exercise; **hacer el papel** to play a role; **hacer énfasis en** to emphasize; **hacer frente a** to face; **hacer hincapié** to emphasize; **desde hace** for (*period of time*)
hacia towards
hacinamiento *n.* stacking
hallar to find
hallazgo *n.* finding
hambre *f.* hunger; **tener** (*irreg.*) **hambre** to be hungry
hamburguesa hamburger
harina flour
hasta *adv.* until; *prep.* until; up to; **hasta mañana** see you tomorrow; **hasta que** *conj.* until
hecho/a (*p.p. of* **hacer**) made; done
hecho *n.* fact, event; **de hecho** in fact
hermano/a brother, sister; *pl.* siblings
hermoso/a beautiful
herramienta tool
hervir (ie, i) to boil

hielo ice
higiene *f.* hygiene
hijo/a son, daughter; *pl.* children
hilo thread
hincapié: hacer (*irreg.*) **hincapié** to emphasize
hiperconsumismo hyper-consumerism
hiperglobalístico/a hyper-globalist
hipermercado hypermarket
hipocresía hypocrisy
hipoteca mortgage
hipotecario/a *adj.* mortgage
hispano/a Hispanic
Hispanoamérica (*Spanish-speaking*) Latin America
hispanoamericano/a Latin American
hispanohablante *adj. m., f.* Spanish-speaking
historia history; story
histórico/a historic, historical
hit *m.* hit
hogar *m.* home; hearth
hoja leaf; sheet; **hoja de vida** curriculum vitae
hola hi, hello
holandés, holandesa Dutch
hombre *m.* man; **hombre de negocios** businessman
honesto/a upright, honorable; honest
honorario fees; honorarium
hora hour; time
horario schedule
horchata: agua (*f., but* **el agua**) **de horchata** *sweet rice drink*
hornear to bake
horno oven
hospital *m.* hospital
hospitalario/a hospitable
hostigamiento (sexual) (sexual) harassment
hotel *m.* hotel
hoy today; **hoy (en) día** nowadays
huella mark; **dejar una huella** to make one's mark
hueso bone
huevo egg
huir (y) to flee
humanidades *f., pl.* humanities
humano/a human; **recursos humanos** human resources
humor *m.* humor; mood

I

identidad *f.* identity
identificación *f.* identification

identificar (qu) to identify
ideología ideology
ideológico/a ideological
idioma *m.* language
idiomático/a idiomatic
idóneo/a suitable, fit
iglesia church
ignorancia ignorance
ignorante ignorant
igual equal, same; **al igual que** just as
igualdad *f.* equality
igualmente likewise
ilegal illegal
ilegalidad *f.* illegality
ilícito/a illegal, illicit
ilimitado/a unlimited
iliquidez *f.* (*pl.* **iliquideces**) lack of liquidity
ilusión *f.* hope, dream
ilusionado/a excited, hopeful
imagen *f.* (*pl.* **imágenes**) image
imaginar(se) to imagine
imitar to imitate
impactar to impact
impacto impact
impagable unpayable
impagado/a unpaid
impago/a unpaid
impartir to give (*class*)
impedimento impediment, obstacle
impedir (i, i) to prevent
impensable unthinkable
imperativo *gram.* imperative
imperfecto *gram.* imperfect
implantación *f.* introduction
implantar to introduce
implementación *f.* implementation
implementar to implement
implicación *f.* implication
implicar (qu) to imply
imponer (*like* **poner**) to impose
importación *f.* importation
importador(a) importer; *adj.* importing
importancia importance
importante important
importar to matter; to import
importe *m.* price; total amount
imposibilidad *f.* impossibility
imposible impossible
imposición *f.* imposition
impregnado/a saturated
imprenta printing press
impreso/a printed
imprimir to print
improductivo/a unproductive

impuesto tax
impulsar to drive forward
impuntual impunctual
inalcanzable unattainable
inanimado/a inanimate
inaugurado/a inaugurated
inca *n. m., f.* Inca
incapaz (*pl.* **incapaces**) incapable
incentivar to provide (with) an incentive
incentivo incentive
incertidumbre *f.* uncertainty
incidente *m.* incident
incitar to incite
inclinarse to be inclined
incluir (y) to include
incluso/a including
incorporar(se) to incorporate
incorrecto incorrect
increíble incredible
incrementar(se) to increase
incremento increase
incumplimiento nonfulfillment
incumplir to fail to fulfill; to break
incursionar to penetrate
indefinido/a indefinite
independiente independent
independizarse (c) to become independent
indicación *f.* indication
indicador *m.* indicator
indicar (qu) to indicate
indicativo *gram.* indicative
índice *m.* index
indiferencia indifference
indígena *n. m., f.* indigenous person; *adj. m., f.* indigenous
indirecto/a indirect
individuo *n.* individual
indocumentado/a undocumented
índole *f.* nature, type
industria industry
industrialización *f.* industrialization
ineficacia inefficacy; ineffectiveness
ineficiencia inefficiency
ineluctable inevitable
ineludible unavoidable
inesperado/a unexpected
inestabilidad *f.* instability
inexperto/a inexperienced
infancia childhood
infantil *adj.* child; childish; children's
infinidad *f.* infinity
infinitivo *gram.* infinitive
infinito/a infinite

inflación *f.* inflation
influencia influence
influenciar to influence
influir (y) to influence
información *f.* information
informado/a informed
informar to inform
informática computer science
informe *m.* report
infraestructura infrastructure
ingeniero/a engineer
inglés *m.* English (*language*)
ingrediente *m.* ingredient
ingresar to enter
ingreso income; revenue
inherente inherent
inhibir to inhibit
iniciador(a) initiator
iniciar to initiate
iniciativa initiative
inicio beginning
injerencia interference
injusticia injustice
injusto/a unjust
inmaterial immaterial, intangible
inmediato/a immediate; de
    inmediato immediately
inmenso/a immense
inmigración *f.* immigration
inmigrante *m., f.* immigrant
inmigrar to immigrate
inmobiliario/a *adj.* real estate
inmueble: bienes (*m., pl.*)
    inmuebles real estate
inmundo/a filthy
innecesario/a unnecessary
innovación *f.* innovation
innovador(a) innovative
innovar to innovate
inocencia innocence
inocuo/a innocuous, harmless
insalubre unhealthy
insatisfecho/a unsatisfied
inscribir(se) (en) (*p.p.* inscrito) to
    sign up, register (for)
inscrito/a (*p.p. of* inscribir) enrolled,
    registered
insecticida insecticide
inseguro/a unsure
insistente insistent
insistir (en) to insist (on)
insolvencia insolvency
insostenible unsustainable
inspección *f.* inspection
instalación *f.* instalation
instalar to install

instancia instance
instante *m.* instant
instauración *f.* establishment
instaurar to establish
institución *f.* institution
instituir (y) to institute
instituto institute
instrucción *f.* instruction
instruir (y) to instruct
instrumentado/a orchestrated
instrumento instrument
insuficiencia insufficiency
insuficiente insufficient
insumo/a input
integración *f.* integration
integrante *m., f.* member
integrar to integrate
intelectual intellectual
inteligente intelligent
intención *f.* intention
intensidad *f.* intensity
intenso/a intense
intentar to try
interactivo/a interactive
interamericano/a inter-American
intercambiar to exchange
intercambio exchange
interculturalidad *f.* interculturality
interdependencia interdependence
interés *m.* interest; tasa de interés
    interest rate
interesante interesting
interesar to interest
interferencia interference
intermediación *f.* mediation
intermediario/a intermediary
internacional international
Internet *m.* Internet
interno/a internal; producto interno
    bruto (PIB) gross national
    product (GNP)
interrogar (gu) to interrogate,
    question
intervención *f.* intervention
intervenir (*like* venir) to intervene
íntimo/a intimate; private
intrínseco/a intrinsic
introducción *f.* introduction
introducir (zc) to introduce
invención invention
inventar to invent
inverosímil improbable; unlikely
inversión *f.* investment
inversionista *m., f.* investor
inversor(a) investor
invertir (ie, i) to invest

investigación *f.* investigation,
    research
investigador(a) investigator,
    researcher
invierno winter
invitado/a guest
invitar to invite
involucrar to involve; involucrarse
    to be involved
ir to go; ir a + *inf.* to be going to
    (*do something*); ir de compras to
    go shopping; ir (*irreg.*) de vaca-
    ciones to go on vacation; irse
    to leave
irregularidad *f.* irregularity
Italia Italy
italiano/a Italian
izquierda left side; left (*political*)

J

jabón *m.* soap
jamás never; not ever
Japón Japan
japonés, japonesa Japanese
jarra jar
jefe, jefa boss
jerarquía hierarchy
jitomate *m.* tomato (*Mex.*)
jornada workday
jornalero/a day laborer
joven *n. m., f.* (*pl.* jóvenes) youth;
    adj. young
joya jewel
jubilación *f.* retirement
jubilarse to retire
judicial: mandamiento judicial
    court order
juego game; juego de vídeo
    video game; juegos olímpicos
    Olympics
jugar (ue) (gu) a/al to play (*a game,
    sport*)
jugoso/a juicy
juicio trial; opinion; a juicio de in
    the opinion of
junta directiva board of
    directors
junto/a near, next to; junto con
    along with
juntos/as together
jurídico/a legal, juridical
justicia justice
justificar (qu) to justify
justo/a fair, just
juventud *f.* youth
juzgar (gu) to judge

K

kilómetro kilometer

L

labor *f.* job; work; piece of work
laboral *adj.* work; **día** (*m.*) **laboral** workday; **fuerza laboral** work force
lácteo *adj.* milk
lado side; **a un lado** to one side; **al lado** *prep.* alongside of; beside; next to; **por todos lados** everywhere; **por un/otro lado** on the one/other hand
ladrón, ladrona thief
lago lake
lamentarse (de) to complain (about)
lanzamiento launch
lanzar (c) to launch
laqueado/a lacquered
larga: a la larga in the end; in the long run
largo/a long; **largo plazo** long term
lástima shame; **es una lástima** it's a pity
lastimar to hurt, injure
lata can (*container*)
latido beat (*heart*)
latín *m.* Latin (*language*)
latino/a Latin; **América Latina** Latin America; **Comisión Económica para América Latina (CEPAL)** Economic Commission for Latin America and the Caribbean (ECLAC)
Latinoamérica Latin America
latinoamericano/a Latin American
lavado de dinero money laundering
lavar to wash; **lavar dinero** to launder money
laxo/a lax
lealtad *f.* loyalty
lección *f.* lesson
leche *f.* milk
lector(a) reader
lectura reading
leer (y) to read
legal legal; **billete** (*m.*) **de curso legal** legal tender; **papel** (*m.*) **de curso legal** legal tender
legalización *f.* legalization
legislativo/a legislative
legitimidad *f.* legitimacy
legítimo/a legitimate
lejanía distance
lejano/a distant

lejos de *prep.* far from
lema *m.* motto
lengua tongue; language
lenguaje *m.* language
lento/a slow
letra letter (*alphabet*)
levantar to raise, lift; **levantarse** to get up
levemente lightly
ley *f.* law
libanés, libanesa Lebanese
liberación *f.* liberation
liberalización *f.* liberalization
liberar to free, liberate
libertad *f.* liberty
libre free; **economía de libre mercado** free-market economy; **Tratado de Libre Comercio (TLC)** North America Free Trade Agreement (NAFTA); **Tratado de Libre Comercio de América del Norte (TLCAN)** North America Free Trade Agreement (NAFTA)
libreta de cheques checkbook
libro book
licencia licence
licenciado/a person with a Bachelor's degree
licenciamiento dismissal
licenciarse to earn a Bachelor's degree
licenciatura Bachelor's degree
lícito/a legal
licuadora blender
licuar to liquefy
líder *m., f.* leader
liderazgo leadership
lidiar to fight
ligero/a light
limitación *f.* limitation
limitante *adj.* limiting
limitarse (a) to limit oneself (to)
límite limit; **fecha límite** deadline
limón *m.* lime
limpiar to clean
limpio/a clean
lindo/a pretty, lovely
línea line
lineamiento lineament, feature
lingüístico/a linguistic
liquidación *f.* licuadation
liquidar to liquidate
líquido liquid
lista list
listado/a listed
listo/a ready
literatura literature

litigante *m., f.* litigant
litro liter
llamada (telephone) call
llamar to call; **llamarse** to be called
llamativo/a ostentatious; flashy; showy
llegada arrival
llegar (gu) to arrive
llenar to fill
llevar to wear; to carry; **llevar a cabo** to carry out
llorar to cry
llover (ue) to rain; **llueve** it's raining
lloviznar to drizzle, mist
lobo wolf
localizar (c) to locate
loco/a crazy; **enfermedad de la vaca loca** mad cow disease; **volverse (ue) loco/a** to go crazy
lógico/a logical
logística *s.* logistics
logístico/a logistical
logotipo logotype
lograr to achieve, manage
logro achievement
Londres London
longitud *f.* longitude
luchar to fight
lucro gain; profit; **con fines de lucro** for profit; **sin fines de lucro** non-profit
luego later
lugar *m.* place; **dar** (*irreg.*) **lugar a** to give rise to; **en primer lugar** in the first palce; **poner** (*irreg.*) **en su lugar** to put in its place; **tener** (*irreg.*) **lugar** to take place
lujo luxury
lujoso/a luxurious
luminoso/a luminous; bright
luna moon
lustroso/a shiny
luz (*pl.* **luces**) light

M

macroeconomía macro economy
macroeconómico/a macroeconomic
madera wood
madre *f.* mother; **madre patria** motherland
madrugar (gu) to get up early
madurez *f.* maturity
maestría Master's degree
maestro/a *n.* teacher; *adj.* master
magia magic
magistrado/a magistrate

magnate *m.* magnate

mago: Reyes (*m. pl.*) **Magos** the Three Kings (Magi)

magro/a gaunt

maíz *m.* corn

mal *n.* evil; *adv.* poorly; badly

mal, malo/a *adj.* bad

malbaratar to sell off

maleta suitcase

malgastar to waste; to squander

malsano/a unhealthy

maña skill; ability

mañana tomorrow; **hasta mañana** see you tomorrow

manchar to stain

mancomunado/a associated, joint

mandamiento judicial court order

mandar to send; to order (*someone to do something*)

mandato *gram.* command

mando command

manejo administration; operation; handling

manera way, manner; **a manera de** by way of; **de alguna manera** in some way; **de la misma manera** similarly; in the same way; **de la siguiente manera** in the following way; **de tal manera que** in such a way that

manifestar (ie) to manifest

manifiesto/a clear, evident

manipulación *f.* manipulation

manipular to manipulate

maniquí *m.* (*pl.* **maniquíes**) mannequin

mano *f.* hand; **mano de obra** labor, work-force; **darse** (*irreg.*) **la mano** to shake hands; **tener** (*irreg.*) **a mano** to have on hand

mantel *m.* tablecloth

mantener (*like* **tener**) to maintain

mantenimiento maintenance

manual *n. m.* manual; *adj.* manual

manufactura *n.* manufacturing

manufacturar to manufacture

manufacturero/a *adj.* manufacturing

manzana block (*city*)

mapa *m.* map

mapeo *n.* mapping

maquila(dora) *large factory located in developing country to take advantage of lower wages*

máquina machine; **máquina de escribir** typewriter

maquinaria machinery

mar *m.* sea

maravilla wonder, marvel

marca brand

marcar (qu) to mark

marcha march; **dar** (*irreg.*) **marcha atrás** to go into reverse; to go back; **poner** (*irreg.*) **en marcha** to start (up)

marco frame

marfil *m.* ivory

margen *m.* (*pl.* **márgenes**) margin

marítimo/a maritime; sea, marine

marketing *m.* marketing

más more; **más allá de** beyond; **cada vez más** increasingly

masa mass; **comunicación** (*f.*) **de masas** mass communication

masivo/a massive

matemáticas mathematics

materia material; **materia prima** raw material

matriz (*pl.* **matrices**) original; **casa matriz** headquarters

maximizar (c) to maximize

maya *n., adj. m. f.* Maya

mayor older; oldest; greater; greatest

mayoreo wholesale

mayoría majority

mayormente especially

mecánico/a mechanical

mecanismo mechanism

mecanización *f.* mechanization

mediador(a) mediator

mediados: a mediados half-way; **a mediados de** in the middle of

mediano/a medium; **pequeña y mediana empresas (PYME)** small and medium enterprises (SME)

mediante by means of

mediar to intercede

mediatizado/a to be mediated

médico/a medical

medida measure; measurement; **a medida que** in accordance with; according to; **tomar medidas** to take measures

medio *n.* medium; means; **medio ambiente** environment (*nature*); **medios de comunicación** mass media; **en medio de** in the middle of; **por medio de** by means of

medio/a *adj.* half; middle; average; **Edad Media** Middle Ages

medioambiental environmental

medir (i, i) to measure

mejor better; best; **mejor dicho** rather

mejora improvement

mejorar to improve

melancolía melancholy

melena hair

memorando memorandum

mencionar to mention

menor less; least

menos less; least; minus; **a menos que** *conj.* unless; **al menos** at least; **por lo menos** at least

mensaje *m.* message

mensualidad *f.* monthly payment

mensualmente monthly

mentalidad *f.* mentality

mente *f.* mind; **tener** (*irreg.*) **en mente** to have in mind

mentir (ie, i) to lie

mentira lie

menudear to do frequently; to work for little money

menudo spare change; **a menudo** often

mercadeo marketing

mercader *m.* merchant

mercado market; **economía de libre mercado** free-market economy; **mercado bursátil** stock market

mercadotecnia marketing

mercancía merchandise

mercante *m., f.* merchant

mercantil commercial

mercantilismo mercantilism

merecer (zc) to deserve

mérito merit

mero/a mere

mes *m.* month; **cada mes** every month; **el próximo mes** next month

mesa table

mesero/a waiter/waitress

meta goal

metálico/a metallic

meter to put; **meter la pata** to make a mistake; **meterse en** to get into

metro meter

metrópoli *f.* metropolis

mexicano/a *n., adj.* Mexican

mexicanoamericano/a *n., adj.* Mexican American

mezcla mix

mezclar to mix

microcrédito microcredit

microeconomía micro economy

microprocesador *m.* microprocessor
miedo fear
miel *f.* honey
miembro member
mientras while; *conj.* **mientras que** while
migración *f.* migration
mil *m.* thousand, one thousand
mil millones billion
milenarismo millennialism
militar military
militarizar (c) to militarize
millón *m.* million; **mil** (*m.*) **millones** billion
millonario/a millionaire
mina mine
mineral *m.* mineral
minero/a *adj.* mining
miniconferencia mini lecture
mínimo/a minimal
minoría minority
minoritario/a *adj.* minority
minuciosidad *f.* meticulousness; thoroughness
minuto minute
miope nearsighted
mirar to look at, watch
miseria misery; destitution; extreme poverty
misión *f.* mission
mismo/a *adj.* same; **de la misma manera** similarly; in the same way; **lo mismo** the same thing
mitad *f.* half
mito myth
mitología mythology
mixto/a mixed
mochila backpack
moda fashion; **estar** (*irreg.*) **a la moda** to be in style
modalidad *f.* modality
modelo model
moderado/a moderate
moderar to moderate
modernización *f.* modernization
modernizar (c) to modernize
moderno/a modern
modificación *f.* modification
modificar (qu) to modify
modo way, manner; **a su modo de** in his/her/your (*form.*) way of; **de cualquier modo** at any rate
mojado/a wet
molde *m.* mold
molestar to bother; to annoy; **molestarse** to become annoyed

momentáneo/a momentary
momento moment
moneda coin; currency
monetario/a monetary
monopolio monopoly
monstruo monster
montaña mountain
montar to ride; **montar a caballo** to ride a horse
monto total; sum
moráceo/a *pertaining to the Moraceae family of plants*
moratoria moratorium
morder (ue) to bite
moreno/a brunet(te)
morir (ue, u) (*p.p.* **muerto**) to die
morosidad *f.* lateness; arrears of payment
mortífero/a deadly, fatal
mostrar (ue) to show
motivación *f.* motivation
motivar to motivate
motivo motive
motocicleta motorcycle
motor *m.* motor; driving force
mover(se) (ue) to move
móvil mobile; changeable; **telefonía móvil** mobile telephony
movimiento movement
muchacho/a boy, girl
mucho *adv.* a lot, much
mucho/a *adj.* a lot (of); *pl.* many; **hace mucho frío** it's very cold (*weather*); **muchas veces** often
mudanza *n.* move (*from one house to another*)
mudarse to move (*houses*)
mueble *m.* piece of furniture
muerto/a (*p.p. of* **morir**) dead; **Día de los Muertos** Day of the Dead
muestra sample
mujer *f.* woman
multidoméstico/a *composed of multiple elements within the nation*
multilingüe multilingual
multimillonario/a multimillionaire
multinacional multinational
múltiple multiple
multiplicación *f.* multiplication
multiplicarse (qu) to multiply
multitud *f.* multitude
mundial *adj.* world; **Organización** *f.* **Mundial del Comercio (OMC)** International Chamber of Commerce (ICC)

mundialización *f.* globalization
mundialmente world-wide
municipio municipality; district
muralla city wall
muro wall
museo museum
música music
mutuo/a mutual

N

nacer (zc) to be born
naciente nascent
nacimiento: fecha de nacimiento birthdate
nación *f.* nation
nacional national
nacionalización *f.* nationalization
nada nothing, not anything
nadie no one, nobody, not anybody
napolitano/a Neapolitan
naranja orange (*fruit*)
narcotraficante *m., f.* drug dealer/smuggler
narcotráfico drug trafficking
natal *adj.* native
nativo/a native
Navidad *f.* Christmas; **bono de Navidad** Christmas bonus
navideño/a *adj.* Christmas
necesario/a necessary
necesidad *f.* necessity
necesitar to need
negativo/a negative
negociación *f.* negotiation
negociar to negotiate
negocio business; **hombre** (*m.*) **de negocios** businessman
negrilla boldface
negro/a black
neoliberalismo Neoliberalism
neologismo neologism
neón neon
neoyorquino/a *adj.* pertaining to New York
nepotismo nepotism
nervioso/a nervous
netamente purely
neutro/a neutral
nevar (ie) to snow; **nieva** it's snowing
ni neither; nor; not even; **ni… ni…** neither … nor …
nicho niche
ningún, ninguna no, none, not any
niño/a small child; boy, girl
nivel *m.* level

no no; not; **no obstante** nevertheless

noche *f.* night; **Noche de Brujas** Halloween

noción *f.* notion

nombre *m.* name

nómina payroll

nominativo/a bearing a person's name

norma norm, rule, standard

norte *m.* North; **Carolina del Norte** North Carolina

Norteamérica North America

norteamericano/a *n., adj.* North American

Noruega Norway

nota note; grade; **sacar (qu) buenas notas** to get good grades

notar to note

noticia piece of news; *pl.* news

notificador(a) notifying

notorio/a notorious

novela novel

novelista *m., f.* novelist

novio/a boyfriend/girlfriend; fiancé(e); groom, bride

nuevamente again; recently

nuevo/a new; **Nueva York** New York

número number

nunca never, not ever

nutricional nutritional

O

obedecer (zc) to obey

objeción *f.* objection

objetado/a objected

objetivo objective

objeto object

obligación *f.* obligation

obligar (gu) to force

obligatorio/a compulsory; required

obra work; **mano** (*f.*) **de obra** labor, workforce

obrero/a laborer

observar to observe

obsolescencia obsolescence

obstáculo obstacle

obstante: no obstante nevertheless

obtener (*like* **tener**) to obtain

ocasión *f.* occasion

ocasionar to cause

occidental *adj.* western

occidente *m.* west

ocio leisure time

ocioso/a recreational

ocultar to hide

ocupación *f.* occupation

ocupacional occupational

ocupado/a busy

ocupar to occupy; **ocuparse** to look after

ocurrir to occur

odre *m.* wineskin

ofender to offend

ofensivo/a offensive

oferente offering

oferta offer

oficial official

oficina office

oficio trade (*profession*)

ofrecer (zc) to offer

oído inner ear

oír *irreg.* to hear

ojalá (que) I hope (that)

ojo eye; **¡ojo!** watch out!

oler *irreg.* to smell

olímpico: juegos olímpicos Olympics

olor *m.* smell, odor

olvidar to forget

OMC (Organización *f.* **Mundial del Comercio)** ICC (International Chamber of Commerce)

omitir to omit

onza ounce

opción *f.* option

ópera opera

operación *f.* operation; **operación bancaria** banking transaction

operador(a) operator

operar to operate

operativo/a operative; **sistema** (*m.*) **operativo** operating system

opinar to think; to have, express an opinion

opinión *f.* opinion

oportunidad *f.* opportunity

oposición *f.* opposition

optar (por) to opt (for)

optimista *n. m., f.* optimist; *adj. m., f.* optimistic

optimización *f.* optimization

optimizar (c) to optimize

opuesto/a opposite

oración *f.* sentence

orden *f.* order (*command*); *m.* order (*list*)

ordenado/a neat

ordenante ordering

orfebre *m., f.* goldsmith; silversmith

orgánico/a organic

organigrama *m.* organizational chart

organización *f.* organization; **Organización** *f.* **Mundial del Comercio (OMC)** International Chamber of Commerce (ICC)

organizar (c) to organize

órgano organ

orgullo pride

orgulloso/a proud

orientación *f.* orientation

orientado/a oriented

oriente *m.* east

origen *m.* (*pl.* **orígenes**) origin

originario/a originating; native

oriundo/a native

oro gold

ortografía spelling

oscuro/a dark

ostentar to show off; to flaunt

otorgar (gu) to grant

otro/a other; another; **por otro lado** on the other hand

oxígeno oxygen

P

paciencia patience; **tener** (*irreg.*) **paciencia** to be patient

pactar to make a pact; to come to an agreement

pacto pact, agreement

padecer (zc) to suffer

padre *m.* father

pagar (gu) to pay; **pagar las cuentas** to pay the bills

página page; **página Web** Web page

pago payment

país *m.* country; **país en vías de desarrollo** developing country

paisaje *m.* landscape

paja straw

palabra word

pan *m.* bread

panadero/a baker

pancarta poster, placard

panfleto pamphlet

pánico panic

panorama *m.* panorama

pantalla screen

papel *m.* paper; role; **papel de curso legal** legal tender; **hacer** (*irreg.*) **el papel** to play a role

papeleo paper work

papitas *pl.* chips

paquete *m.* package

par (*f.*): **a la par** at the same time; together

par *m.* pair

para *prep.* (intended) for; in order to; **para** + *inf.* in order to (*do something*); **para colmo** to top it all off; **para que** *conj.* so that

paraje *m.* place

paralelo parallel

parámetro parameter

parar(se) to stop

parcial partial; **tiempo parcial** part-time

parecer (zc) to seem; **parecerse a** to look like

parecido resemblance; likeness

pared *f.* wall

pareja partner; (married) couple

pariente *m., f.* relative

párpado eyelid

parque *m.* park

párrafo paragraph

parte *f.* part; **por otra parte** on the other hand; **por una parte** on one hand; **tomar parte en** to take part in

parteaguas *m. s., pl.* turning point

participación *f.* participation

participar to participate

particular particular; peculiar; private (*instruction*)

particularidad *f.* peculiarity

partido game, match (*sports*)

partido/a split

partir: a partir de… as of . . . ; from (*point in time*) on

pasado *n.* past

pasado/a *adj.* last; past

pasajero/a passenger

pasaporte *m.* passport

pasar to happen; to pass; to spend (*time*)

pasear to take a walk, stroll; to go for a ride

paseo walk, stroll; **dar** (*irreg.*) **un paseo** to go for a walk

pasillo hallway

pasivo/a passive

paso step

pastel *m.* cake

pastor alemán German shepherd

pata foot (*animal*); **meter la pata** to make a mistake

patente *m.* patent

patológico/a pathological

patria homeland; **madre** (*f.*) **patria** motherland

patrimonio patrimony

patrocinado/a sponsored

patrón *m.* pattern

patrón, patrona boss

paulatino/a slow; gradual

pauta rule, guideline

paz *f.* (*pl.* **paces**) peace

pecuario/a *adj.* (of) livestock

pedazo piece

pedir (i, i) to ask for; to order (*in a restaurant*); **pedir disculpas** to apologize; **pedir un préstamo** to ask for a loan, borrow

pegar (gu) to adhere, stick

película movie; **ver** (*irreg.*) **una película** to watch a movie

peligro danger; **correr el peligro de** to run the risk of; **poner** (*irreg.*) **en peligro** to place in danger

peligroso/a dangerous

pelo hair

peluca wig

peluquería barber shop; salon

pena: es una pena que it's a shame that

pendiente: estar (*irreg.*) **pendiente** to be pending

penetrar to penetrate

pensador(a) thinker

pensar (ie) (en) to think (about); **pensar de** to think of

penumbra semi-darkness; shadow

peón *m.* laborer; farm laborer

peor worse

pequeño/a small; **pequeña y mediana empresas (PYME)** small and medium enterprises (SME)

percepción *f.* perception

percibir to perceive

perder (ie) to lose

pérdida loss

perdón pardon; forgiveness

perdonar to pardon; to excuse

perdurar to last a long time

perecer (zc) to perish

perezoso/a lazy

perfecto/a perfect

perfil *m.* profile

perfumado/a perfumed

periferia periphery

periódico *n.* newspaper

periódico/a *adj.* periodical

periodista *m., f.* journalist

período period

perjudicar (qu) to harm, injure; to damage

perjudicial harmful; damaging

permanecer (zc) to remain, stay

permanente permanent

permiso permission

permitir to permit, allow

permuta exchange

pernicioso/a pernicious

perplejo/a perplexed

perro dog

persistir (en) to persist (in)

personaje *m.* character

personal *adj.* personal; **aseo personal** personal hygiene

personal *m.* personnel

personalidad *f.* personality

perspectiva perspective

persuadir to persuade

pertenecer (zc) to belong

perteneciente *adj.* belonging (to)

pertinente pertinent

peruano/a Peruvian

perverso/a perverse

pesadilla nightmare

pesado/a heavy

pesar to weigh; **pese a** despite; **a pesar de** in spite of

pescado fish (*cooked*)

pesquero/a *adj.* fishing

peso weight; **bajar de peso** to lose weight

petición *f.* petition; request

petróleo petroleum, oil

petrolero/a *adj.* petroleum, oil

PIB (producto interno bruto) GNP (gross national product)

picante spicy, hot

picar (qu) to be hot (*taste*)

picazón *f.* itch

pie *m.* foot

piedra stone

piel *f.* skin

pierna leg

pieza piece

pilar *m.* pillar

piñata *decorated clay pot filled with candy suspended by a rope and broken by blindfolded children*

pino pine

pintar to paint

pintor(a) painter

pintura paint

piqueta pickaxe

pirámide *f.* pyramid

pirateado/a *adj.* pirated, bootleg

piscina swimming pool

piso floor

plan *m.* plan

plancha iron
planchar to iron
planeación *f.* planning
planear to plan
planeta *m.* planet
planificación *f.* planning
plano/a flat
planta plant
plantear to set forth; to expound
plantilla payroll; employees
plástico/a plastic
plata silver
platero/a silversmith
platicar (qu) to chat
plato dish (*plate*); dish; course
plazo period (*of time*); **a corto plazo** short term; **a largo plazo** long term; **largo plazo** long term
plomería plumbing
pluma pen
pluralizado/a *gram.* pluralized
pluscuamperfecto *gram.* pluperfect
población *f.* population
poblado/a populated
pobre poor
pobreza poverty
poco *adv.* little
poco/a *adj.* little, few
poder *irreg.* to be able to, can
poder *m.* power; **poder adquisitivo** purchasing power
poderoso/a powerful
poema *m.* poem
polémico/a controversial
policéntrico/a occurring in multiple locations
policía *m., f.* police officer; *f.* police (*force*)
política *s.* politics; policy (*legal*)
político/a *n.* politician; *adj.* political
póliza policy (*document*); **sacar (qu) una póliza** to take out a policy
polvo dust
ponche *m.* punch (*drink*)
poner *irreg.* to put, place; **poner atención** to pay attention; **poner en ciruclación** to begin to circulate; **poner en marcha** to begin; **poner en práctica** to put into practice; **poner en su lugar** to put in its place; **ponerse en contacto con** to get into touch with; **poner en peligro** to place in danger
popularidad *f.* popularity
popularización *f.* popularization
populista *n., adj.* populist

por *prep.* about; because of; by; for; through; during; along; by way of; **al por mayor** wholesale; **por adelantado** in advance; **por ciento** percent; **por consecuencia** consequently; therefore; **por consiguiente** consequently, therefore; **por desgracia** unfortunately; **por ejemplo** for example; **por el contrario** on the contrary; **por encima de** above; **por eso** therefore; **por favor** please; **por fin** finally; **por fortuna** fortunately; **por lo general** in general; **por lo menos** at least; **por lo tanto** therefore; **por medio de** by means of; **por otra parte** on the other hand; **por otro lado** on the other hand; **por primera vez** for the first time; **¿por qué?** why?; **por supuesto** of course; **por todos lados** everywhere; **por un lado** on the one hand; **por una parte** on one hand
porcentaje *m.* percentage
poroso/a porous
portada front
portador(a) bearer
portal *m.* portal
porte *m.* transport
portería gate; doorman's area
portugués *m.* Portuguese (*language*)
portugués, portuguesa Portuguese
poseer to possess
posesión *f.* possession
posesivo/a possessive
posguerra postwar
posibilidad *f.* possibility
posible possible
posición *f.* position
positivo/a positive
posponer (*like* **poner**) to postpone
postergar (gu) to postpone
postre *m.* dessert
postularse to run for (*office*); to be a candidate for
potable: agua (*f., but* **el agua**) **potable** potable water
potencial *m.* potential; *adj.* potential
pozo well
práctica practice; **poner** (*irreg.*) **en práctica** to put into practice
practicar (qu) to practice
práctico/a practical
preceder to precede
precio price
precioso/a precious
precipitar to rush; to hasten

precisar to specify
preciso/a precise; clear
precolombino/a pre-Columbian
predecesor(a) predecessor
predecir (*like* **decir**) to predict
predicado *gram.* predicate
predicción *f.* prediction
predominar to predominate
preferencia preference
preferible preferable
preferir (ie, i) to prefer
prefigurar to foreshadow
pregonero/a town crier
pregunta question
preguntar to ask (*a question*)
prehistórico/a prehistoric
preliminar preliminary
premiado/a awarded
premio prize; award
premisa premise
prenda article of clothing
prender to turn on (*lights or an appliance*)
prensa press (*media*)
preocupación *f.* worry
preocupado/a worried
preocupar(se) to worry
preparación *f.* preparation
preparar to prepare
preparativo preparation
preparatoria high school
preposición *f. gram.* preposition
preposicional *gram.* prepositional
presa catch; prize; quarry
prescindible dispensable
prescindir to ignore; to disregard
presencia presence
presentación *f.* presentation
presentar to present
presente *m.* present (*time*); *gram.* present tense
presidencia presidency
presidente/a president
presión *f.* pressure
prestación *f.* benefit (*of employment*)
préstamo loan; **pedir (i, i) un préstamo** to ask for a loan, borrow
préstamo: pedir un préstamo to ask for a loan
prestar to lend; **prestar atención** to pay attention
prestigio prestige
presupuestario/a budgetary
presupuesto budget
pretender to seek; to be after
pretérito *gram.* preterit

prevalecer (zc) to prevail
prevenir (*like* **venir**) to prevent
prever (*like* **ver**) (*p.p.* **previsto**) to foresee; to anticipate
previo/a: previa consulta con after consulting with
previsto/a (*p.p. of* **prever**) foreseen; predicted
primer, primero/a *adj.* first; **en primer lugar** in the first place; **por primera vez** for the first time
primitivo/a primitive
primo/a: materia prima raw material
principal main; principle
príncipe *m.* prince
principio beginning; **al principio** at first; **en principio** in principle
prioridad *f.* priority
prisa: darse (*irreg.*) **prisa** to hurry
privación *f.* deprivation
privado/a private
privatización *f.* privatization
privatizar (c) to privatize
privilegiado/a privileged
privilegio privilege
probabilidad *f.* probability
probar (ue) to try
problema *m.* problem
problemático/a problematic
procedente *m.* coming from
proceder to come; to proceed
procedimiento procedure
procesador *m.* processor
procesar to process
proceso process
procrear to procreate
procurar to procure
producción *f.* production
producir (zc) to produce
productividad *f.* productivity
productivo/a productive
producto product; **producto interno bruto (PIB)** gross national product (GNP)
productor(a) *m.* producer; *adj.* producing
profecía prophesy
profesión *f.* profession
profesional professional
profesor(a) professor
profundidad *f.* depth
profundizar (c) to deepen
profundo/a deep
profuso/a profuse
programa *m.* program
programación *f.* programming

progresar to progress
progresista *adj. m., f.* progressive
progreso progress
prohibición *f.* prohibition
prohibir (prohíbo) to prohibit
proliferación *f.* proliferation
proliferante proliferating
proliferar to proliferate
prolongar (gu) to prolong
promedio average
promesa promise
prometer to promise
promoción *f.* promotion
promotor(a) promoter
promover (ue) to promote
pronombre *gram.* pronoun
pronto soon; **tan pronto como** a soon as
pronunciación *f.* pronunciation
propagarse (gu) to propagate; to spread
propiciar to appease; to favor
propicio/a favorable
propiedad *f.* property
propietario/a proprietary
propio/a *adj.* own
proponer (*like* **poner**) to propose
proporción *f.* proportion
proporcionar to provide
propósito purpose
propuesta proposal
prosperidad *f.* prosperity
próspero/a prosperous
protección *f.* protection
proteccionismo protectionism
proteccionista *adj. m., f.* protectionist
proteger (j) to protect
proteína protein
protesta *n.* protest
protestar to protest
protocolo protocol
provecho profit; benefit; **sacar (qu) provecho** to benefit from; to profit by
provechoso/a beneficial
proveedor(a) provider
proveer to provide
proveniente *adj.* originating
provenir (*like* **venir**) to come from; to arise from
provincia province
provocar (qu) to provoke
proximidad *f.* proximity
próximo/a next; **el próximo mes** next month; **la próxima semana** next week

proyecto project
prudencia prudence
prueba test
psicología psychology
psicólogo/a psychologist
psicotrópico/a psychotropic
publicar (qu) to publish
publicidad *f.* publicity
público *n.* public; audience
público/a public
pueblo town
puerta door
puerto port
puesto job; position
pujante strong; vigorous
puñado handful
puñetazo punch (*fist*)
punta: de punta latest
puntal *m.* support; base; foundation
punto point; **a punto de** about to; **en punto** on the dot (*time*)
puntual punctual
puro/a pure
PYME (pequeña y mediana empresas) SME (small and medium enterprises)

Q

que that; which; who; **así que** therefore, consequently, so; **desde que** *conj.* since
¿qué? what? which?; **¿por qué?** why?; **¿qué tal?** how are you (doing)?
quebrar (ie) to break
quedar to remain, be left; to be situated; **quedarse** to stay, remain (*in a place*)
quehacer *m.* chore
quemar to burn
querer *irreg.* to want; **querer decir** to mean
quiebra bankruptcy
quien(es) who, whom
¿quién(es)? who?; whom?
quimera chimera; pipedream
quina quinine
quincenal fortnightly
quitar to remove
quizá(s) perhaps

R

radiante radiant, shining
radicar (qu) to be situated in
radio *m.* radio (*apparatus*); *f.* radio (*medium*)

radiodifusión *f.* broadcasting
radiofónico/a *adj.* radio
radioteatro serial radio program
radioyente *m., f.* radio listener
raíz (*pl.* **raíces**) root; **bienes** (*m. pl.*) **raíces** real estate
ramo branch
rango rank
rapidez *f.* rapidity
rápido/a *adv.* quickly
rápido/a fast; **comida rápida** fast food
rascarse (qu) to scratch oneself
rata rat
raza race
razón *f.* reason; **(no) tener razón** to be right (wrong)
razonable reasonable
reacción *f.* reaction
real real; royal
realidad *f.* reality
realización *f.* realization
realizar (c) to achieve, attain
reaparecer (zc) to reappear
rebaja sale, reduction
rebelión *f.* rebellion
recaudar fondos to collect funds
recaudo collection
recepción *f.* reception
receta recipe; prescription
rechazar(c) to reject
rechazo rejection
recibir to receive
recibo receipt
reciclable recyclable
reciclaje *m.* recycling
recién *adv.* newly, recently
reciente recent
recipiente container
reclamar to claim
reclutamiento *n.* recruiting
reclutar to recruit
recobrar to recover
recoger (j) to pick up
recolectar to gather
recomendación *f.* recommendation
recomendar to recommend
recompensa recompense; reward
recóndito/a secret; hidden
reconocer (zc) to recognize
reconocimiento recognition
Reconquista *period from 718 to 1492 when the Spanish battled the Muslims for territories on the Tberian Peninsula*
reconstruir (y) to reconstruct
recordar (ue) to remember

recorrer to travel across
recorte *m.* cutback
recreación *f.* recreation
recriminación *f.* recrimination
recuerdo memory
recuperación *f.* recuperation
recuperar(se) to recuperate
recurrir a to turn to; to resort to
recurso resource; **recursos humanos** human resources
red *f.* network; **Red** Internet
redactar to write; to draft
rédito interest; yield
redituable *adj.* interest yielding
reducir (zc) to reduce
reemplazar (c) to replace
reemplazo replacement
reescribir to rewrite
reestructuración *f.* reorganization
referencia reference; **carta de referencia** letter of reference
referir(se) (ie, i) (a) to refer (to)
refinación *f.* refining
reflejar to reflect
reflexión *f.* reflection
reflexionar to reflect, think
reflexivo/a *gram.* reflexive
reforma reform
reforzar (ue) (c) to reinforce
refrán *m.* proverb, saying
refresco soft drink
refrigerador *m.* refrigerator
regar (ie) (gu) to water
régimen *m.* (*pl.* **regímenes**) regimen
región *f.* region
regir(se) (j) (i, i) to rule, govern
registrar(se) to register (oneself)
registro record
regla rule
reglamento regulation
regresar to return
regulación *f.* regulation
regular to regulate
rehusar (rehúso) to refuse; to turn down
reina queen
reinar to reign
reino kingdom
reintegrar to reintegrate
reír(se) (río) (i, i) to laugh
relación *f.* relation; relationship
relacionarse to interact
relativo/a relative
religión *f.* religion
religioso/a religious
rellenar to fill, stuff

reloj *m.* watch, clock
reluciente shiny
relucir (zc) to shine; to bring out
remate: de remate final
remesa consignment; remittance
remojar to soak
remoto/a remote, distant
remover (ue) to remove
remuneración *f.* remuneration, compensation
remunerar to remunerate, compensate
Renacimiento Renaissance
rendimiento performance; yield
rendirse (i, i) to surrender; to submit
renombre renown
renovación *f.* renovation
renovar to renovate
renta income
rentabilidad *f.* profitability
rentable profitable
renunciar del trabajo to quit one's job
reorganizarse (c) to reorganize
reparación *f.* repair; reparation
reparar to repair
repartir to distribute
reparto distribution
repasar to review
repente: de repente suddenly
repentino/a sudden
repercusión *f.* repercussion
repercutir to have repercussions
repetición *f.* repetition
repetir (i, i) to repeat
repetitivo/a repetitive
repleto/a (de) full (of); replete (with)
reporte *m.* report
representación *f.* representation; depiction
representante *m., f.* representative
representar to represent
representativo/a representative
represión *f.* repression
reproducción *f.* reproduction
reproducirse (zc) to reproduce
república republic
republicano/a Republican
reputación *f.* reputation
requerir (ie, i) to require
requisito requirement
resaltar to stand out
rescatar to rescue
rescate *m.* rescue
reserva reservation; **a reserva de** except for

reservación *f.* reservation
residencial residential
residente *m., f.* **resident**
residuo residue
resolver (ue) (*p.p.* **resuelto**) to resolve
resonancia: caja de resonancia soundboard
respaldar to back, support
respectivo/a respective
respecto: al respecto in this respect; **(con) respecto a** with regard to, with respect to
respetado/a respected
respeto respect
respirar to breath
responder to respond
responsabilidad *f.* responsibility
responsabilizar(se) to make responsible (for)
responsable responsible
respuesta answer, response
restante *adj.* remaining
restar(se) to subtract, take away
restaurante *m.* restaurant
resto rest; *pl.* remains
restricción *f.* restriction
restrictivo/a restrictive
restringir (j) to restrict; to limit
resuelto/a (*p.p. of* **resolver**) resolved
resultado result
resultar to result
resumen *m.* (*pl.* **resúmenes**) summary
resumir to summarize
resurgimiento resurgence
resurgir (j) to reappear; to rise up again
retención *f.* retention
retener (*like* **tener**) to retain
retirar(se) to withdraw
retiro retirement
reto challenge
retórica rhetoric
retorno return
retrasar to delay; to slow down
retraso delay; slowness
retribución *f.* retribution
retribuir (y) to pay
retroalimentarse to provide feedback
reubicarse (qu) to relocate
reunión *f.* meeting
reunir to assemble; to join together; **reunirse** to meet, hold a meeting
revelar to reveal
revertirse (ie, i) to revert (to)

revisar to check
revista magazine
revocar (qu) to revoke
revolución *f.* revolution
revolucionario/a revolutionary
rey *m.* king; **Reyes Magos** the Three Kings (Magi); **rosca de Reyes** *round bread traditionally served for Epiphany*
rico/a rich
riesgo risk
riesgoso/a risky
riguroso/a rigorous
rimar to rhyme
río river
riqueza wealth; richness
ritmo rhythm
robar to rob
robo robbery
robustecer (zc) to strengthen
roca rock
rogar (ue) to beg; to plead
rojo/a red; **Caperucita Roja** Little Red Ridinghood
rol *m.* role
romántico/a romantic
romper(se) (*p.p.* **roto**) to break
ropa clothes, clothing
rosa rose
rosca de Reyes *round bread traditionally served for Epiphany*
rostro face
rotación *f.* rotation; turnover
roto/a (*p.p. of* **romper**) broken
rotulación *f.* lettering
rótulo heading; label; sign
rubio/a blond(e)
rueda wheel, tire
ruido noise
ruidoso/a noisy
ruina ruin
rulo curler (*hair*)
ruso *m.* Russian (*language*)
ruta route
rutina routine

S

saber *irreg.* to know; **saber** + *inf.* to know how to (*do something*)
sabor *m.* flavor; taste
sacar (qu) to withdraw; to take out; **sacar a bailar** to ask to dance; **sacar buenas notas** to get good grades; **sacar provecho** to benefit from; to profit by; **sacar una póliza** to take out a policy

saco bag, sack
sacrificar (qu) to sacrifice
sacrificio sacrifice
sacudir to shake
sagrado/a sacred
sal *f.* salt
sala room; **sala de clase** classroom; **sala de espectáculos** theater
salarial *adj.* wage; salary
salario base minimum wage
saldar to liquidate; to pay; to settle
salida exit
saliente *adj.* outstanding
salir *irreg.* to leave (*a place*); to go out
saliva: tragar (gu) saliva to hold one's tongue
salto *n.* jump; **dar** (*irreg.*) **un salto** to jump
saludar to greet
salvaje savage
salvar to save
salvavidas *m. s., pl.* life preserver
san, santo/a saint; holy
sándwich *m.* sandwich
sangriento/a bloody
sanitario/a sanitary
sano/a healthy
satélite *m.* satellite
satisfacción *f.* satisfaction
satisfacer (*like* **hacer**) (*p.p.* **satisfecho**) to satisfy
satisfecho/a (*p.p. of* **satisfacer**) satisfied
sazón *f.* seasoning
secadora dryer
sección *f.* section
secretario/a secretary
secreto secret
sector *m.* sector
secundario/a secondary
sed *f.* thirst; **tener** (*irreg.*) **(mucha) sed** to be (very) thirsty
seda silk
sede *f.* seat; headquarters
segmentarse to segment
segmento segment
segregar (gu) to segregate
seguimiento continuation
seguir (sigo) (i, i) to continue; to keep on going
según according to
seguridad *f.* security
seguro insurance; **seguro social** social security
seguro/a sure; safe

selección *f.* selection
seleccionar to select; to choose
sellar to stamp; to seal
semana week; **fin** (*m.*) **de semana** weekend; **la próxima semana** next week
semanal weekly
semestre *m.* semester
seminario seminar
seña sign, signal
señal *f.* signal
señalar to point out
sencillo/a simple
señor (Sr.) *m.* man; Mr.; sir
señora (Sra.) woman; Mrs.; ma'am
señorita (Srta.) young woman; Miss; Ms.
sensibilidad *f.* sensitivity
sensibilizar (c) to sensitize
sensible sensitive
sentado/a seated, sitting
sentar(se) to sit
sentencia sentence
sentido meaning, sense
sentimiento feeling
sentir(se) (ie, i) to feel (*an emotion*)
separar to separate
ser to be; **ser +** *profession* to be a/an (*profession*); **es decir** that is; **es una lástima** it's a pity; **es una pena que** it's a shame that
serenata serenade
serpiente *f.* serpent, snake
servicio service
servir (i, i) to serve
severo/a severe
sexo sex
sexual sexual; **acoso sexual** sexual harassment; **hostigamiento sexual** sexual harassment
si if
sí yes
siempre always; **siempre y cuando** as long as
siesta nap; **echarse una siesta** to take a nap
siglo century
significado meaning
significante significant
significar (qu) to mean
significativo/a significative; significant
signo sign
siguiente following; **de la siguiente manera** in the following way
silla chair

sillón *m.* armchair
simbólico/a symbolic
simbolismo symbolism
símbolo symbol
similitud *f.* similarity
simpatizante *adj.* sympathizing
simular to feign
sin without; **sin duda** without a doubt; **sin embargo** however; **sin fines de lucro** non-profit
sindicato trade union
sinfín *m.* endless number
Singapur Singapore
siniestro/a disastrous
sino but (rather); **sino que** *conj.* but (rather)
sinónimo synonym
síntoma *m.* symptom
sintonía tuning in (*radio*)
siquiera *conj.* even if; even though; **ni siquiera** *adv.* not even
sirviente, sirvienta doméstico/a housekeeper, domestic help
sistema *m.* system; **sistema operativo** operating system
sistemático/a systematic
sitio place, location; **sitio Web** Website
situación *f.* situation
situar (sitúo) to situate
soberano/a sovereign
sobre *prep.* on; on top of; over; about; **sobre todo** especially; above all
sobrecarga surcharge
sobreconsumo over-consumption
sobrellevar to bear
sobrepasar to surpass
sobresaliente *adj.* outstanding
sobresalir (*like* **salir**) to stand out
sobrevalorado/a overvalued
sobrevivir to survive
social social; **seguro social** social security
socialismo socialism
socialista *m., f.* socialist
sociedad *f.* society; **sociedad en comandita** limited partnership
societario/a pertaining to associations
socio/a member; partner; associate; **socio/a comanditario/a** silent partner, partner with limited liability
sociodemócrata *m., f.* Social Democrat

socioeconómico/a socioeconomic
sociología sociology
software *m.* software
solamente only
soler (ue) (+ *inf.*) to be accustomed to (*doing something*)
solicitar to apply for; to request
solicitud *f.* application
solidario/a solidary; jointly responsible
sólido/a solid
sólo *adv.* only
solo/a *adj.* alone; single
solución *f.* solution
solucionar to solve
solventar to settle
sombra shadow; shade
sombrero hat
sometido/a (a) subjected (to)
soñar (ue) (con) to dream (about)
sopera soup spoon
soplar to blow
soporte *m.* support
sorprendente *adj.* surprising
sorprender to surprise; **sorprenderse** to be surprised
sorpresa surprise
sospecharse to suspect
sostén *m.* support
sostener (*like* **tener**) to support
sostenibilidad *f.* sustainability
sostenible sustainable
subir (a) to climb; to go up; to get in/on (*a vehicle*)
subjuntivo *gram.* subjunctive
subordinación *f.* subordination
subordinado/a subordinate
subrayar to underline; to emphasize
subsistir to subsist
suburbio suburb
subyacente *adj.* underlying
suceder to happen
suceso happening
sucio/a dirty
sucumbir to succumb
sucursal *m.* branch (office)
Sudamérica South America
sudeste *m.* southeast
sudoroso/a sweaty
Suecia Sweden
sueldo salary
sueño dream
suerte *f.* luck
suficiente sufficient
sufrir to suffer

sugerencia suggestion
sugerir (ie, i) to suggest
suicidio suicide
Suiza Switzerland
suizo/a Swiss
sujeto *gram.* subject
sujeto/a (a) subjected (to)
suma sum; total
sumar to add
sumido/a submerged
suministrar to supply; to provide
suministro supply
suntuario/a sumptuary
superar to surpass; to overcome
superficie *f.* surface
superintendencia superintendence
superior higher; greater
supermercado supermarket
supervivencia survival
suplir to replace; to substitute
suprimir to suppress
supuesto/a supposed; **por supuesto** of course
sur *m.* south
surco furrow
surgir (j) to sprout up; to appear; to emerge
suroeste *m.* southwest
suscripción *f.* subscription
sustancial substantial
sustantivo/a *gram.* noun
sustentar to sustain; to support
sustitución *f.* substitution
sustituir (y) to substitute

T

tablero bulletin board
tabulación *f.* tabulation
tal such, such a; **con tal (de) que** *conj.* provided (that); **de tal manera que** in such a way that; **fulano de tal** so-and-so; **¿qué tal?** how are you (doing)?; **tal vez** perhaps
taladrar to drill
talego bag, sack
talento talent
talentoso/a talented
taller *m.* workshop
tamal *m.* tamale
tamaño size
tampoco neither, not either
tan *adv.* so; as; **tan... como** as . . . as; **tan pronto como** a soon as
tanto *adv.* so much; **tanto como** as much as; **por lo tanto** therefore

tanto/a *adj.* as much, so much; *pl.* so many; as many; **tanto/a(s) como** as much/many . . . as
tardar to take (time)
tarde *f.* afternoon
tarea homework
tarifa tariff
tarjeta card; **tarjeta de crédito** credit card; **tarjeta de débito** debit card
tasa rate; **tasa de ahorro** savings rate; **tasa de interés** interest rate
taza cup
teatral theatrical
teatro theater
teclado keyboard
técnica technique
técnico/a technical
tecnocracia technocracy
tecnología technology
tecnológico/a technological
tejido *n.* weaving
tela cloth
telar *m.* loom
telecomunicación *f.* telecommunication
telefonía telephony; **telefonía fija** land line telephony; **telefonía celular** cellular telephony; **telefonía móvil** mobile telephony
telefónico/a telephonic
teléfono telephone; **teléfono celular** cellular phone; **por teléfono** by telephone
telenovela soap opera
televisión *f.* television; **anunciador(a) de televisión** TV announcer, host
televisor *m.* television set
tema *m.* theme, topic
temblar (ie) to tremble
temer to fear
temporal temporary
temprano *adv.* early
tendente directed; aimed
tenebroso/a dark; gloomy
tener *irreg.* to have; **tener (mucha) sed** to be (very) thirsty; **tener (mucho) frío** to be cold; **tener a mano** to have on hand; **tener cuidado** to be careful; **tener derecho (a)** to have the right (to); **tener en cuenta** to bear in mind; **tener en mente** to have in mind; **tener éxito** to be successful; **tener hambre** to be hungry; **tener lugar** to take place; **tener paciencia**

to be patient; **tener que** + *inf.* to have to (*do something*); **tener que ver con** to have to do with; **(no) tener razón** to be right (wrong); **tener vacantes** to have openings
tenis *m.* tennis; **zapatillas de tenis** tennis shoes
tenor: a tenor likewise
tensión *f.* tension
teoría theory
teórico/a theoretical
teoricopráctico/a *adj.* applied-theory, theortical and applied
tercer, tercero/a *adj.* third
tercio *n.* third
terminación *f.* ending; completion
terminar to finish; to end
término term
terreno land; terrain
terrestre *adj.* terrestrial
territorio territory
tesorería treasury
tesorero/a treasurer
tesoro treasure
testamento will
testigo *m., f.* witness
textil *adj.* textile
texto text
tiempo time; weather; *gram.* tense; **a tiempo** on time; **¿cuánto tiempo hace que... ?** how long has it been since . . . ?; **hace tiempo que** + *pret.* it's been (*time*) since; **tiempo parcial** part-time
tienda store
tierra earth
tijeras *pl.* scissors
tintorería dry cleaner's
tío/a uncle/aunt
típico/a typical
tipo type
tirar(se) to throw (oneself)
título title; degree
tiza chalk
TLC (Tratado de Libre Comercio) NAFTA (North America Free Trade Agreement)
TLCAN (Tratado de Libre Comercio de América del Norte) NAFTA (North America Free Trade Agreement)
toalla towel
tocar (qu) to touch
todavía yet; still
todo/a *n.* whole; all; everything; *adj.* all; every; each; *pl.* everybody;

a todo volumen at full volume; **sobre todo** especially; above all

tomar to take; to drink; **tomar conciencia de** to become aware of; **tomar en cuenta** to take into account; **tomar medidas** to take measures; **tomar parte en** to take part in; **tomar una decisión** to make a decision

tonelada ton

tono tone

tontería foolishness; silly thing

tormenta storm

torno: en torno a around; about

torre *f.* tower

torrente *m.* torrent

tortilla *thin unleavened cornmeal or flour pancake (Mex.)*

total *m.* total; *adj.* total

totalidad *f.* totality; whole

tóxico/a toxic

traba: poner *(irreg.)* **trabas** to hinder; to put obstacles in the way

trabajador(a) worker; *adj.* hard-working

trabajar to work

trabajo work; **renunciar del trabajo** to quit one's job

tractor *m.* tractor

tradición *f.* tradition

tradicional traditional

traducción *f.* translation

traducir *irreg.* to translate

traer *irreg.* to bring

traficante *m., f.* dealer, smuggler

tráfico traffic; trafficking; **tráfico de drogas** drug trafficking

tragar (gu) saliva to hold one's tongue

tragedia tragedy

traje *m.* suit

tramitar to transact; to negotiate; to process

trámite step; procedure, proceedings

trampa trap

transable available for a business transaction

transacción *f.* transaction

transar to compromise; to come to an agreement

transcurrido/a elapsed

transferir (ie, i) to transfer

transformación *f.* transformation

transformar(se) to transform

transición *f.* transition

transmisión *f.* transmission

transmitir to transmit

transportar to transport

transporte *m.* transportation

tras *prep.* after

trascendental transcendental

trasladar(se) to move, relocate

traslado *n.* move

trasnacional transnational

traspié *m.* slip; blunder; faux pas

trastorno disorder

tratado treaty; **Tratado de Libre Comercio (TLC)** North America Free Trade Agreement (NAFTA); **Tratado de Libre Comercio de América del Norte (TLCAN)** North America Free Trade Agreement (NAFTA)

tratar to treat; to deal with (*a subject*); **se trata de** it's a question of; **tratar de** + *inf.* to try to (*do something*)

trato treatment; agreement

traumático/a traumatic

través: a través de across; through; throughout

trayectoria trajectory

trazar (c) to draw; to sketch; to outline

tren *m.* train

triangulación *f.* triangulation

tribu *f.* tribe

tributario tributary

triste sad

triunfar to triumph

trocar (qu) to barter

trompeta trumpet

trueque *m.* bartering

tubo tube

tumba tomb

tumulto turmoil

túnel *m.* tunnel

turismo tourism

turista *m., f.* tourist

tutoría guardianship

U

u or (*used instead of* **o** *before words beginning with* **o** *or* **ho**)

ubicar (qu) to locate

últimamente lately

último/a last, final; latest

un, uno/a one; *ind. art.* a, an (*of prep.*) you; **una vez** once

único/a *adj.* only; unique

unidad *f.* unity

uniforme *adj.* uniform; steady

unión *f.* union

unir(se) to join (together); to unite

universalización *f.* universalization

universidad *f.* university

universitario/a *adj.* university

urbanización *f.* urbanization

urbano/a urban

urgencia urgency

urgente urgent

usar to use; to wear

uso *n.* use

usuario/a user

usurpar to usurp

utilidad *f.* usefulness; profit

utilizar (c) to use; to utilize

utópico/a Utopian

V

vaca cow; **enfermedad** (*f.*) **de la vaca loca** mad cow disease

vacacional *adj.* vacation

vacaciones *f. pl.* vacation; **ir** (*irreg.*) **de vacaciones** to go on vacation

vacante *f.* vacant position; **tener** (*irreg.*) **vacantes** to have openings

vaciar to empty

vacuna: carne (*f.*) **vacuna** beef

vago/a vague; lazy

vainilla vanilla

valer (valgo) to be worth; **valerse de** to use, make use of

valioso/a valuable

valor *m.* value; **bolsa de valores** stock market

valorar to value

vampiro vampire

vanguardia vanguard

vapor *m.* steam

variación *f.* variation

variante *m.* version

variar (varío) to vary

varicela chicken pox

vaso glass

vasto/a vast

vaticinar to prophesy; to foretell

vela candle

velar to watch over; to look after

veloz swift

vencer (venzo) to conquer; to defeat

vencimiento: fecha de vencimiento expiration date

vendedor(a) vendor

vender to sell

venenoso/a poisonous

venir *irreg.* to come; **el año que viene** next year

venta sale
ventaja advantage
ventajoso/a advantageous
ventana window
ver *irreg.* (*p.p.* **visto**) to see; **verse** to see each other; **ver una película** to watch a movie; **tener** (*irreg.*) **que ver con** to have to do with
verano summer
verbo *gram.* verb
verdad *f.* truth
verdadero/a true
verde green
verdura vegetable
verídico/a truthful
verificar (qu) to verify
versátil changeable
versión *f.* version
verso verse; line of a poem
vertiginoso/a dizzying
vestido dress
vestir (i, i) to dress; **vestirse** to get dressed
vez *f.* (*pl.* **veces**) time; **a veces** sometimes; **alguna vez** once; ever; **cada vez** every time; **en vez de** instead of; **muchas veces** often; **por primera vez** for the first time; **tal vez** perhaps; **una vez** once
vía roadway; way; **país** (*m.*) **en vías de desarrollo** developing country
viajar to travel
viaje *m.* trip
viajero/a traveler; **cheque de viajero** traveler's check

vicepresidente/a vice-president
vicerrector(a) vice-president of the university
viceversa vice versa
vida life; **ciclo de vida** lifecycle; **hoja de vida** curriculum vitae
vídeo video; **juego de vídeo** video game
vidriera shop window
vidrio glass
viejo/a old; former
vigente current, valid
vigilar to watch; to keep an eye on
vigoroso/a vigorous
villa town
vinagre *m.* vinegar
vinculado/a linked
vínculo tie, link
violento/a violent
violín *m.* violin
violinista *m., f.* violinist
virar to turn (around); to turn to port
virtud (*f.*): **en virtud de** by virtue of
virtuoso/a virtuous
visión *f.* vision
visita visit
visitante *m., f.* visitor
visto/a (*p.p. of* **ver**) seen
vivienda housing
vivir to live
Vizcaya Biscay
vocablo word
vocabulario vocabulary
vocacional vocational

vocal *gram.* vowel
volátil volatile
volatilidad *f.* volatility; inconsistency
volumen *m.* volume; **a todo volumen** at full volume
voluntad *f.* will; choice
voluntario/a volunteer
volver (ue) (*p.p.* **vuelto**) to return; **volverse (ue) loco/a** to go crazy
vuelo flight; **vuelo sin escalas** direct flight
vuelto (*p.p. of* **volver**) to return

W
Web *m.* Web; **página Web** Web page; **sitio Web** site

X
xalapeño/a *pertaining to Xalapa, Mexico*

Y
y and
ya already; **ya no** no longer; **ya que** since
yacer to be lying (down)

Z
zapatería shoe store
zapatilla slipper; **zapatilla de tenis** tennis shoe
zapato shoe
zona zone; **zona franca** duty-free zone

Índice

Note: Page numbers preceded by "A–" indicate materials found in Appendix, which immediately follows the main text.

Créditos